普通高等教育经管类“十一五”规划教材

会展营销

杨顺勇　丁萍萍　主编

庾　为　裴向军　彭思量　副主编

化学工业出版社

·北　京·

本书以国内外会展营销的新理论和新案例为线索，深入浅出地探讨了市场营销原理在会展中的应用及发展趋势。全书分三部分：第一部分阐述会展营销基础知识与分析方法，包括会展营销环境、会展营销调研及预测、会展市场细分及定位、营销组合策略、会展营销管理；第二部分为会展营销在会展业中的应用，包括展览会营销、展览中心营销、会议营销、会议中心营销、节事营销；第三部分为会展营销理论在会展领域的发展和创新，展现了会展营销的理论扩展和实践深化。

本书提供网络教学支持，并及时更新相关教案、教学参考及阅读资料。内容新颖、简明通俗、实用性强，并附有大量实例。可作为普通高等教育经管类专业教材，也适合从业人员参考使用。

图书在版编目（CIP）数据

会展营销/杨顺勇，丁萍萍主编. —北京：化学工业出版社，2009.6（2024.7 重印）

普通高等教育经管类“十一五”规划教材

ISBN 978-7-122-06307-6

Ⅰ.会… Ⅱ.①杨…②丁… Ⅲ.展览会-市场营销学-高等学校-教材 Ⅳ.G245

中国版本图书馆 CIP 数据核字（2009）第 119895 号

责任编辑：唐旭华　　文字编辑：孙凤英
责任校对：周梦华　　装帧设计：尹琳琳

出版发行：化学工业出版社（北京市东城区青年湖南街 13 号　邮政编码 100011）
印　　装：北京盛通数码印刷有限公司
787mm×1092mm　1/16　印张 14¼　字数 353 千字　2024 年 7 月北京第 1 版第 12 次印刷

购书咨询：010-64518888　　售后服务：010-64518899
网　　址：http://www.cip.com.cn
凡购买本书，如有缺损质量问题，本社销售中心负责调换。

定　　价：38.00 元

前　言

从20世纪90年代中期开始，随着我国经济的高速发展，会展业以年均20%～30%的速度超常成长。由于会展业对经济发展特别是服务产业的发展具有强大的推动力，它对于带动、打造和经营城市品牌具有不可忽视的巨大作用，因此，许多城市纷纷将会展业作为当地的支柱产业来发展，使我国的会展经济进入迅速发展的阶段。随着北京奥运会成功举办和上海世博会的日益临近，我国会展经济受到国内外越来越大的关注，会展教育也受到空前的重视。本书既有理论的深入分析，又有实践的可操作性，特别是本着科学性与艺术性相结合、理论性和实用性相结合、现实性和前瞻性相结合的原则，并尽可能将国外先进的会展理论、方法和实践经验与我国的实际需要紧密联系起来。本书可作为普通高等教育经济管理类专业教材，对相关从业人员也具有重要的参考价值。

本书的编者队伍是在学术研究方面很有建树同时又在撰写教科书方面颇具有经验的学者和老师，因此较好地将会展营销研究与实际工作有机地结合在一起。在编写过程中，参考了大量的相关教材、著作及论文，采用了许多资料和观点，书后参考文献均已列示，但更多的则因为教材编写的特殊性而无法详细加以注明，在此向这些作者表示衷心感谢。

本书建立了全面的教学支持体系，收录大量网络资源，并配备了专门的教学课件、参考资料和辅导材料，可以开阔视野，有助于加深对教材内容的理解，指导学生在网络时代如何突破传统教材的内容限制进行自主性、研究性学习。相关教学支持网站 hzgd. id666. com; E-mail：ysy@sit. edu. cn。

本书编写分工：第1章裴向军编写，第2章陈霖婷编写，第3章庚为编写，第4章于洁编写，第5章彭思量编写，第6章沈鲸编写，第7章张玉明编写，第8章邢峥编写，第9章郐国梅编写，第10章杨顺勇编写，第11章丁萍萍编写，第12章曾广录编写，最后由杨顺勇统稿。

由于编者学识所限，书中难免存在错误和不当之处，恳请读者不吝赐教和批评指正，我们将在修订中认真吸取，使本书不断完善。

编　者

2009年5月于上海

目 录

1 导 论

学习目标

学完本章，你应该能够：

1. 了解会展产品和会展市场的基本内涵；
2. 熟悉会展产品的分类及其特点；
3. 熟悉影响会展营销产生和发展的因素。

基本概念

会展产品　会展市场　会展营销

1.1 会展产品与会展市场

会展产品和会展市场的基本内涵是什么？

会展业在国际上被视为继旅游、房地产之后崛起的“无烟产业”、“朝阳产业”。因其所带来的巨大经济效益，会展业又被冠以“财富平台”、“城市经济的拉力器”之美名。会展业的发展会带动相关产业，如商业、饮食服务、流通、咨询、广告、印刷、保险、旅游、交通运输、通信、环保、礼仪服务等产业的发展。2002 年，国家统计局重新修订发布了《国民经济行业分类》标准（GS/T 4754—2002）。与 1994 年的标准（GB/T 4754—94）相比，2002 年版的新标准在“商务服务业”大类 L74 中增加了编号为 L7491 的“会议和展览服务业”小类，并把它定义为“为商品流通、促销、展示、经贸洽谈、民间交流、企业沟通、国际往来而举办的展览和会议等活动”。这一分类和定义正式确立了会展业在我国国民经济行业分类中的地位。这一标准是用于经济统计的，并未解决会展产品和会展市场的本质属性问题。

1.1.1 会展产品

（1）会展产品的内涵

1）产品　通常人们对产品的理解是一种具有某种特定物质形状和用途的物体，如汽车、钢铁、衣服、食品等，是看得见、摸得着的东西，这是对产品的一种狭义定义，也是从产品供给的角度进行界定的。

在现代市场营销学中，产品是指能提供给市场，用于满足人们某种欲望和需要的一切东西，包括实物、服务、组织、场所、思想、创意等。产品的形式并不重要，关键是它必须具备满足顾客需要和欲望的能力。比如，工业生产者购买一台机床，他想得到的不仅是一台质量好的机床，还希望通过使用能满足获得投资收益的需要。因此，他要求卖方能及时交货，帮助安装调试，培训人员，得到维修保证等各项服务。市场营销学关于产品的概念具有两方面的特点：首先，并不是具有物质实体的才是产品，凡是能满足人们需要的物质和服务都是产品；其次，产品不仅是具有物质实体的实物本身，而且也包括随同实物出售时所提供的服务。产品是指人们通过购买而获得的能够满足某种需求和欲望的物品的总和，它既包括具有物质形态的产品实体，又包括非物质形态的利益，这是对产品的一种广义定义，这是从产品需求的角度进行的阐述。本书对产品概念的界定是基于产品需求认识基础上展开的。

从市场营销的角度，要完整准确地认识产品概念，必须引入整体产品概念理论（TPC，total product concept）。整体产品概念理论认为一个完整的产品是立体的，包括核心产品、形式产品、附加产品三个层次。

① 核心产品（core product）。核心产品是指顾客购买某种产品时所追求的基本利益，它是顾客真正要买的东西，因而在产品整体概念中也是最基本、最主要的部分。消费者购买某种产品，中心就是为了获取核心产品、满足某种需要的效用或利益，并不是为了占有或获取产品本身。营销人员的任务就是要了解顾客所需要的核心利益和服务。企业提供给顾客的效用是客观的，但顾客对它的理解是主观的，不同的顾客对同一产品效用的理解是不同的。对于同样一辆汽车，有的消费者购买它，主要是为了解决交通问题；而有的消费者购买它，主要是作为财富的象征。因此，企业营销人员要从不同角度提示商品的效用，以吸引更多的顾客。

② 形式产品（tangible product）。形式产品是指核心产品的载体，是核心产品借以实现的形式，即向市场提供的实体和无形产品的形象。形式产品是通过产品的质量、款式、特色、品牌和包装等特征表现出来的。产品的基本效用必须通过某种具体形式才能得以实现，所以，市场营销人员在满足顾客所追求利益的同时，必须考虑形式产品的设计，以达到内外完美的统一。

③ 附加产品（augmented product）。附加产品是指顾客购买企业产品时所获得的全部附加服务和附加利益，如提供信贷、免费送货、保证、售后服务等。例如索尼公司不只是提供摄像机，还必须协助消费者解决在拍摄上的困难，因此，当顾客购买摄像机时，其所得到的不只是摄像机，同时得到索尼公司及其经销商所提供的购买零件保证书、免费操作课程、快速维修服务和询问任何问题及疑难的免费电话热线。现代市场竞争不仅在于生产和销售什么产品，而且还在于提供什么样的附加服务和利益。美国著名管理学家西奥多·李维特（Levitt）曾指出：新的竞争不在于工厂里制造出来的产品，而在于工厂外能否给产品加上包装、服务、广告、咨询、融资、送货、保管或顾客认为有价值的其他东西。

2）会展产品　通常人们会说，制造业企业产出有形产品，服务业企业产出无形产品。实际上任何一个企业，无论是制造业企业还是服务业企业，其所提供的产品实际上都是有形产品和无形产品的混合体，只不过各自所占的比例不同。从需求的角度来看，顾客无论购买有形产品还是无形产品，其目的都不仅只是为了得到产品本身，而是为了获得某种效用或者说利益。例如购买汽车的顾客，其收益主要是提升了生活的质量，扩展了自身的生活半径，而这种收益主要是由有形产品本身来体现的；对于购买了一张音乐会门票的顾客来说，其收益是享受了艺术的熏陶，感受了身心的愉悦，这种收益是无形的，但这种无形的收益需要通过一定相关的设施和有形载体来实现的，音乐会的举行需要音乐厅、乐队、音响系统等载体；我们再看购买了某个展览会展位的参展商，其收益是什么呢？其收益就是通过参展提高产品销售率，获得订单，扩大市场份额，提高企业知名度，这种收益也需要通过一定相关的设施和有形载体来实现的，如会展场馆、展位的设计、组展商所邀请的专业观众质量和数量等要素。

在市场经济条件下，会展产品的经济性是第一性的。从市场需求角度来看，任何会展活动的参与者都是为了满足自己的某个需要来参与的，会展活动的提供者通过为客户提供会议展览的各种服务来赚钱的。在会展服务过程中，既要使用到各种设施、设备等实物用品，又与会场、展馆等空间和场地密不可分，还需要交通、食宿、娱乐、旅游、金融、信贷等相关机构的有力配合。由此可见，会展产品是一种典型的综合型产品。

① 三个层次。应用现代市场营销学的整体产品概念可以很好地理解会展这一综合产品的本质属性。根据整体产品理论，与会展产品给会展参与者提供的三个层次的收益相对应，会展产品也由三个层次构成。

第一层次是核心产品层次，在这个层次，会展产品的提供者为参与者提供交易、展示的机会和会展经历，搭建活动的平台。这是会展参与者在会展过程中得到的核心收益，也是会展参与者参加会展的首要目的所在。如参展商在展览会上是否能见到自己期望见到的目标观众，观众在展览会上是否能见到自己期望见到的参展商，这是决定展览会核心价值的主要因素。这里要注意的地方是，不同的顾客对同一产品效用的理解会不同。根据德国贸易展览与博览会委员会（AUMA）所做的一项调查而知，企业参加展览会的目标可分成：基本目标、产品目标、价格目标、宣传目标、销售目标。德国著名研究机构IFO曾经对世界跨国展览集团之一——德国慕尼黑展览公司举办的世界最大规模的机械工程设备类展览会BAUMA进行过“企业参展目标”专门调查，其结果表明，其参展目标中提高企业知名度为85%，密切老客户和结识新客户均为70%，通过展览会宣传产品市场占有率63%，推介新产品60%，提升产品知名度58%，交流信息占50%，发现客户需求50%，影响客户决策33%，最后才是签署销售合同仅占29%。

第二层次是形式产品层次，在这个层次，会展产品的提供者不仅为参与者提供场地、展位、座位、装饰、餐饮、纪念品等实物形式的产品，更重要的是会展产品的品牌、知名度和规模等表现形式。相应地，会展参与者得到的是享受这些实物带来的有形收益。

第三个层次是附加产品层次，在这个层次，会展产品提供者为参与者提供娱乐、表演、休闲、旅游、住宿、交通、停车场及其他通信、金融、保险等服务，还提供与各种类型和身份的来宾打交道和进行社交的机会，这些是会展参与者参加会展得到的引申收益。

② 四个要素。根据整体产品概念中会展产品的三个层次结构，会展产品属于服务产品的范畴。会展产品是由会展组织者提供的一系列要素构成的综合性“服务包”（service package）。虽然会展产品包括的会议、展览和特殊活动等产品，其具体的构成要素随会展产品内容的不同而不同，但系列构成要素主要有四个方面。

- 支持性设备（supporting facility）：在会展活动和会展服务之前，需要事先准备好的实物和物质资源，包括会场、展馆、展台、座位、音像设备等。
- 辅助物品（facilitating goods）：会展参与者在参加会展的过程中购买和消费的物质产品，或是他们自备的物品，如展品、展示和现场材料等。
- 显性服务（explicit services）：会展提供给参与者的基本收益或本质特性的利益，也就是交易、展示的机会和会展经历。
- 隐性服务（implicit services）：会展参与者参加会展带来的心理效益和精神体会，如在会展认识新的商务伙伴和新的朋友带来的愉快。

总而言之，以现代整体产品概念作为指导，会展产品的本质属性体现为上述三个层次和四个要素。对于会展组织者来说，要牢记会展产品是立足于会展活动参与者的需求和欲望之上的，为使会展参与者得到最佳的会展体验，会展活动的管理就必须围绕这三个层次和四个要素展开。抓住了这三个层次和四个要素，就抓住了会展产品的实质。在会展策划、营销、赞助以及财务管理、现场实施管理、风险控制、配套管理和评估等各项管理工作中，都应完整地贯彻和落实这三个层次和四个要素。

(2) 会展产品的分类

根据上述对会展产品内涵的分析，会展产品是立足于会展活动参与者的需求和欲望之上的，是为会展参与者得到最佳的会展体验。由于会展参与者需求和欲望的不同，会展组织者所提供的“服务包”随组织的会展活动内容不同而产生差异，那么会展产品就可以基于满足不同需求的会展活动内容进行分类。

对会展的定义，如果从大类上看，可以分为欧派、美派和综合派。欧洲是最早进入和完成现代工业革命的地区，因此也是现代会展的发源地，同时也是现代会展最为发达和繁荣的地区，在这一地区，德国、英国、法国和意大利是杰出的代表。欧派一般把会展称之为C & E (convention and exposition) 或者 M & E (meeting and exhibition)，把会议和展览统称为会展，这是一个古老而狭义的概念。北美的会展理论家主要集中在美国，他们把会展概括为MICE，M代表公司会议 (meeting)，I代表奖励旅游 (incentive tour)，C代表协会与社团组织的会议 (convention)，E代表展览会 (exhibition or exposition)。美派认为，所谓会展，就是公司会议、奖励旅游、协会与社团组织的会议和展览会四部分的总称，简称MICE。综合派是建立在美派基础之上的，他们将MICE逐步演变成MICEE，即，在MICE的基础上加上了节事活动 (event)。综合派认为，会展是公司会议、奖励旅游、协会与社团组织的会议、展览会和节事活动五部分的总称，简称MICEE。目前，综合派的观点已经为国际所公认，并成为国际统计标准口径和专业会展行业协会划分标准。

刘大可在《会展营销教程》一书中对会展活动内涵提出了这样的观点：会展活动被界定为一个涵盖内容非常广泛的概念，至少包括三个板块的内容。这三个板块的内容就是会议、展览、特殊活动，这里的特殊活动涵盖了除了会议和展览之外的其他活动。

① 会议。会议作为会展的重要组成部分，尤其是大型会议在创造经济效益、促进城市建设、提升城市形象等方面具有特殊的作用。通俗地讲，会议是指人们为了解决某个共同的问题或出于某种目的聚集在一起进行讨论、交流的活动。美国学者纳德勒 (1987) 对会议的定义是“人们怀着各种不同的目的聚集在一起的活动”。这些不同的目的有常见的全国或地区性的年会，有为吸引大众或特殊目标团体参加的由杂志社举行的年会，有为作出决定而举行的各种政治会议，有发布信息的专业社团会议，有激发灵感的宗教会议，也有为解决问题的会议以及为学习而举行的各种培训活动。会议这一产品的提供就是为了满足人们进行面对面讨论和交流的需求。

为了更清楚地了解会议的基本内涵，让我们来看看与之相关的其他定义。根据美国会议行业委员会 (CIC，convention industry council) 的定义，会议 (meeting) 是指“一定数量的人聚集在一个地点，进行协调或执行某项活动” (CIC，1994)。在现代社会，会议已成为一种极为重要的民主方式和集体领导制度的展示，也是商务谈判和沟通的一个重要手段。

② 展览会。展览会，也称展会，是会展活动中最普遍、最活跃并且最具有典型性的部分。我们首先考察展览的基本内涵。美国《大百科全书》对展览会这样定义：“一种具有一定规模，定期在固定场所举办的，来自不同地区的有组织的商人聚会。”《辞海》关于“展览会”的词条是这样的：“用固定或巡回的方式，公开展出工农业产品、手工业制品、艺术作

品、图书、图片，以及各种重要实物、标本、模型等，供群众参观、欣赏的一种临时性组织。”《简明不列颠百科全书》关于“展览会”词条则是：“为鼓舞公众兴趣、促进生产、发展贸易，或者为了说明一种或多种生产活动的进展和成就，将艺术品、科学成果或工业制品进行有组织的展览”。《辞海》、《简明不列颠百科全书》以及美国《大百科全书》从各自理解的角度注释了展览会。

我们从字面上对展览会作一番分析。所谓展，就是陈列，展示物品；所谓览，就是参观、观看；所谓会，就是为了实现某种目的集中在一起，进行交流。这种交流的范围很广，既是参展商的交流，也是观众的交流，更是观众与参展商的交流。因而，展览或展览会这一产品的提供，就是为了满足展览的参与者通过物品或图片的展示，集中传达和了解各种信息，实现双向交流，扩大影响，树立形象，实现交易、投资的需求。从展览会产生的历史以及在社会经济生活中发挥的主要作用看，展览会是为参展商和专业买家提供交易机会的贸易平台．是一个与贸易紧密相关的概念。

③ 特殊活动。“特殊活动”是指人们为了纪念某个特殊的事件或者为了满足某种社会群体的特殊需求而精心计划和举办的文体比赛、庆祝仪式、特技表演以及节庆活动等。特殊活动涉及的范围十分广泛，通常包括重大庆典活动、大型文化演出、重要的体育赛事以及区域性的节庆活动等。这些活动特色鲜明，除了能够活跃当地民众的物质文化生活以外，通常还能吸引国内外的相关爱好者参加。体育性活动指那些规模庞大、能在全球或地区引起轰动，以至于影响整个经济的活动，如奥运会、世界杯等。节庆活动指在某地有一定持续时间并且是重复发生的、在一定区域内引起较大反响的活动，如我国的西湖博览会和自贡灯会等。另外，如歌星们举办的个人演唱会、社团组织的开张及重大庆典等，也可归入此类。特殊活动这一产品的提供往往能给人带来兴奋和愉悦，就是为了满足人们特殊的需求。

(3) 会展产品的特性

我们把会议、展览、特殊活动统称为“会展产品”，主要是这些产品满足了人们某一方面的需求：会议是为了满足人们进行面对面讨论和交流的需求；展览是为了满足展览的参与者通过物品或图片的展示，集中传达和了解各种信息，实现双向交流，扩大影响，树立形象，实现交易、投资的需求；特殊活动为了满足人们情感交流的特殊需求。会展产品主要的功能是满足人们交流和沟通的需求，这些会展活动也存在很多共有的特性。这些共有特性主要包括以下几个方面。

① 受时间的限制。不管是会议、展览，还是特殊活动，这些活动都是“长期筹备、短期举办”的“点”状活动，而不像行政组织以及企业组织中日常管理那样的“线”状活动。例如著名的达沃斯世界经济论坛年会为期 5 天，2008 年世界经济论坛于 1 月 23 日至 27 日在达沃斯举行，主题是“合作创新的力量”。会议为期 5 天，5 天结束，会议也就闭幕了，活动就结束了。会议作为产品所延续的时间就是 5 天，因而受到时间的限制。例如中国进出口商品交易会即称广交会，经商务部批准，第 104 届广交会于 2008 年 10 月 15 日至 11 月 6 日举行，展览时间进行了重大调整。展期由原一届两期改为一届三期，每期展览时间由 6 天缩短为 5 天，撤换展时间为 4 天。不管广交会时间怎么调整，展览活动都是在某个时间段内结束。展览作为产品在展览活动举行的时间段外就不存在了。北京 2008 年奥运会比赛从 2008 年 8 月 6 日开始至 8 月 24 日结束。

② 受空间的限制。这些活动都涉及人员的迁徙和移动，参加活动的人来自全国甚至世界各地，他们来到活动举办地，必须借助一定的交通工具并在举办地住宿和餐饮。例如一年

一度的世界经济论坛年会2008年1月23日在瑞士东部小镇达沃斯拉开帷幕，来自80多个国家和地区的2500多名政要及各界人士就2008年世界面临的问题和挑战共同商讨全球议程。会议的举办地就要在会议的举行期间接待所有与会人员，提供会场、交通、住宿和餐饮的服务。从2003年秋交会起，广州琶洲展馆（一期）作为第94届广交会的分馆试运行，广交会便进入了流花路展馆和琶洲展馆两馆并行的阶段。展览的举行必须要有展馆，展馆是展览会的载体。一个现代化的会展场馆本身可以成为展会品牌的构成要素，直接决定展会的规模、档次，增加展会的吸引力，保证展会的最终效果。

③ 聚集性活动。会展产品的聚集性特点主要表现在人员和信息两大方面。

会展的聚集性首先在于人员的“集中”。往往在会议、展览或特殊活动期间，来自世界各地的与会人员、参展商、观众聚集在同一会场或场馆，形成颇为壮观的景象。如2008年世界经济论坛年会有2500多名政要及各界人士参加；第103届中国进出口商品交易会（广交会）第一期于2008年4月20日顺利结束。据广交会副秘书长、新闻发言人徐兵介绍，一期到会境外采购商累计128155人，比2007年秋交会同期增长4.1%，比2007年春交会同期下降5.8%。其中亚洲采购商到会人数69591人，欧洲到会22721人，美洲到会18556人，非洲到会13270人，大洋洲到会4017人。

会展的聚集性还在于信息的“集中”。这里信息的涵义包括会议主题传达的信息，展示产品的信息，以及体育、节庆活动主题的信息等。比如，展览会主办者通过自己的工作，把大量的展品放在一个环境幽雅的展厅内集中展示，同时又把大量的观众集中到这里参观。这样，参展商与观众可以在短时间里集中交流信息。国际会议论坛传递了各方对所设立主题的看法，短短几天的会议也集中了关键的信息。信息集中有两大好处，一是信息集成，二是节约时间。就商业展览而言，由于展览的主办者组织了大量的商品，邀请了大量的客商，因而参展商可以在短时间里接触到大量的客商，客商也可以在短时间里接触到大量的商品和参展商。这就最大限度地节省了参展商和客商的时间，使他们能在短时间里相互了解、相互接触。一个客商在成功的展览会上所获得的信息，需花很长时间进行实地考察才能获得；同样，一个参展商在展厅里接触到的客商，也是需花大量时间和金钱才能在社会上接触到，而在展览厅里，他们都可以轻而易举地获得。

【案例1-1】 德国纽伦堡国际玩具展

德国纽伦堡国际玩具展自1949年始办以来，每年举办一届，一直吸引着世界各地的玩具企业参展，是世界玩具领域知名度高、影响力最广、参展人数最多的世界三大玩具展之一。该展会仅对专业贸易观众开放，每年都吸引了世界上主要玩具制造领域的厂商和客户参加。德国纽伦堡玩具展览公司是世界上规模最大、知名度最高的纽伦堡玩具展览会的主办单位。展会每年都会吸引全球120多国家、3000多家参展商、55000多名买家参与。纽伦堡玩具展览会的展出面积将超过160000平方米。展出产品类型多样，除了传统玩具、洋娃娃、木质玩具、长毛绒玩具，还包括电动玩具、游戏软件等产品，品种超过100万种。德国纽伦堡玩具展览公司还为来自全球生产企业、批发商、进口商、超市、零售商场等领域的大型玩具企业定期提供会议场地，以此促进世界玩具产业的发展。

资料来源：http://www.zhongman.com/

1.1.2 会展市场

(1) 会展市场的内涵

① 市场。市场是人们相互交换劳动或物品的场所，这是最通俗的概念，也是每一个人都能理解的概念。在现代社会里，每一个交换场所，我们都可将它理解为市场。每一个商店是一个市场，每一个农副产品交易的地方也是一个市场，透过这些市场，我们能看到古老市场的影子。在经济学家的眼中，市场包括买卖双方，缺少一方都不能构成市场。

为服务于企业营销活动的开展，西方市场营销学家提出了新的市场概念。对于企业来说，市场就是需求者的总和，或者说是顾客需求的总和。市场是企业服务的对象。从这个意义上看，市场由三个要素构成：人口、购买力、购买动机。其中，前两个因素能够显示一个企业的市场规模，人口多、购买力高意味着企业所面对的市场规模大；后一个因素显示一个企业是否存在市场，顾客无购买产品的动机，意味着企业的市场根本不存在。人口、购买力和购买动机的变动就是企业市场的变化和运动。总之，从企业角度来看，市场就是由人口、购买力、购买动机共同构成的，市场的变化和运行过程就是三要素的变化过程，也就是市场需求的变化和运行过程，企业活动符合需求的运行，其产品就能够销售出去，否则就滞销。对于企业来说，从总体上了解一般意义上的市场的运行情况固然重要，但掌握作为顾客需求总和的市场的运行情况更为重要。

对营销者来说，争不争取得到买方的认同与接纳就成为他们生存的关键，所以营销者们将所有的研究重点放在买上，将注意力集中于买主，分析买方的需求，市场在营销者眼中是指买主或商品的接纳者。所以，在市场营销学中一般将买方称为“市场”，将卖方归为产业。因此，现代市场营销学认为，市场是由那些具有特定的需求或欲望，而且愿意并能通过交换来满足这种需求或欲望的全部现实和潜在顾客所组成。从这个意义上说，市场包括三个因素：有某种需要的人，有满足这种需要的购买能力和购买欲望，用公式来表示就是：

市场＝所有潜在顾客＝人口＋购买力＋购买欲望

② 会展市场。从现代市场营销学对市场的定义来分析会展市场。市场就是具有特定需求和欲望并能通过交换来满足这种需求或欲望的全部现实和潜在顾客，那么会展市场的顾客在哪里呢？找到了会展产品的顾客，就找到了会展市场。这里需要知道的是会展产品的提供是满足谁的需求。

从会展主办者的角度来看会展市场，是指主办者按照一定的制度规则组织若干参展商或顾客参与的以会展活动中的各种服务为交易对象并以产品、服务的推广和信息、技术交流为目的的一系列交易活动的总和。从市场学角度看，会展市场是指在特定的时间、地点与条件下，对会展产品具有购买欲望并且有支付能力的现实购买者和潜在购买者所组成的。在这种意义上，会展市场即是需求市场，我们通常称之为会展客源市场。会展客源主要包括参展商、观众和与会者。有客源就意味着有需求或是有市场，就有利于产生会展效益，也有利于经济发展。

(2) 会展市场的特征

与其他市场相比，会展市场具有以下特征。

① 广泛性。随着生产力的发展，经济全球化不断加快，会展市场逐步走向开放，从地区性走向区域性，从国内性走向国际性，现在大多会展市场已从立足于当地发展成为面向世界。会展市场的开放化，首先，表现在参展商、与会者和观众构成的广泛性。现代会展的客户来自不同的地区、国家、民族、企业。其次，表现在会展内容的广泛性。随着生产效率的

不断提高，人们休闲时间的不断增加，人们需求欲望不断提高，这些都是造成会展内容广泛性的成因。再次，表现在会展活动范围的广泛性。现代交通运输的发达，不仅参展商与观众能够便利地参加会展，也使会展活动的范围不断扩大，以至于遍布世界各地。

② 多样性。由于会展客户需求的不同，从大范围来看，会展市场可以分为参展商市场、与会者市场和观众市场。从参展商所处的行业不同、商品的定位不同、参展的目的不同，参展商市场又可以细分为专业展览市场、综合性展览市场等。展览组织者向参展客商提供诸如展览场馆设施、展台装修、展品运输、公关礼仪、媒体广告、各种配套活动等一系列服务，满足参展客商的需求。展览会的主题、内容、举办时间、地点等方面的差异性，在一定程度上决定了参展厂商的数量和类型，不同的展览就会形成不同的客户群体。由于需求的差异，因此导致了会展市场的多样性，这样一来，也为会展活动多样化创造了广阔的空间。从供给的角度看，它有利于会展举办者根据不同的市场需求，组合成为不同形式的会展和不断创新会展商品，以使会展客户达到不同的目的。随着会展的需求从量到质的不断提高，会展活动的内涵将会不断拓展，会展会变得更加丰富多彩。

③ 短期性。会展是短期性的活动。从会展产品提供者的角度看，筹备会展涉及很多具体业务。比如展览会，从决策到策划，从招展到开幕，从管理到评价，都需要大量的时间。组织会展活动涉及客户的需求，会展活动只有在许多客户的参与下，才能取得成功。但会展客户要参加一项会展活动，不仅要实现参加目的，而且还有经济与精力成本的考虑。如参加展览会，对参展商来说，既要付出摊位费和展品运输费，又要付出差旅费，而且在异地工作付出的精力和时间也大。因而参展商不可能持续参加展览会，正因为这样，很多会展活动都是年度性的（选择一年内的某一短期内举行），一般大型的会展活动甚至两到四年才召开一次。

④ 依存性。会展市场是一个受各种经济因素、社会因素和政治因素制约的市场。第一，社会因素是引起会展市场波动的原因之一，2003 年的“非典”事件，使全球会展产业蒙受了巨大的损失，起码使全球会展产业的发展滞后了三年；第二，重大的政治活动会影响会展产业的发展，如恐怖主义活动频繁的地区，会展产业是无法生存的；第三，某些行业的发展水平制约着相关主题的会展水平；第四，会展相关产业的发展也制约着会展市场的发展。会展不仅仅与其活动场所相关，还涉及参展商、与会者和参观者的食、住、行、游、购、娱等多方面问题。因此餐饮、宾馆、交通等必须与会展产业保持合理协调的发展速度。如果这些部门的发展比例失调或经营不力，则会引起波动而影响会展市场的整体效益。

1.2 会展营销的含义和特征

会展营销有哪些特征？

1.2.1 会展营销的含义

(1) 市场营销

市场营销作为一种计划及执行活动，其过程包括对一个产品、一项服务或一种思想的开发制作、定价、促销和流通等活动，其目的是经由交换及交易的过程达到满足组织或个人的需求目标。市场营销是指在以顾客需求为中心的思想指导下，企业所进行的有关产品生产、流通和售后服务等与市场有关的一系列经营活动。

有些学者从宏观角度对市场营销下定义。例如，E. J. McCarthy 把市场营销定义为一种社会经济活动过程，其目的在于满足社会或人类需要，实现社会目标。又如，Philop Kotler 指出，“市场营销是与市场有关的人类活动。市场营销意味着和市场打交道，为了满足人类需要和欲望，去实现潜在的交换”。

还有些定义是从微观角度来表述的。例如，美国市场营销协会于 1960 年对市场营销下的定义是：“引导产品或劳务从生产者流向消费者的企业营销活动”。我们可以理解为指企业以顾客为中心，以市场为导向，从产品规划开始，综合利用各种营销手段，最终实现企业经营目标的全过程。E. J. McCarthy 于 1960 年也对微观市场营销下了定义：市场营销“是企业经营活动的职责，它将产品及劳务从生产者直接引向消费者或使用者以便满足顾客需求及实现公司利润”。这一定义虽指出了满足顾客需求及实现企业赢利为公司的经营目标，但这两种定义都说明，市场营销活动是在产品生产活动结束时开始的，中间经过一系列经营销售活动，当商品转到用户手中就结束了，因而把企业营销活动仅局限于流通领域的狭窄范围，而不是视为企业整个经营活动的全过程，即包括市场营销调研、产品开发、定价、分销广告、宣传报导、销售促进、人员推销、售后服务等。

Philop Kotler 于 1984 年对市场营销又下了定义：市场营销是指企业的这种职能，“认识目前未满足的需要和欲望，估量和确定需求量大小，选择和决定企业能最好地为其服务的目标市场，并决定适当的产品、劳务和计划（或方案），以便为目标市场服务”。美国市场营销协会（AMA）于 1985 年对市场营销下了更完整和全面的定义：“市场营销是关于构思、货物和劳务的设计、定价、促销和分销的规划与实施过程，旨在导致符合个人和组织目标的交换。”这一定义比前面的诸多定义更为全面和完善。主要表现是：第一，产品概念扩大了，它不仅包括产品或劳务，还包括思想；第二，市场营销概念扩大了，市场营销活动不仅包括赢利性的经营活动，还包括非赢利组织的活动；第三，强调了交换过程；第四，突出了市场营销计划的制定与实施。

因此综上所述，我们可以这样理解市场营销。

① 市场营销是一种企业活动，是企业有目的、有意识的行为。

② 满足和引导消费者的需求是市场营销活动的出发点和中心。企业必须以消费者为中心，面对不断变化的环境，作出正确的反应，以适应消费者不断变化的需求。满足消费者的需求不仅包括现在的需求，还包括未来潜在的需求。现在的需求表现为对已有产品的购买倾向，潜在需求则表现为对尚未问世产品的某种功能的愿望。企业应通过开发产品并运用各种营销手段，刺激和引导消费者产生新的需求。

③ 分析环境，选择目标市场，确定和开发产品，产品定价、分销、促销和提供服务以及它们间的协调配合，进行最佳组合，是市场营销活动的主要内容。市场营销组合中有四个可以人为控制的基本变数，即产品、价格、（销售）地点和促销方法。由于这四个变数的英文均以字母“P”开头，所以又叫“4Ps”。企业市场营销活动所要做的就是密切注视不可控制的外部环境的变化，恰当地组合“4Ps”，千方百计使企业可控制的变数（4Ps）与外部环境中不可控制的变数迅速相适应，这也是企业经营管理能否成功、企业能否生存和发展的关键。

④ 实现企业目标是市场营销活动的目的。不同的企业有不同的经营环境，不同的企业

也会处在不同的发展时期，不同的产品所处生命周期里的阶段亦不同，因此，企业的目标是多种多样的，利润、产值、产量、销售额、市场份额、生产增长率、社会责任等均可能成为企业的目标，但无论是什么样的目标，都必须通过有效的市场营销活动完成交换，与顾客达成交易方能实现。

总之，所谓市场营销就是在变化的市场环境中，旨在满足消费需求，实现企业目标的商务活动过程。包括市场调研、选择目标市场、产品开发、产品定价、分销渠道选择、产品促销、产品储存和运输、产品销售以及售后服务等一系列与市场有关的企业经营销售活动。理解这一涵义要把握两点：一是满足消费需求是营销活动的手段。企业的营销活动纷繁复杂，但这些活动都是为一个共同的目的，即都是为了满足消费需求，它是以了解消费者的需求是营销活动的出发点，满足消费者的需求是营销活动的终点。二是通过满足消费需求而获利才是营销活动的目的。企业开展营销活动的最终目的是为了自身的获利。

(2) 会展营销

从会展主办者的角度来考察，会展营销就是会展组织者为了吸引更多的客户，提高会展品牌的价值和影响力，通过价格、服务、形象设计、宣传等多种手段所采取的一系列市场推广活动。我们在此是站在会展组织者的立场来构建基于企业服务视角的会展营销框架，会展营销是指会展组织者寻找目标市场、研究目标客户需求、设计会展产品和服务、制定营销价格、选择营销渠道以及保持良好客户关系等一系列销售活动的总和。会展营销是以客户的需求为中心的服务营销活动，其目的是实现会展活动的市场价值，促进会展产品和服务的供需结合。

营销工作是成功举办一个会展项目的核心环节。再好的会展项目，如果不能有效地找到目标客户，都无法实现会展企业自身的收益。

1.2.2 会展营销的特征

会展营销在会展活动运作和会展经济发展中扮演着重要的角色，会展营销是会展经济的助推器。会展营销也是会展企业目标市场传递会展产品信息，实现预期经济目标的行为。由于会展产品具有典型的综合性特点，因此，会展营销必然是一个综合利用资源的过程。会展营销涉及的利益主体、内容、手段等皆具有其特殊性，与一般的营销活动存在明显区别，会展营销的特点主要体现在以下四个方面。

(1) 营销主体的综合性

会展营销的主体十分复杂，大到一个国家或城市，小到每个会展企业甚至是一次具体的会议或展览会。每个主体的营销目的不一，营销内容的侧重点也存在明显差异。往往在一次展览会中，各个主体都要为了各自的目的开展营销活动。因为一次展览会可能要牵涉众多的组织和企业，大型的国际性展览会可能由当地政府主办，由一家或者几家展览企业承办，其中个别较复杂的活动则由具体的项目组去承担。换句话说，一个展会由几方面共同操作，且各自承担的工作在深度与广度上有所不同，但进程必须保持一致，合作也必须紧密有效。

(2) 营销内容的整体性

展览会的举办时间、地点、主题及内容等都是参展商和专业观众所关心的，任何一环如有不妥，都可能导致展会的失败。因此，会展营销的内容必须具有整体性，既包括举办会议或展览会的外部环境，如城市安全状况、旅游综合接待能力等，又包括会议或展览会的创新之处，能够给参展商和观展者带来的独特利益，以及配套服务项目与水平等，这一切都会影响参展商的购买行为——判断是否属于高质量的展会，决定是否参展等。

(3) 营销手段的多样性

会展营销的主体复杂和内容广泛决定了会展必须综合利用各种手段来开展宣传，以达到预期的营销目的。从传统的广播、电视、报纸，到各类行业杂志、专业会展杂志，到面向大众的路牌广告、地铁或的士广告以及已渗透到各行各业的互联网，会展营销主体正以平面或立体的方式，将大量的信息以最快、最直接的方式传递给大众。但有一点必须指出，营销手段要讲究综合利用的阶段性，在每一阶段只有用适当的方式宣传特定的内容，而不是间断或大批量地重复毫无新意的广告，才能给大众留下最深刻的印象和触动，从而激发潜在参展商及观众的参展愿望。

(4) 营销对象的参与性

在许多时候，会展活动的组织者虽然策划并操作会议与展览，但对行业的认知程度可能并不深刻，因而在整个过程中必须广泛听取参展商和观展者的意见，并根据自身能力及参展商和观展者的要求尽可能地调整营销内容，以更好地满足展会消费者的需求。另外，在会展活动中，参展商和观展者的参与性都很强，组织者必须与其实现互动，才能提高其满意程度。例如，在招展工作中，参展商会根据自身需要对展会服务提出要求，展会组织者应及时听取反馈意见并改进工作，而且针对不同类型的参展商，要制定不同的营销内容。

【案例 1-2】 整合营销的作用

Marthe Stewart 女士是一个有心人，作为一名女性，她擅长家居装饰，利用自己的特长，从了解身边的女性朋友开始，利用各种渠道和女性消费者沟通，在家居装饰指导上做文章，从简单的如何布置房间、插花开始，创办电视节目，创办此类杂志和网站，创建了标有“Marthe”标志的品牌，此后，超市等消费市场上到处可见此品牌，而且效益良好，这就是整合营销所起的作用。

资料来源：杨驰原。传媒发展与整合营销。传媒。2005，(5)

1.3 会展营销的产生和发展

影响会展营销发展的因素有哪些？

1.3.1 会展营销产生的背景

会展营销产生是与会展活动内容和层次的发展密切相关的。会展活动内容的丰富和层次的提高为会展营销的产生创造了必要的条件。

在英文中，集市和博览会称为 fair。由于集市已具备了会展的一些基本特征，如在固定地点、定期举行等，因而欧美会展业普遍认为会展起源于集市。而欧洲集市起源于古希腊的奴隶市场，以及后来的奥林匹克运动会和城邦代表大会。然而，当时的集市只是松散的展会形式，规模一般较小，并具有浓厚的农业社会特征，其活动内容较为单一，会展活动的组织者还没有有意识采取措施来促进集市的进一步发展，还处于会展的萌芽阶段，会展营销的产生缺乏土壤。

但欧洲集市在发展过程中表现出明显的规模性和规范性。在中世纪，欧洲出现了特许集市，通常是每年季节性（主要在宗教节日）举行的集市，由城市或地方长官、国王或教皇授予举办展贸的权力。这时候，欧洲集市在规模上相对集中，举办周期较长，且功能相当齐全，包括零售、批发甚至国际贸易、文化娱乐等，如一些伯爵领地的展贸活动成为欧洲的重要集贸活动。这些跨地区的展贸活动，为了吸引更多的人来参与展贸活动，促进地区间经贸活动的发展，使这些展贸活动取得成功，其组织者不仅建立了会展活动的规范，而且为参展商和来访者提供在展贸期间的特权。建立的会展活动规范主要有成立展贸法庭，处理交易纠纷和交易证明登记，为此各国政府先后制定了有关集市管理的法规。如英国的法律规定，每个臣民从家步行不超过1/3天的时间便可达到一个集市；若两个集市有冲突，历史长者优先，历史短者必须搬至距前者20英里之外等。为参展商和来访者提供在展贸期间的特权主要有如税务减免、人身财务保护等。中世纪晚期，欧洲已形成发达的展贸网，由过去单一地区举行展贸发展到由更多城市季节性地承办。这些措施的实施都是会展活动组织者有意识地为了满足参展商和来访者的需求，希望通过满足客户的需求来达到展会组织的成功，这就是营销意识的体现。而这些措施，特别是让参展商和来访者享有一些特权的措施，正是会展营销中的促销的一种表现形式。由此我们可以看到正是由于欧洲集市发展到了一定阶段，形成了一定的规律和规模之后，自然而然要求采取措施为其服务，这就是会展营销出现的背景。

18世纪60年代工业革命的爆发，推动了欧洲经济的迅速发展，同时也引起了会展业的一系列变革，为会展营销活动的产生奠定了基础。科技的发展和交通手段的改善，同时也是出于以客户的需求为企业发展的理念，会展行业出现了新的会展营销模式，即参展商只需带样品来参展，拿着订单回去。工业革命带来的影响使展贸业从货物交易变为了样品交易，这种样品展会的模式大大地降低了参展商参展的成本，减轻了参展商参展的劳苦，促进会展业的进一步发展。其标志性的事件就是1894年的德国莱比锡样品博展会。

1.3.2 会展营销发展的影响因素

会展营销的产生是会展活动的内容和层次发展到一定阶段的产物。影响会展营销活动的发展有多种因素，其主要因素包括政治因素、经济因素和文化因素。

（1）政治因素

① 政治形势。一个国家或地区政局稳定，就有可能吸引很多会展营销活动在该国或地区举办；相反，若一个国家或地区动荡不安，很多会展营销活动就会对它望而却步。此外，国与国的政治关系也会影响会展营销活动的成败。

② 制度条件。任何会展营销活动必须符合举办地的法律、法规，并与举办地的文化传统和民族习俗相适应。例如，有的国家和地区不欢迎甚至禁止一些体育活动和艺术活动的举办，与其相关的会展营销活动就没有在此地进行的制度条件。制度变迁如政权的更替可能使原来可以举办的会展活动变成不可能，而原来被禁止的会展活动也许在政权更替后可以举办了。

在发达的西方市场经济国家，能通过商业渠道筹措到举办大型会展活动的资金，而广大欠发达国家就不可能做到这一点，因为它们缺乏发达的商业资金筹措机制。

(2) 经济因素

① 区位条件。经济活动离不开一定的地域空间，优越的区位条件是实现会展营销目标的基础。没有良好的区位条件，其他条件再优越也难以使会展营销活动取得成功。举办大型会展活动，必须有良好的交通、通信、展出场馆等条件，若是大型的商品交易活动，还须接近商品的供应地和销售地，以便为商品交易各方降低交易成本，获得尽可能多的收益，吸引各地客商前来进行商品交易活动。

② 经济实力。举办任何会展活动都需要一定的经济实力和资金投入，没有雄厚的经济实力做保障，是难以举办大型会展活动的。现代奥林匹克运动没能在欧洲工业革命前产生，其中一个重要因素是无法为它提供经济支持。对奥林匹克运动投入的主要方式是举办奥运会。1984 年洛杉矶奥运会之前，奥运会的经济支持来自政府拨款和社会捐赠等，但尽管政府给予大量拨款，蒙特利尔奥运会的赤字仍高达 10 亿美元。1984 年洛杉矶奥运会的组织者将奥运会推上了市场经济的轨道，采用以商业经营为主，辅之以社会捐赠，使本届奥运会组委会盈利 2.227 亿美元。从此，商业化经营开始在奥运会上占主导地位，也为会展营销创造了一个全新的模式。

(3) 文化因素

① 人力资源。进行会展营销活动，必须要有高素质的人才，人力资源主要体现在会展营销活动的组织能力和管理水平上。没有高素质的专业化人才，特别是高水平的会展营销活动策划、组织等人才，国际性会展营销活动就无法进行。因而人力资源的保障是会展营销活动的关键因素之一。

② 科学技术。进行会展营销活动需要相应的技术支持。美国会展业中涌现的现代科技主要应用于六大方面：数据管理与沟通、数据收集与分析、发展趋势判断、更广泛地接触客户、智能化设备、现场跟踪。科技创新让会展充满活力，让参展商和观众娱乐式地参与到会展活动中来，给他们创造一种美好的经历，使人们在自我娱乐中很自然地接受营销信息。没有一定的科学技术水平，不可能举办一些技术性强、专业性强的会展活动。

【案例 1-3】 世界博览会的起源

第一届世界博览会是在 1851 年于英国伦敦举行，当时英国国势全世界最盛，英国便希望透过一个大型的展览，去显示其国力。英国人自豪地把这次大型市集会称为“伟大的博览会”(great exhibition)。在展出的约 10 万件展品中，蒸汽机、农业机械、织布机等推动工业革命的机械引人瞩目；而这些当时崭新的展品，会后便成为两个博物馆的展品作为博览会的展品基础：包括在 1852 年成立的维多利亚与阿尔伯特博物馆，和 1853 年成立的坎星顿科学技术博物馆。

资料来源：http://zh.wikipedia.org/

1.3.3 会展营销发展的前景

进入 21 世纪以来，国际会展产业经过 20 世纪 70～90 年代期间快速发展，并随着世界经济一体化的不断深入，逐渐走向成熟，许多国家和地区的经济对会展产业的依赖程度越来越高，信息技术的融入致使会展产业的全球化程度加深，各国会展产业朝着“国际化、资本化、产业化”方向发展，会展产业的需求市场空间无限广大，成为世界各国的朝阳产业。在欧美及亚洲的中国香港特区、新加坡，会展产业已发展为一个较为成熟的产业，资本和金融资本投入，已经使这些国家和地区进入了国际性商业化运作阶段。

(1) 欧美会展营销的发展状况

欧美是现代会展产业的发祥地，1851 年在伦敦举行的万国博览会成为现代博览会的起始点。经过一百多年的积累和发展，欧美已成为世界上整体实力最强、规模最大的会展区域，也是当今会展产业竞争最激烈的地方。从总体上看，欧美会展的质量、贸易效果和活动组织水平普遍高于其他地区，其中欧洲以展览见长，美国以会议著称。欧美会展产业具有成熟度最高、产业集中度最高、活动组织水平最高“三高”特点，其会展营销的最大亮点就是品牌化会展运作，代表着当今世界会展产业发展的最高水准。

由于受历史传统、地域和文化诸多因素影响，欧美各国在产业发展战略、市场运作方式、组织风格、市场化程度、政府参与形式以及会展活动消费习惯等方面，存在比较明显的差异，因而形成了各具特色的会展营销，其先进的会展营销模式成为亚洲国家会展业学习的对象。

(2) 会展营销的成功要素

总结欧美国家各具特色的会展营销，其成功的主要要素表现在以下几个方面。

① 获得政府的支持是会展营销成功的首要。各国国家和地区的政府在会展产业的发展中都扮演了重要的角色。政府从产业政策上给予倾斜，对于本国企业实施财政补贴与税收减免优惠，以及对场地、人力资源开发等软硬件建设进行投资，通过直接、间接的方式组织本国企业出国参与海外市场拓展，以及为在本国举办的会展提供相关服务与支持。

② 得到行业协会的配合是会展营销成功的保障。会展产业的发展离不开行业协会以及各个行业之间配合默契。在成熟的市场经济中，会展产业更多地通过非政府的行业管理协会来实现政府管理企业的职能。从对各国会展产业发展中可以看到，欧美和亚洲国家和地区，都有一些影响力较大的会展行业协会，如美国展览管理协会（IAEM）、德国的贸易展览与博览会委员会（AUMA）等。

③ 提升组办商的专业化是会展营销成功的核心。专业化举办的会展项目，涵盖各个行业和门类，只有具有专业水平的组办商才能满足在经济全球化和信息化时代世界各国企业树立形象，发布产品未来发展趋势及与客户和观众交流、沟通的需要。

④ 加强营销网络国际化是会展营销成功的关键。发达会展国家具有很强的国际战略意识，洞察国际市场的发展趋势，德国、法国、新加坡、日本等国，在政府支持下通过会展行业协会以及会展公司在全球进行营销网络布点，实施国际化市场竞争战略。

本章小结

会展产品是立足于会展活动参与者的需求和欲望之上的，是为会展参与者得到最佳的会展体验。会议是为了满足人们进行面对面讨论和交流的需求；展览是为了满足展览的参与者通过物品或图片的展示，集中传达和了解各种信息，实现双向交流，扩大影响，树立形象，实现交易、投资的需求；特殊活动为了满足人们情感交流的特殊需求。会展产品主要的功能是满足人们交流和沟通的需求，这些会展活动也存在很多共有的特性，主要包括：受时间、空间的限制和聚集性活动。会展产品的聚集性特点主要表现在人员和信息两大方面。

会展市场是指在特定的时间、地点与条件下，对会展产品具有购买欲望并且有支付能力的现实购买者和潜在购买者所组成的。与其他市场相比，会展市场具有以下特征：广泛性、多样性、短期性、依存性。会展营销是以客户的需求为中心的服务营销活动，其目的是实现会展活动的市场价值，促进会展产品和服务的供需结合。会展营销的特点主要体现在以下四个方面：营销主体的综合性、营销内容的整体性、营销手段的多样性、营销对象的参与性。

会展营销产生是与会展活动内容和层次的发展密切相关的。会展活动内容的丰富和层次的提高为会展营销的产生创造了必要的条件。影响会展营销活动的发展有多种因素，其主要因素包括政治因素、经济因素和文化因素。进入21世纪以来，国际会展产业经过20世纪70～90年代期间快速发展，并随着世界经济一体化的不断深入，逐渐走向成熟，许多国家和地区的经济对会展产业的依赖程度越来越高，信息技术的融入致使会展产业的全球化程度加深，各国会展产业朝着“国际化、资本化、产业化”方向发展，会展产业的需求市场空间无限广大，成为世界各国的朝阳产业。

复习与思考

1. 会展产品和会展市场有什么关联性？
2. 与一般商品相比较，会展产品有何特征？
3. 简述影响会展营销产生和发展的因素。
4. 试论会展营销在会展企业经营管理中的作用。

案例分析：达沃斯世界经济论坛溯源

达沃斯，一个坐落于瑞士东部的小镇。它能名满天下，绝不仅仅因为是滑雪爱好者的天堂，而是因为每年冬天在这里举行的世界经济论坛年会——即世人皆知的“达沃斯论坛”。这一连续举办30多年的国际经济界最高论坛，已经成为全球政要、企业界和学术界人士研究世界经济问题的重要非官方聚会场所，被人们形象地称为“经济联合国”。

举办世界经济论坛的构思出现于1971年1月。当时，一群欧洲的商业领袖在以欧洲委员会和欧洲工业联盟的名义进行聚会，地点是瑞士达沃斯。后来，德国出生的日内瓦大学商业政策教授克劳斯·施瓦布（Klaus Schwab）当上了大会的主席。他成立了非营利性的欧洲管理论坛，总部设在瑞士日内瓦，每年一月召集欧洲的商业领袖去达沃斯开会。

起初，会议的主题是讨论欧洲企业怎样才能赶上美国公司的管理水平。施瓦布还推广了“利益相关者”管理方法，即通过考虑各方利益来获得公司的成功。这里的各方不仅包括股东、客户和用户，还包括雇员和公司运行的外部环境，如政府。

施瓦布对这个论坛的远见随着一些历史性事件的发生而逐步发展，直至后来的“世界经济论坛”。1973年，布雷顿森林货币体系崩溃，阿拉伯-以色列战争爆发，年会的主题也由专注经济管理扩大至社会问题。1974年1月，会议首次邀请政界领导参加。两年后，会议开始实行会员制，并评选出“全世界1000家领袖企业”。

欧洲管理论坛是第一家与中国经济发展委员会缔交的非政府机构。之后，地区性会议也加入了每年的会议议程。1979年出版的全球竞争性报告表明，这一会议已经成为全球的思想交流中心之一。

1987年，欧洲管理论坛更名为世界经济论坛，同时也将眼界放得更开。会议讨论的话题开始包括寻求解决国际冲突的方案。这段时间内，同样经历了一些历史性事件——1988年，希腊与土耳其签订“达沃斯宣言”，将双方从战争边缘拉回到和平中；1989年，南北朝鲜在达沃斯举行了第一次部长级会议；同样在这届会议上，前民主德国总理汉斯·莫德罗（Hans Modrow）与前联邦德国总理赫尔穆特·科尔（Helmut Kohl）进行了会晤，讨论德国统一问题。1992年，南非总统弗雷德里克·威廉姆·德克勒克（F. W. de Klerk）第一次在南非之外会见了南非反对种族隔离制度的两位黑人精神领袖纳尔逊·曼德拉（Nelson Mandela）和曼戈苏图·布特莱齐（Mangosuthu Buthelezi），这次会见也标志了南非的政治转型。

此后，论坛的活动进一步扩大，增加了一个公共-私人合作中心。该中心通过和商界、市民社会及政治权力机构合作，对从印度的医疗卫生改革到联手解决非洲的连年饥荒等一系列议题提出了政策建议。此外，论坛的知识中心、战略中心也在发展，出版了一些具有竞争力的报告，如全球性别差距报告、全球风险报告和地区发展模式报告。

论坛建立34年，仍然持续发展，除了得益于论坛本身的品质和影响之外，每一次会议的商业运作是保证它运转的前提，作为全球举足轻重的论坛年会，要想成为它的会员，必须缴纳会员费。一般企业的会费为每年12500美元，银行会员会费是15000美元。论坛的1000多个会员每年缴纳的会费就可达上千万美元。而且会议的很多设备如车辆、电脑，甚至部分会场租用费都是由合作伙伴赞助的。达沃斯论坛的成员囊括了位居全球前列的1000家大公司和企业，这些跨国公司控制着全球86%以上的财富，年营业额合计超过4.5万亿美元。作为论坛成员的公司或企业的年营业额或资产需达10亿美元以上，参加会议的代表必须是董事长或总裁级人物，政界人物须是现任在职。出席达沃斯论坛的人员还有威名显赫的政界要人、领导世界潮流的科技奇才，也有享誉全球的知识精英、颇负名望的国际问题专家等。

2007年世界经济论坛主办了首届“新领军者年会”，简称“夏季达沃斯论坛”，于9月6日至8日在大连举行。此次会议的主题是“变化中的力量平衡”，探讨变化中的全球商业环境、中国的经济发展、企业如何走向全球等重大问题。首届“新领军者年会”闭幕式上，世界经济论坛主席施瓦布教授正式向世界宣布：2008年世界经济论坛夏季年会，于2008年9月在中国天津举办。渤海之滨的天津就此与美丽的瑞士小镇达沃斯结下不解之缘，并受到全球经济界人士的瞩目。

资料来源：http://www.caijing.com.cn

讨论题

1. 试从会展产品的内涵、分类和特点来分析达沃斯世界经济论坛。
2. 结合案例说明会展营销受哪些因素的影响。
3. 你作为会议的组织者，如何运用新的营销手段进一步提升论坛的影响力？

参考文献

[1] 戴光全. 从产品整体概念（TPC）谈会展产品和会展管理的本质属性. 中国会展，2006，(21).
[2] 刘丽文. 服务运营管理. 北京：清华大学出版社，2004.
[3] 周爱国. 会展营销. 北京：电子工业出版社，2007.
[4] 丁丽琼. 新编市场营销学教程. 北京：研究出版社，2005.
[5] 过聚荣. 会展导论. 上海：上海交通大学出版社，2006.
[6] 王起静. 会展项目管理. 北京：中国商务出版社，2004.
[7] 刘大可. 会展经济理论与实务. 北京：首都经济贸易大学出版社，2006.
[8] 马勇. 会展概论. 北京：中国商务出版社，2004.
[9] 刘大可. 会展营销教程. 北京：高等教育出版社，2006.
[10] 刘松萍，梁文. 会展市场营销. 北京：中国商务出版社，2004.

2　会展营销环境

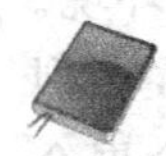

学习目标

学完本章，你应该能够：

1. 了解会展营销环境的基本概念；
2. 熟悉会展宏观营销环境的组成；
3. 熟悉会展微观营销环境的组成。

基本概念

会展营销环境　会展宏观营销环境　会展微观营销环境

2.1　会展营销环境的含义和特点

会展营销环境的含义是什么？

2.1.1　会展营销环境的含义

会展企业如同其他任何企业一样，在经营过程中不断地与外界发生能量、信息和物质的交换，并且受到各种不可控制或难以控制的因素和力量的影响。这些会展企业赖以生存和发展的外部条件构成了会展营销环境。会展企业的营销环境与企业经营活动既相辅相成又相互制约。一方面，会展营销环境及其正常变化为企业经营活动提供必需的场所和条件，企业的正常经营活动促进营销环境的稳定。另一方面，会展营销环境的异常变化又可能超越企业的承受力，并破坏企业的新陈代谢；而企业的恶性经营又将导致营销环境的进一步紊乱。

会展营销环境是由影响会展企业营销管理能力的会展营销宏观环境和会展营销微观环境共同构成。会展营销的宏观和微观环境虽然分别存在于不同的空间范围中，但两者在会展整体营销活动中缺一不可，如图 2-1 所示。微观环境包围着会展企业的营销活动，直接影响与制约企业的营销能力，也称会展直接营销环境，包括企业、顾客、竞争者以及社会公众等要素。宏观环境则要通过会展微观环境为媒介，才能作用于会展营销活动，包括人口、经济、政治法律、科学技术、社会文化等要素。会展营销微观环境中的所有因素都离不开并受制于会展营销宏观环境。会展企业必须千方百计地将微观环境要素与宏观环境要素协调起来，达到会展营销环境的动态平衡，以更好地满足目标市场需求，从而实现会展营

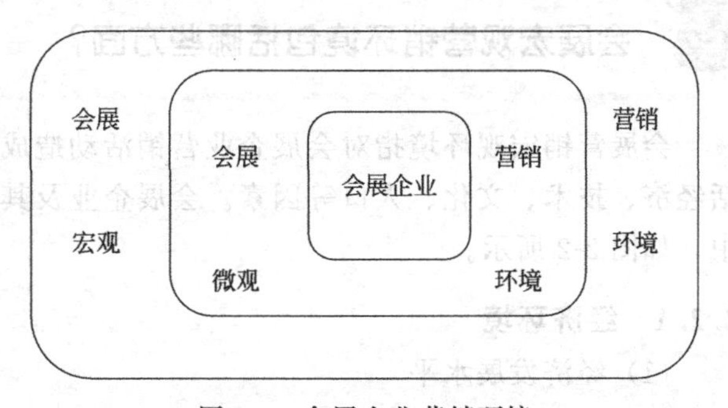

图 2-1　会展企业营销环境

销的可持续发展。

2.1.2　会展营销环境的特点

（1）会展营销环境的客观性

会展企业的营销活动始终处于一定的环境之中，外部环境的不以营销者意志为转移的特性决定了它的客观性。会展企业不能改变所处的政治法律环境、社会文化环境、人口环境。但是会展企业可以通过市场调研取得信息，调整企业内部营销力量以适应外部环境。在激烈的会展行业竞争中，善于适应环境的会展企业才能生存和发展；不能适应环境变化的会展企业必将被淘汰。

（2）会展营销环境的差异性

不同的国家和地区由于社会经济制度、民族文化、经济发展水平等有所区别，使会展营销宏观环境显示出差异性。会展企业所面临的营销微观环境则因个别会展企业的经营任务和目标的不同而有很大的差别，这一特性要求会展企业因地制宜地制定出可行的营销策略。

（3）会展营销环境的多变性

会展营销环境是自然、社会、经济等多个因素相互交融组成的复杂企业生态系统，是一个动态系统，各环境因素会随着社会经济发展而不断变化。2007 年是中国经济增长连续达到或超过 10%的第 5 年，会展经济在如此强劲的经济增长背景下也维持了较高的增长率。特别是近年来随着我国逐步放开外资以及民营企业加入会展业，原有的展览业单一增长现象停止，会议、节庆等新兴的会展形式得到发展。我国会展经济结束了单纯的数量增长阶段，进入到数量和质量同时发展阶段。

（4）会展营销环境的波动性

会展营销环境的各种因素具有相对的稳定性，这要求会展企业应保持营销战略的合理延续性。但环境中各因素的状态又随时间变化而变动，形成了与不同时间相对应的多样化环境，呈现出一定的波动性，主要表现为时空波动、季节波动。会展需求由于可自由支配收入变化、余暇时间（特别是带薪假期、公共假日）的分布差异，以及民俗性节事活动、大型体育赛事对季节气候的不同要求，容易形成时空波动和季节波动。会展营销环境的波动性，决定了会展企业对环境的适应过程是一个动态过程。现实的适应并不等于将来的适应，时刻监视和关注环境因素的变化，以及由此引起的对企业营销活动直接和间接的影响，是十分必要的。

2.2　会展营销宏观环境

会展宏观营销环境包括哪些方面？

会展营销宏观环境指对会展企业营销活动造成市场机会和环境威胁的主要社会力量，包括经济、技术、文化、人口等因素。会展企业及其微观环境的参与者，无不处在宏观环境之中，如图 2-2 所示。

2.2.1　经济环境

（1）经济发展水平

根据《服务贸易总协定》，在国际服务贸易的 12 个部门分类中会展业属于职业服务范

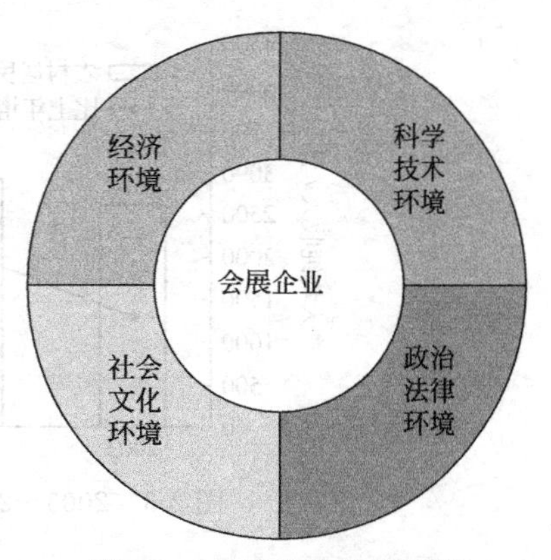

图 2-2 会展营销宏观环境

畴，其核心本质就是服务，即为各个行业或企业策划和举办国际和国内的会议、展销会、展览会、交易会、博览会、奖励旅游和节事活动，同时提供上述各类活动所需的各种场馆、设施和配套服务。作为经济贸易平台的会展业，一切活动都要依托于所处区域中的相关行业和企业，受到其经济发展水平的制约。德国会展业稳居全球会展业前列离不开其发达的城市产业。如会展城市杜塞尔多夫、埃森、科隆均地处德国"工业心脏"鲁尔工业区，并以其为基础发展出世界瞩目的杜塞尔多夫国际印刷包装展和国际塑料、橡胶展，科隆国际家具皮革及用料展和国际照相器材展等。随着国民经济发展，顾客对产品的需求有所改变，从而会在一定程度上影响会展企业的营销策略。

（2）经济体制

世界上存在着多种经济体制如计划经济体制、市场经济体制、计划-市场经济体制、市场-计划经济体制等。不同的国家实行不同的经济体制，对于会展业施行的管理体制也有所不同。例如尽管我国实施的是社会主义市场经济体制，但是会展业多年以来一直沿用计划经济体制下的审批制。对境内举办的各种涉外和非涉外展览会以及到境外举办展览会都要经过多个部门审批。直至 1997 年后会展业的管理体制开始有所转变，国务院办公厅规定境内举办对外经济技术展览会，由外经贸部负责协调和管理。2001 年 1 月 1 日，国务院办公厅规定各地区、各单位举办出国展览一律由中国贸促会审批。2002 年 11 月，国务院办公厅将"全国性非涉外经济贸易展览会"的审批制改为登记制。而像德国、英国、美国一些会展业发达国家没有行业限制和经营主体的资质限制，任何商业机构和贸易组织都可以不需任何审批程序进入会展行业，开拓会展市场，参与市场的自由竞争。

（3）收入和支出

1）消费者收入　消费者收入，是指消费者个人从各种来源中所得的全部收入，包括消费者个人的工资、退休金、红利、租金、赠与等收入。各地区居民收入总额可用以衡量当地消费市场的容量，人均收入多少反映了购买力水平的高低。

消费者的购买力来自消费者的收入，但消费者并不是把全部收入都用来购买商品或劳务，购买力只是收入的一部分。因此，家庭收入的高低会影响很多产品的市场需求。一般来说，家庭收入高，对消费品需求大，购买力也大；反之，需求小，购买力也小。

2007 年我国农村居民人均纯收入 4140 元，比上年实际增长 9.5%；城镇居民人均可支配收入 13786 元，实际增长 12.2%。农村居民家庭恩格尔系数（即居民家庭食品消费支出占家庭消费总支出的比重）为 43.1%，城镇居民家庭恩格尔系数为 36.3%。见图 2-3。

2）人均国内生产总值　一般是指价值形态的人均 GDP。它是一个国家或地区，所有常住单位在一定时期内，按人口平均所生产的全部货物和服务的价值，超过同期投入的全部非固定资产货物和服务价值的差额。国家的 GDP 总额反映了全国市场的总容量、总规模。人均 GDP 则从总体上影响和决定了消费结构与消费水平。据国家统计局在《2007 年国民经济和社会发展统计公报》中全年国内生产总值 246619 亿元，居世界第 4 位；而人均 GDP1352 美元，仍处于世界较低水平。见图 2-4。

3）个人可支配收入　个人可支配收入是在个人收入中扣除税款和非税性负担后所得余

图 2-3　2003～2007 年农村居民人均纯收入及其增长速度

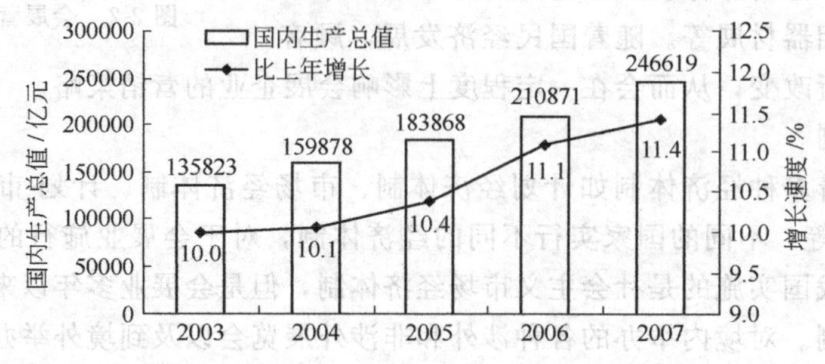

图 2-4　2003～2007 年国内生产总值及其增长速度

额，它是个人收入中可以用于消费支出或储蓄的部分，它构成实际的购买力。我国 2003～2007 年城镇居民人均可支配收入及其增长情况如图 2-5 所示。

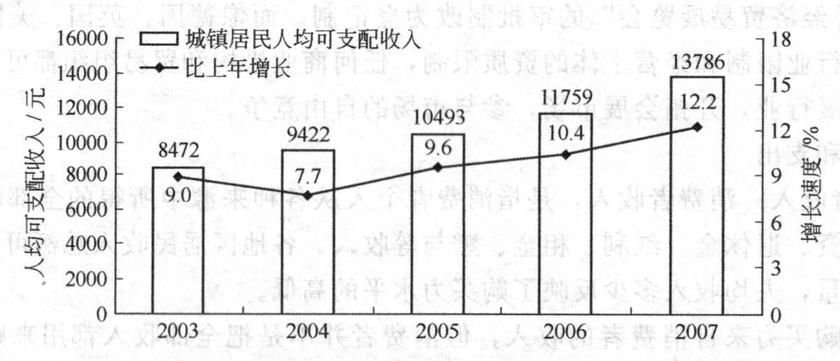

图 2-5　2003～2007 年城镇居民人均可支配收入及其增长速度

4）个人可任意支配收入　这是在个人可支配收入中减去用于维持个人与家庭生存不可缺少的费用如房租、水电、食物、燃料、衣着等项开支后剩余的部分。一般用于购买高档耐用消费品、旅游、储蓄等，它是影响非生活必需品和劳务销售的主要因素。

5）消费者支出　消费者支出是指消费者支出模式和消费结构。消费结构指消费过程中人们所消耗的各种消费资料（包括劳务）的构成，即各种消费支出占总支出的比例关系。优化的消费结构是优化的产业结构和产品结构的客观依据，也是企业开展营销活动的基本立足点。收入在很大程度上影响着消费者支出模式与消费结构。

19 世纪中叶，德国统计学家恩斯特·恩格尔（Ernest Engel，1821—1896 年）根据他对英国、法国、德国、比利时的许多工人家庭收支预算的调查研究，发现了关于工人家庭收入变化与各方面支出之间比例关系的规律，即恩格尔定律。如下：

① 随着家庭收入增加，用于购买食品的支出占家庭收入的比重就会下降；

② 随着家庭收入增加，用于住宅建筑和家务经营的支出占家庭收入的比重大体不变；

③ 随着家庭收入增加，用于其他方面的支出和储蓄占家庭收入的比重会上升。

其中食物支出占个人总支出的比例，称为恩格尔系数。一般来说，恩格尔系数越大，生活水平越低；反之，恩格尔系数越小，生活水平越高。

6）消费者储蓄和信贷情况的变化　消费者的购买力还要受储蓄和信贷的直接影响。消费者个人收入不可能全部花掉，总有一部分以各种形式储蓄起来，这是一种推迟了的、潜在的购买力。消费者储蓄一般有两种形式：银行存款和购买有价证券。当收入一定时，储蓄越多，现实消费量就越小，但潜在消费量越大；反之，储蓄越少，现实消费量就越大，但潜在消费量越小。我国居民有勤俭持家的传统，长期以来养成了储蓄习惯。但另一方面，企业若能调动消费者的潜在需求，就可开发新的目标市场。2003～2007 年城乡居民人民币储蓄存款余额及其增长速度见图 2-6。

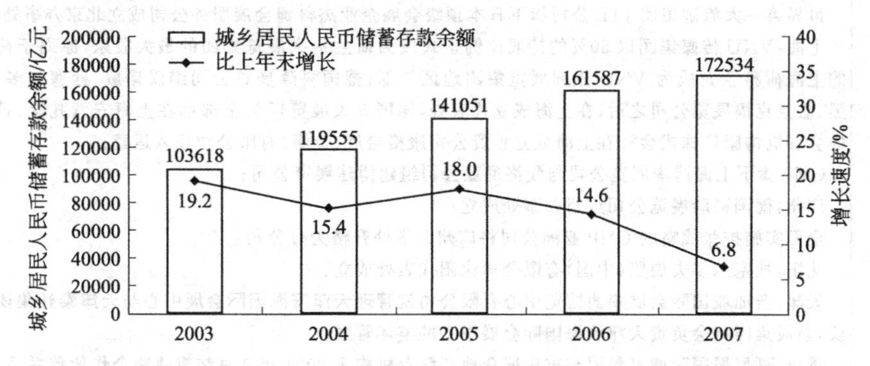

图 2-6　2003～2007 年城乡居民人民币储蓄存款余额及其增长速度

2.2.2　政治法律环境

（1）政治环境

政治环境是指企业市场营销的外部政治形势。在国内，安定团结的政治局面不仅有利于经济发展和人民货币收入的增加，而且影响群众的心理预期，导致市场需求的变化。党和政府的方针、政策规定了国民经济的发展方向和速度，也直接关系到社会购买力的提高和市场消费需求的增长变化。企业对国际政治环境的分析，应该了解政治权力与政治冲突对企业营销活动的影响。政治权力对于市场营销的影响往往表现为由政府机构通过采取某种措施约束外来企业或其产品，如进口限制、外汇控制、劳工限制、绿色壁垒等。政治冲突是指国际上的重大事件与突发性事件，这类事件在以和平与发展为主流的时代从未绝迹，对企业市场营销工作的影响或大或小，有时带来机会，有时带来威胁。

目前中国与世界各国特别是与周边国家的外交关系，是人民共和国成立以来最好的时期，中国的国际形象正处于不断上升阶段，加之中国会展业的巨大市场前景，十分有利于吸引世界著名会展企业和会展参与者。近年来很多发达国家将会展业向我国转移，跨国展览集团在我国设立分公司、办事处，或克隆、移植一些成功知名的展览会。例如美国的励展公司，德国的法兰克福公司、柏林国际展览公司、美沙集团和美习会展服务公司，新加坡环球展览公司，日本 TCS 会展服务公司，以及英国的 ITE 和 Miller Freeman 公司都已进军中国会展业市场。德国法兰克福展览公司把已在本国举办多年、效果显著的国际纺织面料展览会等一批著名的专业展览会移植到北京。2001 年 10 月汉诺威展览公司把国际信息和通信技术领域最大的 CE-BIT 展览会移植到上海举办。汉诺威、慕尼黑、杜塞尔多夫三大德国展览公司合作成立了专门的德国国际展览有限公司，并与上海浦东土地（控股）公司共同投资，建造总投资额达9900万美元、总建设规模20万平方米的上海新国际博览中心。

【案例 2-1】近年来外资进军中国会展市场主要大事一览

年份	大事记
2002	北京：德国科隆展览公司在北京成立独资分公司； 日本康格集团于2002年底在上海设立中国代表处
2003	北京：北京中展集团与德国慕尼黑合资成立京慕集团，举办"注册会展经理CEM"培训班； 苏州：享誉世界的德国奥克坦姆公司在苏州建立工厂，生产展具展架
2004	北京：日本康格会展有限公司成立北京办事处； 世界第一大旅游集团JTB公司旗下日本顶级会展企业杰科姆会展服务公司成立北京办事处； 上海：VNU传媒集团以50%的持股比例正式成为荷兰皇家展览集团的最大股东，原属于荷兰皇家的上海荷雅企龙成为VNU亚洲展览集团地区总部；德国科隆展览公司继汉诺威、杜塞尔多夫、慕尼黑、法兰克福展览公司之后，在上海成立代表处，德国5大展览巨头全部都在上海安营扎寨；日本最大的会展机构康格株式会社在上海成立独资公司康格会展（上海）有限公司投入运营； CMP旗下上海博华展览公司与爱洛尼亚公司组建博建展览公司； 广州：德国科隆展览公司广州办事处成立； 全面实施扩张战略的CMP亚洲公司将广州办事处升格为分公司； 沈阳：杜塞尔多夫展览（中国）有限公司沈阳代表处成立； 天津：新加坡国际会展集团博览中心有限公司就管理天津滨海国际会展中心与天津泰达集团签订协议，新展集团将会负责天津滨海国际会展中心的整体管理； 重庆：慕尼黑国际博览集团与重庆博众地产教育机构于2004年9月结成战略合作伙伴关系，这是该巨头首次将触角伸入到中国西部地区； 成都：香港著名国际贸易展览会主办机构建发国际集团全额投资成立建发（四川）展览有限公司；此外，德国柏林国际展览公司、德国美沙集团、德国美习会展服务公司、新加坡环球展览公司、日本TCS会展服务公司、法国欧西玛特、荷兰荷雅企龙、英国蒙哥玛利、ITE、香港华进、雅式、欧洲博闻、美国克劳斯、新加坡国展等20余家外展公司纷纷入驻中国
2005	北京：英国励展博览集团与中国医药集团总公司合资成立励展国药展览公司； 日本杰科姆会展服务公司成立北京独资公司； 澳门独资派意国际会议展览（北京）有限公司成立； 珠海：美国拉斯维加斯金沙公司与珠海市政府达成合作意向，在珠海横琴岛建设一个威尼斯人国际会展度假村； 义乌市：香港义乌会展业合作发展恳谈会在义乌举行，香港贸发局携旗下香港展览业协会主要会员全部到会，香港与义乌会展界达成广泛合作意向
2006	珠海：美国金沙集团珠海会展度假区项目前期工作启动，完成项目总体规划； 上海：德国纽伦堡展览公司在上海成立全资子公司纽伦堡展览（中国）有限公司； 意大利的米兰国际展览中心与上海交大成立上海交大中-意会展经济发展研究中心； 宁波：首家外资会展企业加博（宁波）展览有限公司落户
2007	深圳：励展博览集团与深圳华博展览有限公司签署协议，由双方出资成立励展华博（深圳）有限公司

资料来源：过聚荣等．中国会展经济发展报告（2008）．社会科学文献出版社，2008

（2）法律环境

是指国家或地方政府颁布的各项法规、法令和条例等。法律环境对市场消费需求的形成和实现具有一定的调节作用。会展企业研究并熟悉法律环境，既可保证自身严格依法管理和经营，也可运用法律手段保障自身的权益。各个国家的社会制度不同、经济发展阶段和国情不同，制定的法制也不同。会展企业尤其是经营国际会展业务的企业必须对会展业的国际法规如《国际展览会公约》、国际惯例和准则，以及有关国家的法律制度进行学习和研究，并在实践中严格遵循。例如德国的展览业管理机构 AUMA（德国展览委员会）对展览会的管理制定了各种措施：对展览名称予以类似商标的保护，以制止展览会雷同和撞车，保护名牌展览；对展览业常见的产品外观、流程及品牌被拷贝等知识产权侵权现象在网站上发布相关规则；在章程中指出将在展览会的类别、展出地、日期、展期、周期等方面进行协调，以保护参展者、组织者和观众的利益。我国为规范会展业发展，曾先后颁布了《在国外举办经济贸易展览会的审批管理办法》、《在祖国大陆举办对台湾经济技术展览会暂行管理办法》、《大型出国经贸展览活动管理办法》等法律法规。2006 年商务部、工商总局、国家版权局、国家知识产权局联合发布《出国展览保护知识产权工作方案》，并于 3 月 1 日实施。2007 年 1 月 1 日商务部正式颁布了有关会展业的管理政策《商务部举办展览会管理办法（试行）》并开始实施。该政策的出台有利于进一步净化展览业市场环境，推动展览业从无序走向规范。

2.2.3　社会文化环境

社会文化是人们在社会生活中形成的基本信仰、价值观念和生活准则。每个社会、每个国家都有与之相适应的文化，它是每个社会历史实践中物质文化与精神财富的总和，包括语言知识、文化教育、伦理道德、宗教信仰、风俗习惯等。正是这些文化因素促成了一个国家特有的消费习惯，表现为具体的市场需求。同时随着时间的推移而不断发生变化，从而影响着顾客的消费心理和消费行为，以此潜移默化地、全方位地作用于会展企业的营销活动。因此会展营销必须适应文化因素。在进行市场营销时，不能仅以本国文化为参照系，而要自觉考虑客源地异地文化的特点，寻求市场营销活动与社会文化因素的相互契合。目前现代新型生活方式——休闲消费的出现对会展营销产生了较大影响。

据权威部门预测，休闲是未来全球经济发展的第一推动力。到 2015 年前后，发达国家将全面进入“休闲时代”，先进的发展中国家将紧随其后，休闲将在人类生活中扮演更为重要的角色。休闲消费是指人们在休闲活动中物质与精神产品的消费，是现代生活方式的标志之一。“休闲”一词在希腊语中为 schole，而在拉丁文中则是 scola，两者都和英文 school（学校）一字同源。在古代西方历史上，school 一词原本不是指学校，而是指人们从事休闲娱乐活动和学习活动的场所，在古希腊，教育成为人们休闲的重要内容。19 世纪工人们在一天工作以后根本没有时间参与各种形式的休闲娱乐活动。20 世纪中后期以来，随着社会公众经济收入的较大增长和工作、生活环境的日益改善，休闲才成为社会各阶层人们普遍享有的社会权利。我国 2000 年开始推行“黄金周”休假制度，使得休闲时间增加，休闲意识形成，一种新型的消费方式——休闲消费在我国开始出现。2008 年我国发布了《职工带薪年休假条例》并修订原有“黄金周”休假制度，使得休假时间分布得更为合理，进一步促进了休闲消费的发展。我国居民在传统“重积累轻消费”的经济伦理观念下产生的“消费悲观预期”被休闲消费打破。越来越多的国民尤其年轻一代都开始增加在休闲消费上的投入，以旅游业、传媒业、娱乐业为龙头的商业休闲业和以文化教育休闲、慈善事业为代表的高品位公共休闲业都得到不同程度的发展。

2.2.4　科学技术环境

科学技术是第一生产力，科技的发展对会展的发展也有着巨大的影响。首先，现代科学技术的发展早已摆脱传统的“个体创造”时代，进入到了团体合作、区域合作、国际间合作的阶段。因此众多的科技工作者需要一种形式来获取信息、交流成果、开拓研究思路，这就促使了各国频频举办大型的国际性科技会议。每年国际上举办的科技类会议远远多于其他类型的会议。因此可以说是科学技术和人类社会发展的共同需要推进了会展业在体量上的发展。

其次在提高会展业的质量方面科学技术同样功不可没。以世博会为例，在世博会上往往都是展出世界各国在政治、经济、文化尤其科技上的发展成就。早在1851年首届世界博览会——大英万国工业博览会中，就展出了一系列工业革命带来的经济成就和先进的工业品，如自动链式精纺机、大功率蒸汽机、轨道蒸汽牵引机、高速汽轮船等。此届世博会还有一个现代化大规模工业生产技术的结晶就是由30万块10英尺×49英尺长方形的玻璃砖构成的“水晶宫”。在随后的世博会上几乎都展出了当时最新的技术发明和创造，如1855年巴黎世博会的埃菲尔铁塔，1893年美国芝加哥世博会直径达250英尺、可同时容纳1440人娱乐观光的费尔斯转轮，1876年费城世博会和1878年巴黎世博会上分别展出了爱迪生发明的电报机、话筒、留声机和用钨丝制作的白炽电灯等。

再次，科学技术的进步促使会展业向多元化发展迈进。伴随着电子商务和B-B（网络贸易市场）的发展，IT技术和网络技术进步，“网上会展”已在会展业中异军突起。这种被称为“永不落幕的会展”不仅能够突破现场会展时空上的局限，在互联网上实现会议、展览的举办；而且使得客户双方长期时时保持接触，能够更快捷、更深入地增进了解，从而增加贸易机会；同时为传统实物会展提供人性化的增值服务，实现优势互补。

【案例2-2】 网上广交会

在广交会开幕的第二天，网上广交会就如期推出，当日的访问量就达到了368万次，“网上广交会”的注册国外客商和国外供应商也分别猛增到5万和1万，客商增加量是原来的5倍。2003年广交会期间，开通了与现场广交会同步举行的网上洽谈平台，通过www.cantonfair.org，www.cecf.com，www.ccme.org.cn三个网站，为参展客商提供信息发布、贸易撮合、网上洽谈、辅助成交等电子商务服务。据统计，截至4月27日，广交会各网站的访问量累计总数达5090万次，比上届同期增长50.95%。其中境外访问量累计数为2589万次。广交会网站三个平台意向成交量为2.18亿美元，确认的成交量为4784.77万美元。据统计，在各大类产品中，网上成交效果最好的是机电类产品，占总成交量的73.4%，其次是粮油类和五矿化工类产品。即使在广交会休会期间，依然有不少企业踊跃报名参展。如厦门厦杏摩托车有限公司、广东格兰仕集团公司等多家企业通过电子商务平台与国外客商取得了联系，并达成了交易。

点评：“非典”最先在广东发难，2003春季广交会在“非典”肆虐期间召开，人们议论纷纷。大批跨国采购公司或制造业代理商、进口商取消中国之行，或推迟中国团组出国洽谈的日期。结果现场交易减少70%以上。但是网上广交会却是另外一景象。

企业参加展览展销会有两个目的：销售、市场。企业经常在展览会中展示新产品，为今后的市场营销铺平道路；企业选择展览会时机来树立企业形象，寻求代理合作，建立品牌知名度。

网络展览有参展费用低、展示时间长、不受场地空间的限制、反馈手段多、专业人员比例高等特点，网络展览借助数据信息传输手段取代了传统的实物展示手段，打破了时间与空间的局限，是信息时代的产物，是对传统展览的创新与突破，给传统展览模式带来了新的生机和压力。

但网络展览面临三个问题。①人们的习惯：这个问题可以逐步解决或通过偶然时间激发；②政府监管：网络展览没有政府的法规控制，不能得到很好的发展，有了政府的法规，网络展览才能树立网络品牌；③展示技术和网络：三维立体展示技术、虚拟现实技术才能使用户产生身临其境的感觉和完全视觉效果，起到现场参观的效果。这些技术目前只是部分应用和实验室效果，而这些技术的大面积和规模应用都有待于全社会、全球网络带宽的提高。

但是，不管未来如何，网上广交会为2003年广交会在郁闷中找到一抹亮色。

资料来源：http：//news.chinabyte.com/

2.2.5 人口环境

人口是构成市场的第一因素。市场是由有购买欲望同时又有购买力的人构成的。人口数量与增长速度直接影响着市场潜在容量。

一个国家或地区的总人口数量多少，是衡量市场潜在容量的重要因素。2005年1月6日，中国内地（不包括中国香港、澳门特区和台湾省）迎来13亿人口日，超过欧洲和北美洲人口的总和。根据国家统计局2008年2月28日发布的“2007年国民经济和社会发展统计公报”，2007年年末全国总人口为132129万人，中国已经被视为世界最大的潜在市场。

目前，世界人口环境正发生明显的变化，主要趋势如下。

① 全球人口持续增长。1999年10月12日全球总人口已达到60亿，2007年则为67亿，联合国人口司预测到2050年世界人口数量将达到近92亿。众多的人口及人口的进一步增长，给企业带来了市场机会，也带来了威胁。人口数量是决定市场规模和潜量的一个基本要素，人口越多，如果收入水平不变，则对食物、衣着、日用品的需要量也越多，那么市场也就越大。

② 发达国家人口出生率下降，人口老龄化问题凸显。一个国家的经济产值取决于该国劳动力的增长和生产率。目前美国、英国、日本等发达国家人口的缓慢增长和退休人员的增多，已经使得劳动人口逐年下降，从而影响各个产业的产品和服务生产质量，整体的市场需求随之发生变化。

2.3 会展营销微观环境

会展微观营销环境包括哪些方面?

会展营销微观环境指与会展企业市场营销活动直接发生关系的具体环境，是决定企业生存和发展的基本环境，包括会展营销渠道企业、顾客、竞争者、公众等因素，如图2-7所示。

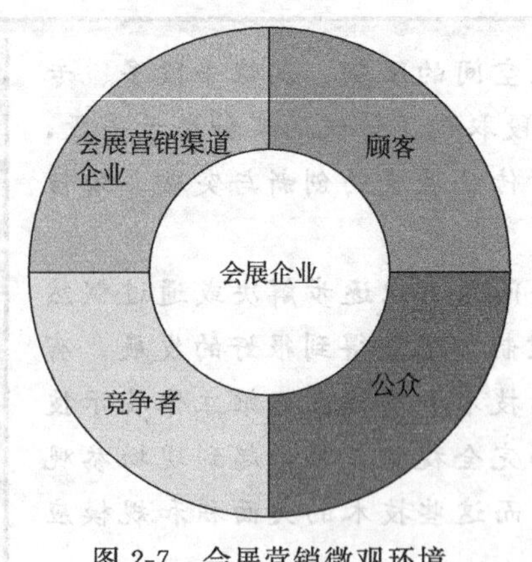

图 2-7 会展营销微观环境

2.3.1 会展营销渠道企业

（1）供应商

供应商是向企业及竞争者提供生产经营所需资源的企业或个人。会展企业是服务企业，经营的会展产品更多地表现为会展服务的提供，是有形的物质与无形的服务相交融的“组合型”产品。会展企业的经营活动离不开各种物质资料的供应，物资供应的质量、紧缺度、价格变动、设备设施等原材料的替代性等直接影响会展企业的成本和费用高低，进而影响企业的经济效益和营销目标的实现。

（2）营销中间商

营销中介是协助企业促销和分销其产品给最终消费者的个人或组织，包括中间商（批发商、代理商、零售商），实体分配企业（运输、仓储），营销服务机构（广告、咨询、调研）和财务中间机构（银行、信托、保险等）。这些都是营销活动所不可缺少的中间环节。

① 中间商。包括商人中间商和代理中间商，是协助企业寻找顾客或直接与顾客交易的商业性企业。商人中间商购买商品，拥有商品所有权，又称经销中间商，主要有批发商和零售商。代理中间商包括代理商、经纪人和生产商代表，专门介绍客户或与客户洽商签订合同，但不拥有商品所有权。

② 实体分配公司。主要是指协助厂商储存并把货物运送至目的地的仓储物流公司。实体分配包括包装、运输、仓储、装卸、搬运、库存控制和订单处理等方面，其基本功能是调节生产与消费之间的矛盾，弥合产销时空上的背离，提供商品的时间效用和空间效用，以利适时、适地和适量地把商品供给消费者。

③ 营销服务机构。主要是指为企业提供营销服务的各种机构，如营销研究公司、广告公司、传播公司等。企业可以自设营销服务机构，也可委托外部营销服务机构代理有关业务，并定期评估其绩效，以促进其提高创造力、质量和服务水平。

④ 财务中介机构。协助厂商融资或分担货物购销储运风险的机构，如银行、保险公司等。财务中介机构不直接从事商业活动，但对工商企业的经营发展至关重要。在市场经济中，企业与金融机构关系密切，企业间的财务往来要通过银行结算，企业财产和货物要通过保险取得风险保障，贷款利率与保险费率的变动也会直接影响企业成本，而信贷来源受到限制更会使企业处于困境。

会展产品的空间组合、会展参与者的空间流动、结算付款、信息沟通、广告促销策略等的实施，单靠企业本身的力量是不够的，企业必须利用一切可以利用的营销中介力量，最大限度地把本企业的产品以适当的方式、适宜的价格，在适当的地点、适当的时间销售给适当的顾客。

2.3.2 顾客

顾客就是企业的目标市场，是企业服务的对象，也是营销活动的出发点和归宿。企业的一切营销活动都应该以满足顾客的需要为中心。因此，顾客是企业最重要的环境因素。购买者是企业服务的对象，同时也是产品销售的市场和企业利润的来源。会展产品的购买者可分为两大类：个体购买者、组织购买者。每一购买者市场都有自身的特点，会展企业必须认真研究影响每一个购买者市场的因素，对它们进行市场细分，在市场细分的基础上，进行企业目标市场的选择和市场定位。

2.3.3 竞争者

会展企业在市场营销过程中，不仅要密切注意购买者行为，还要十分重视对竞争者行为的研究。因为对一个企业来说，一定时期内所表现出的大容量的市场需求，常常会由于大量竞争者的蜂拥而入，使得市场相对变得狭小，甚至消失；本企业的市场供应，也常常会由于竞争者推出了相似或更优的产品而不能夺得相对优势，甚至竞争失败。可见，企业对竞争对手进行辨认和跟踪，并采取相应的竞争策略十分必要。从购买者决策过程的角度分析，任何一个企业在向目标市场提供服务的同时，都有可能遇到竞争者。

竞争者的四种类型：意愿竞争者，一般竞争者，产品形式竞争者，品牌竞争者。

(1) 意愿竞争者

意愿竞争者是指向消费者提供与本企业不同类型产品，以满足消费者其他需要的产品供应者。购买者受到经济条件和其他因素的制约，只能按轻重缓急选择购买顺序，看起来互不相干的经营者之间，由于消费者的这一抉择而形成了一种竞争关系，彼此成为对方的消费者购买意愿的竞争者。

每一个理性的消费者都有许多需要和欲望，只有认识到这些需要与欲望的存在，并感受到迫切时才会考虑购买问题。但在一定时期内，每一个购买者的实际购买力相对于其尚未满足的需要与欲望而言总是有限的，因而无法同时满足所有的需要和欲望。于是，一个购买者想要满足的需要与欲望由于经济条件和其他因素的制约，在客观上形成一个按轻重缓急排列的购买阶梯。

(2) 一般竞争者

一般竞争者是指能向消费者提供与本企业不同品种的产品，争夺满足消费者同种需要的产品供应者。一般竞争者之间是一种平行的竞争关系，它们的产品能满足消费者的同种需要，但是品种不因。一般竞争者之间的竞争关系，比意愿竞争者接近了一步。一般竞争者的定义是，虽然提供不同的产品，却是满足消费者同一种需要，有这种关系的企业，称为一般竞争者。

(3) 产品形式竞争者

产品形式竞争者是指能向消费者提供与本企业产品不同形式的产品，争夺满足消费者的同种需要的产品供应者。产品形式竞争者提供的产品不仅能满足消费者的同种需要，而且产品的基本功能也相同，仅仅是产品的形式、规格、性能等有所不同。产品形式竞争者之间的竞争关系，比一般意愿竞争者又接近了一步。

(4) 品牌竞争者

品牌竞争者是能提供与本企业性能几乎相同但品牌各异的产品供应者，也称“企业竞争者”。品牌竞争者当然是本企业最直接、最明显的竞争对手。品牌竞争者提供的产品指向消费者的同种需要，不仅产品的基本功能相同，而且连产品的形式、规格、性能等也大体相同。不同的仅仅是品牌而已。品牌竞争者之间的竞争关系，比一般意愿竞争者又接近了一步，是最激烈的一种竞争关系。

虽然每一个会展企业都可能遇到这四类竞争者，但在实际进行竞争决策时，往往只能把目光集中于主要对手。一般来说，企业应优先考虑对付品牌的竞争者，它构成的威胁最大；其次考虑解决产品形式的竞争者带来的问题；再次企业与一般的竞争者之间的矛盾，会成为主要矛盾；最后，考虑与意愿竞争者之间的关系。这样，有利于把握竞争重点，缩短战线，集中优势力量获取竞争胜利。

2.3.4 公众

会展企业营销所面对的公众，是指对实现本企业目标有显现或潜在利害关系和影响力的一切团体、组织和个人。会展企业所面临的公众主要包括七大类型：融资公众、媒介公众、政府公众、社团公众、社区公众、一般公众、内部公众。

① 融资公众。是指影响旅游企业获取资金能力的财务机构，包括银行、投资公司、保险公司、信托公司、证券公司等。企业可以通过发布真实而乐观的年度财务报告，回答关于财务问题的询问，稳健地运用资金，在融资公众中树立信誉。

② 媒介公众。主要是能影响企业经营的大众传播媒体，包括报社、杂志社、广播电台、电视台、出版社等大众传播媒介。随着会展经济在我国的深入发展，一些传统媒体和相关的第三媒体都更加关注、重视会展活动，开通了相关的专题节目，如中央电视台二套“商务时间——博览会”、上海电视台“第一会展时间”等。“阿里巴巴”网站也于2007年与德国最大的展览公司汉诺威展览公司，以及科隆国际展览有限公司签署战略合作协议，互惠互利。因此会展企业必须充分利用媒体资源，发挥其正面积极作用，为企业营销创造良好的舆论环境。

③ 政府公众。指负责管理旅游企业的业务和经营活动的有关政府机构，包括旅游行政管理部门、工商管理、税务、卫生检疫、技术监督、司法、公安、政府机构等。

④ 社团公众。是指能够影响会展企业经营活动的社会团体，例如消费者权益保护组织、环境保护组织以及其他有关的群众团体。

⑤ 社区公众。是指会展企业所在地附近的居民和社区组织。企业必须重视保持与当地公众的良好关系，积极支持社区的重大活动，为社区的发展贡献力量，争取社区公众理解和支持企业的营销活动。

⑥ 一般公众。是指一般社会公众。一般公众既是本企业产品的潜在购买者，又是本企业的潜在投资者，企业应力求在他们心中树立起良好的企业形象。

⑦ 内部公众。是指会展企业内部的所有职工。会展营销的宗旨和实践是满足会展者的需求，这需要通过企业职工的高水平的服务来实现，因此在强调“外部营销”的同时，要搞好旅游企业的“内部营销”。所谓“内部营销”，即通过招聘、培训、激励和沟通，使职工（企业的内部“顾客”）得到满足，真正成为企业的主人，从而更大程度地发挥他们工作的主动性、积极性和创造性。

【案例 2-3】 金字塔尖的舞蹈

尽管民用住宅建筑业的景气指数有所下降，但就整体而言，由于大型公用设施的开发呈现一片繁荣景象，故而建筑市场的前景依然是一片光明。作为服务于美国建筑行业的最大展会CONEXPOCON/AGG同样呈现出良好的发展态势。于2008年3月登场的CONEXPOCON/AGG净展览面积达225万平方英尺。对于主办方美国设备制造商协会（AEM）来说，20%的增长速度既是动力，也是挑战。所有涉及展会组织的方面，包括人员的配置、展场的规划、运营模式、资源配置、新创意开发、销售、服务等，都必须认真对待。

在这些需要应对的事项中，AEM坚决将高水准的客户服务摆在了第一位，以它为中心来制定其他各项决策。CONEXPOCON/AGG项目经理梅根·塔耐尔说："我们从协会、会员、行业整体受惠的角度来制定我们的方案。"CONEXPOCON/AGG将其庞大的利润额持续不断地用于新的培训项目，为会员提供不间断的法律支持和市场营销工具。

那么CONEXPOCON/AGG靠什么确保其市场领先地位呢？

塔耐尔称，CONEXPOCON/AGG约70%的收入来自展位销售，余下约30%来自注册费、参会费、赞助费和广告费。当展览规模呈现快速增长时，要维持原有的客户服务水准不变就成为一项艰巨的任务。用塔耐尔的话来说："确保客户服务水准不因展示规模的扩大而下滑，是我们的首要考量。"2007年5月，AEM推出了参展商会议，并为那些因各种原因不能参会的参展商设置了"网络直播间"。有约400名参展商参加了会议，有大约200名参展商通过网络注册收看了会议的网络直播。无论是参会，还是收看直播，参展商们都可以向主办方、展馆方和咨询公司提出各种问题。有约90%的参会者对会议效果表示满意。与此同时，AEM将会议的录像保存在网上，供那些没能参会的展商随时上线收看。

资料来源：楚子. 金字塔尖的舞蹈——AEM的经验和挑战. 中国会展. 2007 (17)

本章小结

会展营销环境是存在于会展企业营销部门外部不可控制或难以控制的因素和力量，是影响会展企业营销活动及其目标实现的外部条件。其基本特征表现为客观性、差异性、多变性和波动性，是会展企业营销活动的制约因素。会展营销宏观环境指对会展企业营销活动造成市场机会和环境威胁的主要社会力量，包括经济、技术、文化、人口等因素。会展营销微观环境指与会展企业市场营销活动直接发生关系的具体环境，是决定企业生存和发展的基本环境，包括会展营销渠道企业、顾客、竞争者、公众等因素。

会展营销环境是由影响会展企业营销管理能力的会展营销宏观环境和会展营销微观环境共同构成。会展营销的宏观和微观环境虽然分别存在于不同的空间范围中，但两者在会展整体营销活动中缺一不可。微观环境包围着会展企业的营销活动，直接影响与制约企业的营销能力，也称会展直接营销环境，包括营销渠道企业、顾客、竞争者以及社会公众等要素。宏观环境则要通过借助会展微观环境为媒介，才能作用于会展营销活动。会展营销微观环境中的所有因素都离不开并受制于会展营销宏观环境。会展企业必须千方百计地将微观环境要素与宏观环境要素协调起来，达到会展营销环境的动态平衡，以更好地满足目标市场需求，从而实现会展营销的可持续发展。

复习与思考

1. 什么是会展营销环境？
2. 会展营销环境分析对会展企业有何意思？
3. 具体分析科学技术环境对会展业的影响。
4. 结合我国会展业发展实际说明经济环境因素产生的重要影响。
5. 竞争者和顾客对会展企业营销活动产生怎样的影响？

案例分析：CEPA协议的签订与实施

1. CEPA 协议的签订

何谓 CEPA? CEPA 是“内地与香港更紧密经贸关系安排”的英文简称，相当于今天世界流行的“自由贸易区”的概念。2003 年 6 月 29 日，《内地与香港关于建立更紧密经贸关系的安排》(CEPA) 正式签署。协议的实施目标是逐步取消货物贸易的关税和非关税壁垒，逐步实现服务贸易自由化，促进贸易投资便利化，以提高内地与中国香港之间的经贸合作水平，实现共同发展。此后三年又分别签署了三个补充协议。2007 年 6 月 28 日，双方又正式签署了《CEPA 补充协议四》。

2. CEPA 协议所涉及的会展业及相关行业的内容与比较

(1) CEPA 协议及其三个补充协议

① 会展服务。CEPA 关于会展服务的开放见表 2-1。

表 2-1 CEPA 前的开放状况与 CEPA 后比较

CEPA 前	CEPA 后
内地不允许外国展览公司成立独资公司及申请展览批文，只允许其与内资企业组成合营公司，与内地的展览公司或机构合办展览会	允许中国香港公司在内地独资提供会展服务

《外商投资产业指导目录》规定：国际会展中心的建设与经营属限制类，会展服务属允许类。

审批程序：报计划部门立项，由项目单位报外经贸部门审批。

② 物流服务. CEPA 关于物流服务的开放见表 2-2。

表 2-2 CEPA 前的开放状况与 CEPA 后比较

CEPA 前	CEPA 后
对外资仅限于合资、合作企业形式，且外资股比不超过 50%	允许中国香港公司以独资形式在内地提供相关的货运分拨和物流服务，包括道路普通货物的运输、仓储、装卸、加工、包装、配送及相关信息处理服务和有关咨询业务，国内货运代理业务，利用计算机网络管理和运作物流业务

《关于开展试点设立外商投资物流企业工作有关问题的通知》第三条规定，申请设立外商投资物流企业的投资者必须具备如下条件。

- 拟设立从事国际流通物流业务的外商投资物流企业的投资者应至少有一方具有经营国际贸易或国际货物运输或国际货物运输代理的良好业绩和运营经验，符合上述条件的投资者应为中方投资者或外方投资者中的第一大股东。
- 拟设立从事第三方物流业务外商投资物流企业的投资者应至少有一方具有经营交通运输或物流的良好业绩和运营经验，符合上述条件的投资者应为中方投资者中的第一大股东。

《关于开展试点设立外商投资物流企业工作有关问题的通知》第四条规定，设立的外商投资物流企业必须符合如下要求。

- 注册资本不得低于 500 万美元。
- 从事国际流通物流业务的外商投资物流企业中境外投资者股份比例不超过 50%。
- 有固定的营业场所。
- 有从事所经营业务所必需的营业设施。

《关于开展试点设立外商投资物流企业工作有关问题的通知》第五条规定，外商投资物流企业可经营下列部分或全部业务。

• 国际流通物流业务：进出口业务及相关服务，包括自营或代理货物的进口、出口业务，接受委托为出口加工企业提供代理进出口业务；提供海运、空运、陆运进出口货物的国际货物运输代理业务。

• 第三方物流业务：道路普通货物的运输、仓储、装卸、加工、包装、配送及相关信息处理服务和有关咨询业务；国内货运代理业务；利用计算机网络管理与运作物流业务；为鼓励类项目。

审批程序：凡物流公司均报外经贸部门审批合同、章程，经营范围涉及进出口、普通道路运输、国际货代的由交通行政主管部门立项后报外经贸部门审批。

③ 仓储服务。CEPA关于仓储服务的开放见表2-3。

表2-3 CEPA前的开放状况与CEPA后比较

CEPA前	CEPA后
可以设立外商独资企业经营仓储业务	允许中国香港服务提供者(限企业法人)以独资形式在内地提供仓储服务，对中国香港服务提供者在内地投资设立仓储企业的最低注册资本要求比照内地企业实行

《中外合资经营企业法》、《中外合作经营企业法》、《外资企业法》、《外商投资产业指导目录》，为鼓励类项目。

审批程序：由项目单位报外经贸部门按照审批权限审批。

④ 运输服务。CEPA关于运输服务的开放见表2-4。

表2-4 CEPA前的开放状况与CEPA后比较

项目	CEPA前	CEPA后
道路运输服务	①采用中外合资形式投资经营道路旅客运输 ②采用中外合资、中外合作形式投资经营道路货物运输、道路货物搬运装卸、道路货物仓储和其他与道路运输相关的辅助性服务及车辆维修 ③采用独资形式投资经营道路货物运输、道路货物搬运装卸、道路货物仓储和其他与道路运输相关的辅助性服务及车辆维修 ④中外合资道路运输企业外商投资比例不超过75%	允许中国香港服务提供者(限企业法人)： ①在内地设立独资企业经营道路货运业务； ②允许中国香港服务提供者经营中国香港至内地各省、市及自治区之间的货运"直通车"业务； ③允许中国香港服务提供者在内地的西部地区设立独资企业，经营道路客运业务
海运服务	①可以合资或合作形式经营国际船舶运输、国际船舶代理、国际船舶管理、国际海运货物装卸、国际海运货物仓储、国际海运集装箱站和堆场业务 ②可以独资形式经营国际海运货物仓储业务 ③经营国际船舶运输、国际船舶代理业务的中外合资、合作经营企业，企业中外商的出资比例不得超过49% ④合营企业可享受国民待遇	允许中国香港服务提供者(限企业法人)： ①以独资形式在内地设立企业，经营国际船舶管理、国际海运货物仓储、国际海运集装箱站和堆场以及无船承运人业务； ②在内地设立独资船务公司，为其拥有或经营的船舶提供揽货、签发提单、结算运费、签订服务合同等日常业务服务； ③利用干线班轮船舶在内地港口自由调配自有和租用的空集装箱，但应办理有关海关手续

《外商投资道路运输业管理规定》规定，外商投资从事道路旅客运输业务，应当符合以下条件。

• 拟设立从事国际流通物流业务的外商投资物流企业的投资者应至少有一方具有经营国际贸易或国际货物运输或国际货物运输代理的良好业绩和运营经验，符合上述条件的投资者应为中方投资者或外方投资者中的第一大股东。

• 拟设立从事第三方物流业务外商投资物流企业的投资者应至少有一方具有经营交通运输或物流的良好业绩和运营经验，符合上述条件的投资者应为中方投资者中的第一大股东。

《关于开展试点设立外商投资物流企业工作有关问题的通知》第四条规定，设立的外商投资物流企业必须符合如下要求。

• 主要投资者中至少一方必须是在中国境内从事5年以上道路旅客运输业务的企业。

• 外资股份比例不得多于49%。

• 企业注册资本的50%用于客运基础设施的建设与改造。

• 投放的车辆应当是中级及以上的客车。

道路运输服务和海运服务都为鼓励类。

审批程序：报国家交通行政主管部门（交通部）批准立项后，由省级外经贸部门批准合同、章程。

⑤ 旅游服务。CEPA关于旅游服务的开放见表2-5。

表2-5 CEPA前的开放状况与CEPA后比较

CEPA前	CEPA后
只能以合资形式在中国建设、改造、经营饭店和餐馆，允许控股	中国香港公司可以独资性在内地建设、改造、经营饭店、公寓楼和餐馆设施
可以以合资或独资旅行社形式在中国指定旅游度假区和北京、上海、广州、深圳、西安提供服务	对中国香港旅行社在内地设立合资旅行社不设置地域限制
广东居民赴港旅游需参加旅行社组织的旅游团	允许广东省境内的居民个人赴港旅游。此项措施首先在东莞、中山、江门三市试行，并不迟于2004年7月1日在广东省全省范围实施

关于宾馆、饭店服务：在《外商投资产业指导目录》中，高档旅游宾馆饭店项目列入限制类项目。原则上不举办外商独资项目，中外合资、合作宾馆饭店经营年限一般不超过30年。

关于旅行社服务：《设立外商控股、外商独资旅行社暂行规定》规定，外商可设立控股或独资旅行社。设立控股旅行社的境外投资方，其年旅游经营总额应在4000万美元以上；是本国（地区）旅游行业协会的会员。设立外商独资旅行社的境外投资方，年旅游经营总额应在5亿美元以上。设立的外商控股或外商独资旅行社注册资本不少于400万元人民币。境外投资方可在经国务院批准的国家旅游度假区及北京、上海、广州、深圳、西安5个城市设立控股或独资旅行社。

餐厅为允许类，由项目单位报外经贸部门审批；高档宾馆、别墅、高档写字楼、国际会展中心建设为限制类，报国家计划部门立项，合同、章程由项目单位按权限报外经贸部门审批（摘自《内地对香港开放服务业市场指引》）。

(2) CEPA补充协议四

正值香港回归十周年之际，经国务院批准，2007年6月29日，商务部副部长廖晓淇与香港特区政府财政司长唐英年，在香港签署了《〈内地与香港关于建立更紧密经贸关系的安排〉补充协议四》，该协议已于2008年1月1日起正式实施。

补充协议四在CEPA协议及其三个补充协议的基础上，内地对香港的开放进一步扩大。协议四中有关会展与旅游的内容主要有以下两个方面。

• 在会展领域，允许香港服务提供者在广东省、上海市设立的企业试点经营出国展览业务，支持和配合香港举办大型国际会议和展览会。

• 在旅游领域，香港旅行社在内地设立合资、独资旅行社的年旅游经营总额分别由1200万美元和2500万美元降至不低于800万美元和1500万美元，并将经营赴港澳境外游试点业务由广东省扩大到泛珠三角其他八个省、自治区。

资料来源：吴建华. CEPA协议的签订与实施对我国会展业的影响. 中国会展经济发展报告（2008）. 2008

讨论题

1. CEPA协议对我国内地会展产业产生怎样的影响？
2. CEPA协议对广东会展产业产生怎样的影响？
3. CEPA补充协议四和CEPA及前三个补充协议相比具有哪些特点？

参考文献

[1] 菲利普·科特勒等. 营销管理. 上海：上海人民出版社，2006.
[2] 吴健安等. 市场营销学. 北京：高等教育出版社，2007.
[3] 吕一林等. 市场营销学. 北京：科学出版社，2005.
[4] 小伦纳德·霍伊尔. 会展与节事营销. 北京：电子工业出版社，2003.
[5] 王春雷. 会展市场营销. 上海：上海人民出版社，2004.
[6] 刘大可等. 中国会展业：理论、现状与政策. 北京：中国商务出版社，2004.
[7] 马勇等. 会展管理的理论、方法与案例. 北京：高等教育出版社，2003.
[8] 金辉. 会展概论. 上海：上海人民出版社，2004.

3 会展营销调研与预测

学习目标

学完本章，你应该能够：

1. 理解会展营销信息系统的含义及构成；
2. 了解会展营销调研的主要内容及一般流程；
3. 掌握会展营销调研的常见方法；
4. 掌握会展营销调查问卷的设计要点与技巧。

基本概念

会展营销信息　会展营销信息系统　会展营销调研

3.1 会展营销信息系统

会展营销信息系统的构成因素有哪些？

营销大师菲利普·科特勒曾说过：“要管理好一个企业，必须管理它的未来；而管理未来就是管理信息。”对于会展的主办方而言，市场竞争的日趋激烈以及竞争环境的不确定性，使得会展策划与营销活动越来越依靠信息，会展企业要在日益严峻的市场环境中求生存、谋发展，就必须掌握营销信息，进而建立快速反应的营销信息系统。

3.1.1 会展营销信息系统的含义

会展营销信息系统（marketing information system，MIS）是会展企业内部由营销人员、信息处理技术设备和信息处理运行程序组成的一个持续的、彼此关联的系统。该系统准确、及时地对有关信息进行收集、分析、评估、选择与传输，以便营销决策者制定市场营销计划、执行和控制市场营销活动。会展营销信息系统构成如图 3-1 所示。

由图 3-1 可见，营销信息系统处于营销环境与营销决策人员（即信息使用者）之间，系由四个子系统即内部报告系统、营销情报系统、营销调研系统和营销分析系统所构成。四个子系统根据需要收集营销环境提供的各种信息，再对所得信息进行系统的分析与加工整理，然后传导给营销决策人员，营销决策人员依据这些信息进行营销决策，最后通过营销沟通流程流回市场，作用于营销环境。

3.1.2 会展营销信息系统的构成

（1）会展营销信息

会展营销信息指会展企业为有效开展会展营销活动所需收集、处理的各种相关环境数据，具体包括宏观环境信息和微观环境信息。会展营销活动处于不断动态变化的市场环境之

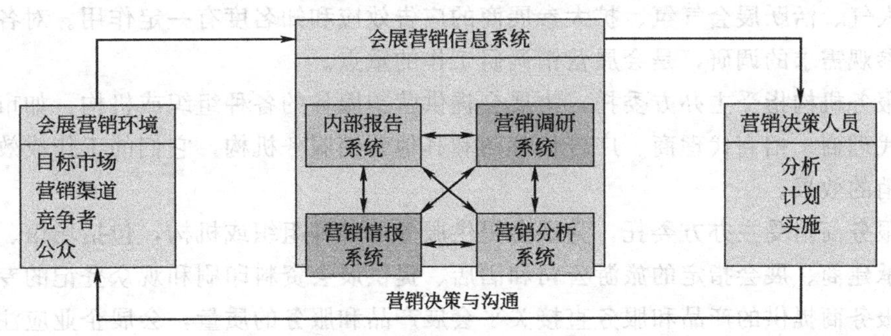

图 3-1 会展营销信息系统

中，营销环境既能为展会带来市场机会，也可能造成潜在威胁，对会展公司而言，持续不断地观察与适应变化着的市场环境是非常重要的。

① 宏观环境信息。宏观环境指对会展营销可能产生影响而又为会展企业自身所不能控制的各种外部力量，包括社会经济环境、政策法律环境、文化环境、自然生态环境、科技环境等。宏观环境对会展营销的影响具有两个显著特征，即强制性和不确定性。开展会展营销必须密切关注宏观环境信息，制定与之相适应的营销战略与策略，抓住市场机会规避市场风险。

社会经济环境包括会展举办地的地区经济发展水平、展会题材所在产业的发展现状和发展前景、展会题材所在产业的市场规模、会展举办地的区域条件等，上述经济环境对会展项目能否成功举办有直接影响。

政策法律环境指具有强制性的，对举办展会产生影响的政策、法律、管理条例等。具体包括展会题材所在产业的相关政策；政府对举办展会在消防、安保、工商管理、产品进出口、知识产权保护等方面的严格要求；相关法律如《广告法》、《反不正当竞争法》、《专利法》对举办展会的影响等。

社会文化环境对会展活动的影响主要表现在人口的数量、质量、结构以及人们的文化修养、传统习惯、宗教信仰等因素，这些因素影响到参展商及观众对展会的招展、布展、餐饮、住宿、旅游、会展礼仪等方面的差异与需求。

自然生态环境。当前我国自然生态环境的突出特点是自然资源日趋短缺、环境污染日益严重、能源成本提高、政府对自然资源的管理和对环境保护的干预日益加强。会展企业应密切了解自然生态环境方面的有用信息，在营销活动中顺应自然生态环境的变化，实施“绿色营销”，如策划以降低能耗、循环利用、环境保护为主题的展会，布展中提倡绿色设计，物流中提倡“绿色包装”、使用环保且能循环利用的展具等，为会展项目树立良好的公众形象。

② 微观环境信息。微观环境指与会展营销活动关系密切并能影响会展企业服务客户能力的各种因素，由会展企业内部、营销中介、展会服务商、客户、竞争对手以及社会公众等构成。会展企业必须做好微观环境信息的情报收集与市场调研，尤其应加大对目标客户需求和竞争环境方面的调研力度。

会展企业内部指会展企业内部所具备的各种办展条件，包括资金、人力、物力以及所掌握的信息资源和能联系的社会资源等，上述资源是否具备在展会题材所在产业办展的优势。

目标客户是会展企业的营销服务对象，展会最重要的目标客户是参展商和专业观众，其次为一般观众。其中，参展商是会展产品的主要购买者；专业观众出于贸易目的而来，也被称为采购商（或买家），拥有一定数量与质量的专业观众是展会成为“品牌展”的重要标志之一；一般观众则是以增长见识、开拓视野为目的而前往展会现场参观的普通群体，他们对增加展会人气、活跃展会气氛、扩大参展商的广告效应和知名度有一定作用。对各类目标客户参展或参观需求的调研，是会展营销调研工作的重点。

营销服务机构指受主办方委托，为展会提供营销服务的各种组织或机构，如市场调查公司、招展代理商、招商代理商、广告代理商和其他营销服务机构，它们的工作成效直接影响到会展营销的效果。

展会服务商指受主办方委托，为展会提供服务的各种组织或机构，包括场馆、展品运输商、展位承建商、展会指定的旅游公司和酒店、提供展会资料印刷和观众登记的专门服务商等。展会服务商提供的产品和服务直接关乎会展产品和服务的质量，会展企业应注意收集各类服务商的信息，从中甄选高质量的展会服务商，并时刻监督其服务质量。

竞争者指与本展会构成竞争关系的其他同类展会。竞争者是会展营销决策的重要影响者，会展企业必须密切关注并随时收集有关竞争者的情报，包括本地区会展行业的竞争态势及市场结构、主要竞争对手的基本情况、其竞争优势与劣势、其会展营销战略与策略等。

公众指对会展活动的开展有实际或潜在影响的各种群体，具体包括媒体公众、政府公众、公民团体公众、展会举办地当地公众以及会展企业内部公众等。会展企业应注重收集来自于各类公众的信息，了解公众对本会展项目的理解程度、期望程度、满意程度，采取适当措施以树立本会展项目在公众中的良好形象。

(2) 会展营销信息系统的构成因素

如前所述，会展营销信息系统由内部报告系统、营销情报系统、营销调研系统和营销分析系统构成。以下我们分别阐述会展营销信息系统的四个子系统。

1) 内部报告系统　内部报告系统是会展营销决策人员使用最多、最基本的信息收集处理系统。其最大特点是：①信息来自企业内部，如一线销售部门、人力资源部门、财务部门等；②通常是定期提供信息，用于会展营销日常活动的计划、管理与控制。

会展企业在设计和运行内部报告系统时，应特别注意以下问题。

一是规范化。规范化运作是保证内部报告系统数据稳定性和准确性的基础，如果不能保证系统信息数据的准确性，就无法保证分析结果的安全性，由此而做出的营销战略与策略也不具有针对性。

二是时效性。我国会展市场竞争日趋激烈，市场环境瞬息万变，谁能在第一时间抓住市场机会，就能在激烈的市场竞争中占得先机、赢得主动，快速及时的情报提供和战备策略运用，可以帮助企业抓住市场机会；反之则可能使近在眼前的市场机会转瞬即逝。

三是针对性。会展企业内部报告系统应避免目标数据的非相关性，即信息要求准确且信息量少，减少营销决策人员处理信息资料的繁杂程度，使其有更多精力投入到营销分析、营销战略与策略的制定上。

最后，内部报告系统对营销决策人员也提出了较高要求。由于提供信息的部门不同，其所提供信息的服务目的也不同，导致各种信息交织在一起，信息量大而杂乱，这就要求营销决策者具有敏锐的营销思维，准确有效地筛选与甄别信息，合理利用信息，为会展营销决策提供合理的数据分析参数。

2) 营销情报系统　营销情报系统的主要功能是向会展企业的营销决策部门及时提供有关外部环境发展变化的情报信息，借助该系统，可将外部环境发展趋势及最新信息传递给会展企业营销部门，为其进行营销战略决策提供重要参考。

与内部报告系统中的信息来自于会展企业内部不同，营销情报系统的信息数据全部来自于会展企业的外部环境。如前所述，会展营销活动的开展与实施会受到各种外部环境因素的影响与制约，它们既可能为会展营销带来市场机会，也可能造成潜在威胁，会展企业只有做好对外部环境信息的情报收集与市场调研，才能更好地把握市场机会规避市场风险。

会展企业获得营销情报的途径是多种多样的。比较常见的有进行案头调查，如查阅企业资料、公开出版的图书期刊、统计公报、网上资料；与客户（参展商或专业观众）座谈、进行问卷调查、到展会现场观察、与招展代理商座谈等。为拓宽收集情报的渠道，进一步提高收集情报的数量和质量，会展企业还可以采用以下方法。

一是训练和鼓励销售人员收集情报。销售人员是最直接接触外部环境特别是会展客户的人员之一，他们能接触到大量决策人员接触不到的营销情报，会展企业应训练和鼓励销售人员去发现和收集营销情报，建立良好的制度，使销售人员及时撰写报告或将情报信息输入营销管理的电脑系统中。

二是利用销售代理商收集情报。销售代理商是受会展主办方委托进行展位销售或招商的，它们直接与目标客户接触，易于了解客户的需求特点、其对展会以及主办方的意见与要求，会展企业可通过建立销售代理商定期书面报告制度，要求代理商每隔一段时间向主办方以书面形式对招展、招商情况进行汇报，以便会展企业及时收集营销情报。

三是聘请专家收集营销情报，或向市场调研公司或行业信息机构购买有关市场动向、竞争态势等营销情报。上述专家及专业机构调研经验丰富，调研技术与手段先进，其提供情报信息的质量很高。

最后，会展企业还可在本企业内部建立营销信息中心，安排专人负责营销情报收集、编写简报以及情报传递等工作。

3）营销调研系统　营销调研系统的任务是：针对会展企业面临的明确具体的问题，对有关信息进行系统的收集、分析和评价，并对研究结果提出正式报告，供营销决策部门用于解决这一特定问题。

营销调研系统与内部报告系统和营销情报系统最大的区别在于：它的针对性很强，是为解决特定的具体问题而从事的信息收集、整理与分析工作。换言之，营销调研系统具有任务性的鲜明特征，即针对会展营销活动中某些特定的具体问题收集原始数据、分析研究并编写调研报告，以供决策部门参考。会展企业在营销决策过程中，经常需要对某个特定问题或机会进行重点研究，如某一会展项目立项前，对其市场可行性和发展前景的研究，或在制定展位价格时，对参展商价格接受能力的预判，或了解参展商对某一特定展会组织与服务的满意度等，显然，对这些市场问题的研究，无论是内部报告系统还是营销情报系统都不能很好地胜任，而需要由营销调研系统来承担。

有关会展营销调研的程序和技术将在3.2和3.3详细介绍。

4）营销分析系统　营销分析系统对各种统计数据进行统计分析，建立数学模型，帮助营销管理部门分析复杂的营销问题，以便更好地进行营销决策。

营销分析系统包括两组工具，即统计工具库和模型库。其中统计工具库采用各种统计分析技术从已获得的各种信息数据中提取有意义的信息，比较常用的统计分析工具如相关分析、指数分析、因果分析、趋势分析等，这些方法是分析和预测未来经营状况和销售趋势的有效工具。模型库包含了各种可帮助会展企业进行科学决策的数学模型。自20世纪60年代以来，管理学领域大量引进数学模型作为决策依据的做法也渐为市场营销学领域所效仿，营销专家借助数学工具建立了大量数学模型用于营销决策，如新产品销售预测模型、广告预算模型、竞争策略模型、产品定价模型以及最佳营销组合模型等，借助这些模型和程序，可以从所收集的情报和信息中发掘出更精确的调查结果。现在，越来越多的会展企业也在致力于建立先进的营销信息系统，将会展营销活动所涉及的各种数据的处理工作纳入该系统，应用数学模型进行科学的营销决策。

【案例 3-1】 2005 江苏糖酒展立项的前期调研

要成功举办一个大型会议或展览，立项策划是关键，而立项策划的关键又在于系统而科学的市场调研，充分掌握各种市场信息以确保未来的会展项目具有乐观的发展前景。“2005 中国江苏酒类及副食品交易会”立项的前期调研就是很好的例子。

酒类交易会在全国会展行业里算是比较普通的展会，由于市场广阔，致使很多区域性城市争相举办酒类交易会，所以从一定意义上这个主题已经被做滥了，很难与持续了几十年的全国糖酒会有效区分。在此种情况下，南京国展中心策划了具有区域特色的江苏糖酒会——“2005 中国江苏酒类及副食品交易会”。

早在项目立项之前，主办方就进行了充分的市场调研。由于展会的基调是做区域性糖酒展，故选取的调查对象为江苏省的酒类生产企业及经销商，调查的主要渠道是通过行业杂志资料、亲自致电客户以及亲自拜访。为使调研工作顺利开展，主办方设法得到了江苏省酒类管理办公室的大力支持，为其提供了很多重要的行业资料，大大方便了市场调研工作。

经过两周左右的调查，主办方发现，全国著名的酒厂有 800 多家，江苏省全省共有酒类经销商 23 万家。对于酒厂来说，部分厂家不愿意参加全国糖酒会，因为太笼统的展会起不到解决区域市场问题的作用，即使参加全国糖酒会，目的也是与现有经销商沟通，所以在一定意义上他们是欢迎这种地区性糖酒会的；对于经销商来说，参加全国糖酒会非常容易迷失在产品浩瀚的海洋里，根本没有机会分辨产品的优劣，造成一定的信息不对称，而参加区域性糖酒会就不同了，参展的企业较少，现场环境明朗，有更多深层次沟通的机会。调查结果显示，举办区域特色的糖酒会市场前景是不错的。

市场调研过程中还得到一个比较令人振奋的信息，江苏省政府和江苏省经贸委近些年来一直致力于振兴苏酒。作为全国酒类生产消费大省，这几年苏酒的竞争力逐年下降，省政府一直在寻求苏酒的振兴之道，而作为专业展会，该展会应该对振兴苏酒起到一定的作用，于是主办方找到省经贸委，立即得到相关领导的重视与支持，展会的市场前景更加看好了。在此基础上，展会在组织机构上确定了以省经贸委牵头，省酒类管理办公室、省酒类流通协会和南京国展中心为具体承办单位的基本架构，招展、招商以及宣传工作全面启动，激活前期收集的客户资料，及时反馈市场信息。

由此案例可见，市场调研是成功举办会展活动的基础，它不仅帮助会展主办方识别和选择有利可图的市场机会，而且向主办方反馈相关市场信息，为制定会展营销决策提供重要依据。

资料来源：http：//www.expoinchina.com

3.2　会展营销调研的内容与程序

会展营销调研的内容有哪些?

会展营销调研是会展项目成功举办的基础和先决条件，其在会展营销活动中扮演着极为重要的角色。一项大型会议或展览，从选题、立项策划，到展位定价、招展招商，再到会展服务全过程都离不开广泛、深入的营销调研。正如美国Red Bank展览调查公司首席运营官Skip Cox先生所言：“越来越多的会展公司意识到，要想在竞争激烈的领域取得更大成功，他们需要通过市场调研来帮助自己做出更好的决定。”根据美国Frost Miller集团和Jacobs Jenner & Kent公司联合主持的第三届参展趋势调查（针对贸易展会组织者）结果，那些广受欢迎的展会开展营销调研的频率是普通展会的4倍。

3.2.1　会展营销调研的内涵

会展营销调研是指会展活动的组织者利用市场调查的方法和手段，对与本会展项目相关的会展市场情报进行系统的收集、整理、分析和评价，旨在为组织制定营销决策提供科学依据的活动。这一定义可从以下三方面理解：

① 会展营销调研是一个动态过程，旨在为处在动态市场竞争环境中的会展主办方制定营销决策提供依据；

② 会展营销调研的成果既可以是直接的调研统计数据，也可以是市场调研分析报告，在实际工作中后者往往居多；

③ 会展营销调研必须有明确的调查目的，利用特定的调研方法与手段，以取得调查结果的客观性和准确性。

3.2.2　会展营销调研的内容

（1）会展市场环境调研

主要是对影响会展营销活动的各种宏观与微观市场环境的调研。其中，宏观营销环境指与会展营销活动密切相关的政治、法律、经济、社会文化、自然资源、地理环境等因素；微观营销环境指与会展营销活动密切相关的会展服务商（如场地提供商、酒店、展品运输商、展位承建商、展会资料印刷商等）、各种营销中介机构（如招展代理商、招商代理商、广告公司等）、目标客户（主要是参展商和专业观众）、竞争对手（与本展会构成直接竞争关系的其他同类展会）以及社会公众等因素。

（2）客户需求调研

主要是对参展商和专业观众的调研。特别需要指出的是，由于参展商是会展主办方最重要的“利润”来源，为此会展企业常常把营销工作的重点放在展位营销上，而忽视对专业观众的组织与招揽，出现所谓“重招展、轻招商”的问题。其实招展和招商是相辅相成、互动双赢的，招展效果好，参展企业多、展品新、信息集中，专业观众就到会踊跃；而招商效果好，观众特别是专业观众数量多且质量好，参展商的展出效果才会好，其对展会满意度也相应提高。所以会展企业应同时做好对参展商和专业观众两方面的市场营销工作，对目标客户及其需求进行充分有效的调研，针对其参展或参观需求，有的放矢地开展会展营销活动。对目标客户的调查应包括以下内容。

参展商或专业观众的基本情况。会展企业的目标客户基本都是机构客户，对目标客户基本情况的调查包括企业的性质、规模、地理区位、所属行业以及其生产经营状况等。

参展商或与会者的购买行为研究。参展商或与会者的购买行为直接关系到会议或展览的规模和市场价值，会展企业通过对参展商或与会者购买行为的研究，了解其购买行为特点以及影响因素，从而制定有效的经营决策。此方面的调查项目如参展状况（如参展频率、参展方式、参展费用）、参展目的、对本展会的认知度、对本展会的总体评价、参展决策过程、对价格反应的敏感程度、了解展会的信息渠道等。

对忠诚客户的重点调研。忠诚客户能够为展会带来更多盈利，是必须予以高度关注的优质客户，会展企业应将更多的资源（如市场调研、市场推广、客户联络等）投放到这类客户群上，为其量身定制营销方案，提供针对性服务。此方面的调查项目如其生产经营动态，参展状况，对本展会的满意度及总体评价，对展会项目、服务、价格等方面的具体意见和要求，有无尚未满足的需要等。

(3) 竞争状况调研

俗话说："知己知彼，百战不殆"，竞争状况调研是会展营销调研中必不可少的一项工作。会展项目的主办方在实施会展营销活动前，调研与本会展项目形成直接竞争关系的其他同类会展项目，分析其市场竞争能力以及市场占有情况，进而明确自身的竞争地位，制定行之有效的竞争策略。竞争状况调研的主要内容包括：

① 本地区会展行业的竞争态势及市场结构；

② 主要竞争者的基本情况，如会展主办方的资金实力、运作经验、管理模式、社会资源、技术手段、人才及信息资源等；

③ 主要竞争者开展会展营销活动的情况，如项目规模、项目定位、展位价格、招展招商方式、客户（参展商和专业观众）构成情况、市场占有率情况、市场推广手段、与己相比有哪些优势与特点等；

④ 本会展项目的独特竞争优势；

⑤ 一定地域范围内未被发现的市场机会。

3.2.3 会展营销调研的程序

会展营销调研是一项复杂而细致的工作，惟有建立一套系统、科学的程序，合理安排调研流程，才能避免人、财、物、时间的浪费，提高调研工作的效率与质量。会展营销调研包括以下五个基本步骤：确定调查目标、制定调查方案、进行实地调查、整理分析资料、撰写调研报告（见图 3-2）。

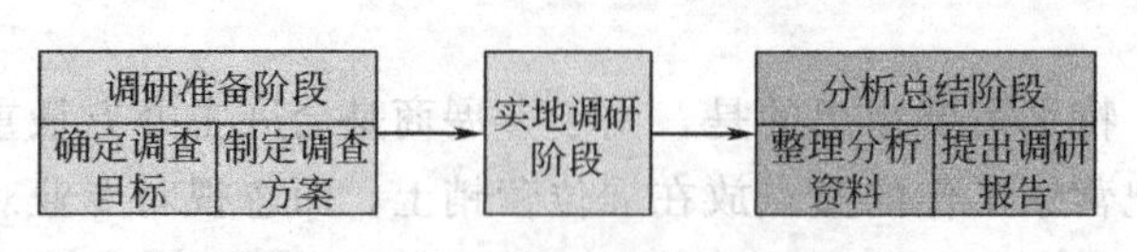

图 3-2 会展营销调研的程序

(1) 确定调研目标

明确为什么要进行调研、调研要解决哪些问题、有关调研结果对会展主办方有何作用等问题，只有这些问题清晰明确了，调研工作才能有的放矢地展开。

调研目标的确定是一个由抽象到具体，由一般到特殊的过程。调查组织者首先应限定调查范围，找出通过调查最需了解或最需解决的问题，然后分析现有的与调查问题有关的资料，在此基础上明确调查需要重新收集的资料，最后锁定此次调研的主要目标。

为使调研目标更加准确集中，可事先作一次预调查，如调研展会以往的内部资料、对主办方相关部门的领导进行深度访谈、与参展商代表座谈等，逐步缩小调查范围，最终锁定调研目标。

(2) 拟定调研方案

调研方案是会展营销调研工作的行动纲领，务求做到清晰、具体、可行性强。一般而言，调研方案包括以下主要内容：调查目的、调查内容、调查方法、调查人员、调查费用、调查进度安排等。

① 确定调查目的和调查内容。调查目的指通过本次调查所要解决的问题、所要达到的目标；调查内容是对调查目的的细化，调查组织者在明确调查目的以及调查所要解决的问题后，需要将调查目的具体化为能直接进行调查的操作变量，列出调查项目的细目。

② 确定调查方法。市场调查的方法有很多种，具体到会展营销调研，比较常见的有案头调查法、问卷调查法、焦点小组访谈法、观察法等，采用何种调查方法，取决于调查目标和调查任务。在具体操作中，调查组织者常将多种调查方法组合使用。

③ 确定调查区域和调查对象。即解决在什么地区、在多大范围内、向谁进行调查的问题。这是根据调查目的和调查内容而确定的调查范围以及所要调查的总体。

④ 确定调查人员。调查人员的选择直接关系到调查效果。一般而言，调查员应具备以下条件：具有一定的亲和力和良好的心理素质；了解调查目的及所要解决的问题；掌握同被访者沟通的面谈技术；善于观察被访者的心理变化及行为动机；能正确表达所收集的资料；有一定的市场调查，特别是会展营销调查的知识和经验。

为确保调查的质量和效率，在实施调查前，调查组织者应对调查员进行调查内容和调查业务方面的集中培训，使其明确调查方案，掌握调查技术，了解与调查主题相关的经济知识、业务技术知识等。此外，还可对调查员进行实操训练，模拟实际调查中的情境，以及可能碰到的各种问题，锻炼调查员应对、处理实际问题的能力。

⑤ 调研经费预算。会展营销调研的费用开支主要有三方面：其一，调查费，包括问卷设计费、资料印刷费、调查员培训费、交通费、调查员劳务费、礼品费等；其二，分析费，主要是调查资料的上机处理费和统计分析费；其三，购买专业调查机构的资料费。调查组织者应核定调查过程中将发生的各项费用支出，合理编制广告调查的经费预算。

⑥ 制定调查进度时间表。为保证调研工作顺利进行，还需制定详细的调查进度时间表，对调查工作的具体流程及时间安排进行规定与控制。

(3) 进行实地调查

实地调查阶段的主要任务是组织调查员深入调查现场，按照调查方案的要求，系统地收集各种调查资料。实地调查的基本程序包括以下方面。

1）招募调查员　组织调查员集中学习，进行调查内容和调查业务方面的培训，务必使每位调查员熟悉调查内容和调查规程，确保整个调查工作规范统一。

2）准备调查所需的资料和物品　包括调查提纲、调查问卷、照相机、录音笔、麦克风、笔、小奖品等。需要注意的是，问卷需要事先进行顺序编号，记下每个调查员分别负责发放哪些编号区间的问卷，回收回来的问卷是哪些编号的，以便对问卷的发放和回收进行管理。

3）现场调查　调查员在现场调查中，应注意遵守调查规范，运用调查技巧，在保证真实性的前提下，努力提高问卷的回收率。要填写问卷发收表，问卷发收表是以每份问卷为单位编制的，调查员填写每份问卷的发出时间、地点、发放问卷的调查员、收回时间、收回状态（包括有效、拒答、未答、丢失、无效）及备注事项。

4）现场秩序督导　按区域配备督导员，负责对调查员进行培训、指导，监督调查现场秩序，审查调查结果，定期开会讨论，及时处理可能出现的各种问题。

5）核查问卷　对于回收的问卷应进行多重核查，经审核发现问题的问卷应立即进行订正或返回原地重新调查。核查问卷的程序如下。

① 现场审核订正。调查员对回收上来的问卷马上进行检查订正，对字迹不清、选择似是而非的凭记忆为答卷人确定确切答案，甚至对答卷人重新访问。

② 督导抽审。督导员对调查员交来的回收问卷立即进行抽查审核（通常抽查 20%左右），对有问题的问卷讨论订正或发回重新调查。

③ 编辑审核。在将回收问卷的数据录入数据库之前以及录入过程中，编辑或录入人员进行第三重审核，通常是抽查审核。录入数据库后，还需要进行数据的逻辑审核。

经过审核后的问卷分为有效问卷、无效问卷、疑似无效问卷三种。需要注意的是，由于问卷回收不易，且大量无效问卷会使抽样失去准确性，所以在对疑似无效问卷的处理中要慎重，不要轻易将疑似无效问卷判为无效。对于大面积空白、逻辑检查大量出错、字迹严重不清的问卷，经督导员确认后，可以作为无效问卷处理，但要写明原因和处理过程。

（4）整理分析资料

这一阶段的主要工作有以下几类。

① 编校。即对收集的资料加以校对核实，剔除其中的错误部分或不符合实际的成分，如调查人员的主观偏见，被调查者有意敷衍、不完整的答卷，重复的答卷，前后有矛盾的答案等。

② 归类。即把经过编校的资料归入适当的类别，以便录入计算机进行处理。

③ 制表。即将已归类的资料有系统地制成各种统计图表，以供资料分析时使用。编制统计图表的工作可由计算机完成。

④ 资料分析。无论是问卷调查还是案头调查，都会得到大量的数据。对这些数据的统计分析，是会展营销调研的重要内容，同时也是一项难度很大的工作。统计分析一般采用数理统计的方法，包括单变量的描述统计、二变量交叉列表、推论统计、多元统计等，对此现在已经发展了完善的数理统计软件，如 SAS、SPSS 等，在 EXCEL 中也可以进行一些简单的一元和多元统计。具体的数理统计方法本书不做介绍，感兴趣的读者请参考有关的专业书籍。

（5）撰写调研报告

会展营销调研的结果最终通常以调研报告的形式提交给主办方的决策部门，因此，调查组织者十分重视调研报告的撰写。调研报告的撰写原则包括：客观、真实、准确地反映调查成果；内容简明扼要，文字精练，重点突出；结论和建议表达清晰，可归纳为要点；调研报告后应附必要的图表和附件，以便阅读和使用；结构完整，印刷精致、美观。

【案例 3-2】　调研报告的结构

一份完整的市场调研报告应包括以下部分。

（1）题目。包括调研报告的标题、完成日期、承办部门、撰写人等。

（2）摘要。介绍调研报告的主要内容，提出重要的结论和建议。

（3）序言。简要介绍调查的背景、动机、调查拟解决的主要问题、调查过程设计、调查实施要点、调查方法说明等。

（4）报告主体。主要是对调查资料的分析；综合各种调查结果所得出的重要结论；根据结论所提出的合理化建议等。

（5）附录。包括统计图表、计算公式、参考数据和资料来源、使用的统计分析方法说明等。

资料来源：王珍莲．现代市场调查与预测．重庆大学出版社．2006

3.3　会展营销调研的方法与技术

会展营销调研有哪些方法？

3.3.1　会展营销调研的常见方法

对于会展营销调研而言，选择合适的调查方法是非常重要的。会展营销调研包括定性调研和定量调研两大类，定性调研的目的在于发现问题以及寻找解决问题的方案，而定量调研用来测试衡量上述方法是否可行、有效。定性调研常见的方法有案头调查法、小组访谈法、观察法等，而定量调研最主要的方法是问卷调查，不论是通过电话、信函、互联网还是面对面，都可以得到有价值的定量数据。在具体操作中，调查组织者常将多种调查方法组合使用。

（1）案头调查法

案头调查法是收集前人为了其他目的而收集的数据或得出的结论，进行定性研究的一种方法。案头调查收集的是二手资料，按资料来源分为内部资料、外部资料两大类（见表3-1）。

表 3-1　案头调查的资料来源

主办方内部	业务经营部门，人力资源部门，财务部门，档案部门等
主办方外部	
专业机构	专业调研咨询机构
社会组织	行业商协会，消费者组织，群众组织，国际组织
公共机构	图书馆，档案馆，信息中心，科研院所，学术团体，大专院校，政府机构，各驻外使领馆，外国驻华机构
新闻出版	商务性和行业性报纸杂志，统计公报，工商企业名录
网站	门户网站，政府网站，企业网站，BBS，博客

(2) 问卷调查法

问卷调查法是由调查机构根据调查目的设计调查问卷，然后采取抽样调查的方式抽取调查样本，通过调查员对样本的访问，完成事先设计的调查项目，最后，由统计分析得出调查结果。

在会展营销调研实践中，问卷调查是最常见的也是被主办方广泛采用的调查方法，如在进行展会服务满意度调查时，对参展商及观众均采取问卷调查法。按照问卷传达方式的不同，问卷调查法可分为邮寄问卷调查、电子邮件调查、电话访问调查、留置问卷调查和拦截访问调查（见表3-2）。

表3-2 问卷调查的常见形式及特点分析

问卷调查形式	具体做法	优点	缺点
邮寄问卷调查	将设计好的问卷邮寄给被调查者，由被调查者按照要求填妥后寄回调查问卷	①调查区域广、范围大；②调查成本低，样本数目较多；③被调查者有充裕的时间作答，且不受调查员倾向性意见的影响	①问卷回收率较低（一般在15%左右）；②获取资料的时间较长；③资料的真实性、可靠性不易评价
电话访问调查	由调查员在电话一端，遵照调查问卷，逐条询问被调查者，以获得调查资料与数据	①可在短时间内调查较多的样本；②成本较低；③可听到被调查者对所提问题的反应	①总体不完整，对没有电话者无法调查；②受通话时间限制，不易询问复杂问题；③不能与被调查者见面，观察不到其表情反应。④不易得到对方的合作
电子邮件调查	利用网络用户的E-mail地址，采取随机抽样的方式，向被调查者发送E-mail问卷，再对被调查者使用电子邮件催请回答	①调查效率高；②成本极低；③接触效果好，调查表回收率高；④调查资料的统计分析快捷	①只反映网络用户的意见，样本不一定完整；②被调查者多回答感兴趣的问题，样本代表性不高
留置问卷调查	调查员将问卷当面交给被调查者，并详细说明调查目的和要求，将问卷留在被调查者处让其自行完成，再由调查员在约定时间收回	这是介于面谈调查和邮寄问卷调查之间的一种折中办法，弥补了邮寄问卷回收率低的缺点，也弥补了面谈调查被调查者不愿意或没有时间填写问卷的不足	①与前三种问卷调查法相比，调查地域范围受限制；②调查成本较高
拦截访问调查	由调查员在特定地点，随机拦截访问被调查者。因其抽样和调查方法简单易用，故在广告调查中被广泛应用	①能当面听取被调查者意见并观察其反应；②直接接触实物资料，可随时提出问题；③问卷回收率高（90%以上）；④调查资料比较真实可靠	①调查成本高；②对调查员素质的要求较高；③不利于对调查员的工作进行控制；④被调查者可能不愿意或没有时间接受拦截访问

(3) 焦点小组访谈法

焦点小组访谈法作为一种定性调研方法，在会展营销调研实践中也经常被采用，正如美国迈克森调研协会Mark Michelson先生所言："如果会展项目经理想得到一些新的信息，那么定性调查是最好的，因为它没有一个固定的问卷……此时你并不是想确认任何事，而是想要去发现怎样做才能改进项目和服务。"

焦点小组访谈法是邀请6～10名被调查者，由调查员（主持人）对他们进行访谈，通常又称为座谈会。在主持人的引导下，焦点小组按照一定的谈话路线，回答主持人的问题，并且互相进行讨论。为使访谈富有成效，焦点小组访谈法需要遵循以下步骤。

制定计划。按照访谈主题和调查对象的特点，拟定访谈提纲或谈话路线，使访谈能够达到预计目的。

选择参加者。焦点小组的组员是调查对象的代表，可以通过抽样获得，也可以由调查机构通过主观判断筛选获得。

选择主持人。主持人需要了解调查主题，有协调和掌控讨论过程的能力。

选择或布置环境（测试室）。重要的焦点小组访谈要求在有单面镜[1]的测试室中进行，有监控摄像设备，录下讨论过程以备事后分析。

访谈过程控制。在访谈过程中进行协调，引导小组讨论，使讨论尽量按照访谈提纲进行，做好讨论记录。

分析访谈结果。对访谈结果及时整理分析，编写访谈报告，有必要时需进行补充调查。

(4) 观察法

观察法是在被调查者不知情的情况下，通过观察被调查者的活动取得第一手资料的调查方法。观察法中，调查员不与被调查者正面接触，被调查者感觉不到测试压力，是一种自然状态下的测试，因而常能获得令人信赖的调查结果。

观察法既可以通过调查者在现场直接观察，也可以借助诸如摄像机、监测探头等仪器设备记录被调查者的行为，如观众如何获得目标展台的信息、他们沿途参观了哪些展台以及哪些展品引起他们驻足停留、参展商对观众的反应等。在实施观察法前，通常要拟定一份比较详细的观察计划，包括拟观察的对象、观察的时间、地点、内容、难点以及克服方法、所需材料与设备等。

观察法可以让展会组织者（主办方）从客户（参展商和专业观众）的视角来分析问题，能够在真实的环境中观察他们的行为，调查结果比较真实可靠，在自己的展会或竞争对手的展会中都可运用这种方法。但观察法也存在一些缺陷，其一，调查成本较高；其二，只能观察或记录到被调查者的表面行为，而不能了解其内在心理的变化，如观众沿途参观了哪些展台，而忽略了哪些展台，调查可以给出统计意义上的结果，但无法说明观众为什么对某些展台感兴趣而又对某些展台兴趣不大。有鉴于此，调查员常常将观察法与其他调查方法如访谈法配合使用，以便获得更有价值的调查资料。例如，观众在进入场馆或是浏览整个场馆布局图时遇到了困难，调查人员可以询问他怎样做能避免该情况发生；再如，某家参展商展台前人流稀少，调查人员可以询问周围的观众为什么不停下来看看。

3.3.2　会展营销调查问卷的设计与技巧

问卷调查法是会展营销调研中最有效也是最常被使用的方法。在问卷调查中，问卷设计是非常关键的环节，调查问卷设计是否科学合理，决定着问卷的回收率、有效率，进而影响到会展营销调研的效果。

(1) 调查问卷的基本结构

一份完整的调查问卷包括以下基本部分：问卷标题、封面信、调查内容、被调查者基本情况。

问卷标题。一般由调查的对象和内容再加上“调查问卷”组成，如“第十届科博会观众满意度调查问卷”，问卷标题应简明扼要、清楚明确、主旨突出。

---

[1] 单面镜（one-way-mirror）：在一间特别设计的房间墙壁上镶一面极大的镜子，从这间房间看去它是一面镜子，但从毗邻的房间看，却是一块玻璃，能够看到该房间的内部情况。可观察被调查者的自然状态。

封面信。一般应包括如下内容：①称呼、问候，如“××先生、女士：您好”；②调查人员的自我介绍，调查的主办单位及个人的身份；③本次调查的目的、意义，简要说明即可；④填写问卷所需的时间说明；⑤保证作答对被调查者无负面作用，并替他保守秘密；⑥向对方的合作表示真诚谢意。以下是某会展调查问卷的封面信，仅供参考。

尊敬的来宾：

您好！感谢光临本届××展会。

耽误您几分钟，我们是本届××展会组委会统计信息组调查员，为了收集您对本届展会的宝贵意见和建议，进一步改进并完善我们的服务、组织工作，烦请您在百忙中协助我们填写本调查问卷。谢谢您的合作！

第×届××展会组委会

封面信的语言要亲切、有礼、简洁明快，态度真诚，要使被调查者消除顾虑，乐于配合填写问卷。

主体调查内容。包括具体问题、备选答案、回答说明和编码。其中，具体问题是围绕调查主题而设计的一系列问句。调查问题分封闭式、开放式和量表式三类，我们将在本节随后介绍。备选答案是对封闭式问题所给出的可供选择的范围。回答说明包括对问题的填答方法、跳答指示等。编码指问句的题号、备选答案的编号，这些都会用在后面资料预处理部分的编码表中。

被调查者基本情况。如对参展商或采购商，基本情况包括其单位性质、所属行业、单位规模、单位所在地理区域等因素；对于个人观众，基本情况包括其性别、年龄、文化程度、从事职业等因素。有的调查问卷把该部分放在主体内容之前，还有些问卷出于降低敏感性的考虑，把该部分放在主体内容之后，这都是可以的。

(2) 调查问题的设计

会展营销调查问卷中所涉及的问题主要有三种形式：封闭式问题、开放式问题和量表应答式问题。

① 封闭式问题。指对所提出的问题给出可供选择的答案，被调查者只能在既定的答案中进行选择。具体到会展营销调查问卷，最常见的封闭式问题有三种。

两项选择法，即由被调查者在预先给定的、相互对立的两个答案中选择其一。如：

您是否听说过××展会？

A. 是（　）　　B. 否（　）

多项选择法，即对所提出的问题预先给出若干答案，请被调查者从中选择一个或几个。如

您获悉本届展会的信息来源是：

A. 新闻报道（　）　　B. 广告宣传（　）　　C. 网络媒体（　）
D. 专业刊物（　）　　E. 主承办单位邀请（　）　　F. 朋友/同事告之（　）
G. 其他途径（　）

顺位法，即要求被调查者对所询问问题的答案按照自己认为的重要程度排序作答。如：

您对本届展会的哪一展示主题印象最深刻（请选择最主要的三个，并按重要程度排序）。

A. 最新科技成果（　）　B. 自主创新（　）　　C. 国际合作（　）
D. 区域经济（　）　　E. 循环经济（　）　　F. 数字奥运（　）
G. 科技生活（　）　　H. 汽车科技（　）

调查问卷中的封闭式问题还有回忆法、再确认法、程度倾向法等，由于在会展营销调查问卷中很少使用，本书不再赘述。

对于封闭式问题，被访者易于作答，能节省调查时间，提高问卷回收率，同时，标准化的答案便于统计分析和制表。有鉴于此，封闭式问题在会展营销调查问卷中被大量采用。但同时需要指出的是，封闭式问题也有缺陷，如被调查者在备选答案中找不出适合自己的选项时，很可能会任意选择，这就会导致调查结果出现偏差。为此，调查者在设计封闭式问题的答案时应力求全面、准确。封闭式问题适合于收集事实性信息或被调查者有明确看法的意向型问题，而对于那些寻找动机的探索性调查，采用开放式问题更适宜。

② 开放式问题。指对所提出的问题，不给出应答的备选答案，被调查者可以畅所欲言，不受限制地回答问题。例如：

您对本届展会在组织、服务方面有哪些意见与建议？

开放式问题的优点是：其一，调查者拟定问题比较容易；其二，被调查者回答问题时思路不受限制，调查者可获得更为广泛的信息和建设性意见。

开放式问题的缺点是：其一，调查时间较封闭式问题长，调查易被拒答，回答率较低；其二，对答案的审核、编码、分析烦琐，不便于数据整理和上机进行统计分析。有鉴于此，在设计会展营销调查问卷时，应控制开放式问题的比例。

③ 量表应答式问题。量表可分为多种类型，最基本的有评比量表和语意差别量表两种。具体到会展营销调研，最常用的是评比量表。

评比量表是量表的最基本形式，它是单选题，针对一个主题进行提问，选项是从一个极端经过一定的刻度值到另一个极端的尺度，如非常满意、满意、一般、不满意、非常不满意。例如

您认为本届展览会的现场组织管理水平：

A. 很高　B. 较高　C. 一般　D. 较低　E. 很低

(3) 调查问卷的设计要领

总体来说，一份有效的调查问卷应具备三个显著特征：集中、简洁、明了。集中指所有调查问题都必须围绕调查目标而展开，无关或关系不密切的问题不出现在问卷中；简洁指问题及答案的描述应简明扼要，问卷不能繁复冗长；明了指问卷中的措辞清楚明白，使被调查者易于理解，便于回答。设计调查问卷时应遵循以下基本原则。

① 准确性原则。指问卷中的问题表达清楚明白，便于被调查者对提问做出明确的回答；答案选项完整、准确，避免相互交叉或包容。

当前问卷设计在准确性方面存在的问题主要有以下几个。

用词含糊不清，模棱两可。如对展会观众满意度调查问卷中的问题：

您是否多次参观××展会？

A. 是　B. 否

不同的被调查者对“多次”的理解是不同的，有人认为2、3次就可算“多次”，而有人认为每届都参观才能算“多次”，这样调查的结果必然出现偏差。

问句一题多问。如：

您对本次展览及专项交流活动是否满意？

A. 很满意　B. 满意　C. 一般　D. 不满意　E. 很不满意

该问句包含了展览和专项交流活动两个主题，其结果可能是“对展览部分不满意”、“对专项交流活动不满意”以及“对两者都不满意”的被调查者都回答“不满意”，调查结果会出现偏差。为此，该问句应分为两个问题询问：

您对本次展览部分是否满意？

您对本次专项交流活动（会议/论坛）是否满意？

答案选项含义模糊或相互交叉。如：

您参观××展会的主要目的

A. 信息沟通　　B. 贸易洽谈　　C. 寻找项目　　D. 参观

该问句的答案选项语义模糊且相互交叉，被调查者很难从中做出选择以准确表达自己的意见和看法，可能就会随便作答，影响调查结果的科学性。

②简单性原则。一份好的调查问卷应使被调查者能答、爱答、易答。要做到这些，则问卷设计必须简单。简单性原则包括：问题的设计通俗易答，符合被调查者的知识水平和理解能力；问卷中的措辞亲切有礼，使被调查者乐于合作并愿意如实回答；对敏感性问题采取一定的提问技巧；控制问卷的长度，答题时间以自填式问卷不超过10分钟，随机拦访问卷不超过5分钟为宜。

③ 逻辑性原则。对于一般性的问题应先问，因为这些问题相对简单，被调查者易于回答，同时，这些问题也是让被调查者回答其他问题前的一个热身；思考性的问题放在中间；敏感性的问题放在最后，这样的排序符合一般人的逻辑思维顺序。

逻辑性与问卷的条理性、程序性是分不开的，在一个综合性问卷中，调查者往往将差异较大的问卷分块设置，以保证每个“分块”的问题都密切相关。

④ 中立性原则。调查问卷中的用词应是“中性”的，避免使用引导或暗示性的词句。例如：

本届展会规模宏大，影响深远，贵企业是否准备参展？

历届本展会的参展商都获得了满意的展出效果，本届展会贵企业是否获得了预期的展出效果？

这样的问题易使被调查者受到引导而得出肯定的结论，或者引起被调查者对问题的反感而简单得出结论，不能反映其真实态度和真实意愿，所产生的结论也缺乏客观性。

除了上述问卷设计的基本原则外，问卷的外观及版面设计也非常重要。整个问卷应印刷精美、排版整齐，要对每一部分的问题进行区隔，力求层次清晰而不杂乱。此外，文字部分的字体字号是否适宜、问卷说明是否使用了明显字体、开放式问题是否留足空间等细节问题也应精心考虑。

【案例 3-3】 第10届北京科博会参展商调查问卷

尊敬的参展单位代表：

您好！感谢您参加本届科博会。

耽误您几分钟，我们是本届科博会组委会统计信息组调查员，为了收集您对本届展会的宝贵意见和建议，进一步改进并完善我们的服务、组织工作，烦请您在百忙中协助我们填写本调查问卷。谢谢您的合作！

第10届北京科博会组委会统计信息组

单位名称 展位号

填表人 职 务

一、贵单位性质

□国有企业 □民营企业 □外资企业 □合资企业 □政府机构 □科研机构

□其他

二、贵单位所属行业

□电子与信息 □航空航天 □光机电一体化 □生物、医药与医疗器械

□新材料与新能源 □环境保护、地球空间与海洋 □现代农业 □现代传媒

□计算机软件 □汽车科技与智能交通 □高校和科研院所 □其他：

三、贵单位是第几次参加科博会

第 次

四、您参展的信息来源是

□新闻报道 □主承办单位邀请 □网络媒体 □专业刊物

□广告宣传 □行业协会 □政府机构 □其他

五、贵单位本次参展的目的是

□宣传企业/品牌 □产品技术转让与交易 □项目招商 □技术合作 □成果推介

□建立营销网络 □了解市场信息与新技术 □其他（请注明）：

六、您认为参展目的是否达到？

□达到 □部分达到 □没达到

七、贵单位参加本次科博会的费用为（单位：万元）

□10 以下 □11～20 □21～50 □51～100 □101 以上

八、您对本次展览在场馆条件以及展馆布局方面的总体感受是

□非常满意 □比较满意 □一般 □不满意 □非常不满意

九、您对观众的质量满意度如何？

□很满意 □满意 □一般 □不太满意 □非常不满意

十、贵单位参展期间成交额（包括协议、意向、合同）单位：万元

□100 以下 □101～500 □501～1000 □1001～5000

□5001～10000 □10001 以上

十一、您认为此次参展效果如何

□很好 □较好 □一般 □较差 □很差

十二、您接受了组委会提供的下属哪项服务

□热线呼叫服务 □客房、机票预定服务 □免费签约及场地服务

□招商合作项目发布服务 □网站优先推介 □均未接受

十三、您对本次科博会组织、服务方面的总体感受是

□组织有序且服务周到 □组织有序但服务欠佳

□组织混乱但服务较好 □组织混乱且服务欠佳

十四、您认为本届科博会有哪些优势（可多选，并按重要程度排序）

□主题前瞻性强 □组织管理完善 □广告宣传全面 □政策导向性强

□活动形式多样 □国际参与广泛 □产业信息丰富 □其他（请注明）：

存在的主要不足（请注明）：

十五、贵单位是否参加下一届博览会

□肯定参加 □可能参加 □不参加

十六、若不参加，原因是（可多选）

□没有达到预期目的 □洽谈机会少 □信息交流少 □费用不合理

□组织服务不理想 □更愿意单独举办推介活动 □利用互联网推介

□参加其他展览会 □成果或产品没有市场 □其他（请注明）：

十七、您对本次科博会还有哪些宝贵的意见与建议？

调查人： 调查地点： 调查日期：2007 年 5 月 日

资料来源：北京联合大学会展研究所．第 10 届北京科博会调研报告．2007

本章小结

会展营销信息指会展企业为有效开展会展营销活动所需收集、处理的各种相关环境数据。会展企业对各种会展营销信息进行收集整理与系统分析，然后传导给营销决策部门，以便为会展营销决策提供科学依据。

会展营销信息系统是一个持续的、彼此关联的系统，由内部报告系统、营销情报系统、营销调研系统和营销分析系统四个子系统构成。

会展营销调研作为会展策划与营销的基础与前提，贯穿会展营销活动的始终。会展营销调研包括对会展市场环境、会展客户以及竞争状况等方面的调研。会展营销调研的一般流程包括确定调研目标、制定调研方案、进行实地调查、整理分析资料和撰写调研报告五个基本步骤，每一步骤中又包括非常具体而细致的工作内容。

开展会展营销调查，必须使用恰当的调查方法与调查技术。比较常见的调查方法有案头调查法、问卷调查法、焦点小组访谈法、观察法和实验法。

调查问卷的设计是广告调查中一项非常关键的环节。设计问卷时应遵循准确性原则、简单性原则、逻辑性原则和中立性原则，除此之外，调查问卷的外观及版面设计也很重要，应符合精美的原则。

复习与思考

1. 会展企业进行会展营销需要收集哪些情报信息？
2. 会展营销信息系统的构成因素有哪些？

3. 对会展客户需求的调研应包括哪些具体内容?

4. 简述会展营销调研的一般程序。

5. 会展营销调研的常见方法有哪些?

6. 会展营销调查问卷的设计应遵循哪些原则?

7. 小组实训：每组自拟会展营销调查课题，制定具体调研方案，设计一份调查问卷，进行小规模实地调查，分析调查结果，写出调研报告。

案例分析：市场调研最重要

2007年4月20日，“亚洲电动游戏大会”新闻发布会在北京举行。据悉，这是新加坡会议与展览管理服务有限公司与德国莱比锡展览公司首次合作。此次发布会的举办，标志着两家跨国展览公司的项目合作进入实质性阶段。会后，作为新加坡展览行业的龙头企业——新加坡会议与展览管理服务有限公司董事长廖俊生接受了本报记者的专访，重点阐述了会展企业拓展海外市场面临的风险以及市场调研对海外办展的重要影响。

面对频繁的爆炸和政治争端，是要逃命还是要展览？2002年3月，当廖俊生刚把目光投向巴基斯坦，没想到就面临这样的抉择。廖俊生告诉记者，就在离巴基斯坦纺织机械展览会开幕的前几天，一场谁也没有料到的浩劫悄然逼近。印度大兵压境，战争一触即发；美国和法国驻巴基斯坦领事馆相继发生爆炸，多人受重伤。面对动荡的局势，廖俊生回忆说，如果不是有很多参展商已把机械运到巴基斯坦，或许他真的会离开这个是非之地。根据对巴基斯坦市场的多年研究，他最后毅然决定，延期办展。3个月后，廖俊生的展览虽只剩下800平方米，但却没赔一分钱。在这场博弈当中，他赢得了难能可贵的信誉，从而使第二年的展览面积从2002年的800平方米跃至2800平方米，到2004年展览面积又达5600平方米。

“风险总是与机遇并存，高风险就会有高回报。”廖俊生用这样的话总结当年在巴基斯坦做出延时办展的决策。当然，决策的背后有他对巴基斯坦独到的见解。

据了解，去年北京某公司在前往泰国举办汽车用品展时，也遇到相似的政治风波——泰国军事政变，使赴泰办展计划夭折。当记者问展览公司在海外办展如何规避风险时，廖俊生说：“海外办展前期调查很关键，这包括政治、经济、社会、技术四方面。值得重点关注的是，前期调研目标国家的经济因素比较重要，如果市场需求大，即便存在政治风险，也会有高额的回报。”谈到市场调查，廖俊生用一个失败的案例，生动地阐述了市场调查的重要性。2002年他第一次来到中国上海举办美食展却以失败告终。究其原因，廖俊生坦言主要是市场调查不够专业和细致，没有深入了解公众的需求，更没有从行业的角度去统计分析上海展览业的格局，缺乏深度的市场调查，结果为拓展展览市场决策埋下了隐患。

据廖俊生介绍，他从1982年开始到泰国办电脑展，1987年又在泰国做了六届国防展，1993年应泰国空军邀请做了航空展。然而，随着全球会展业的兴起、展览公司的增多，他的公司面临更加激烈的竞争。例如，在泰国举办的展览会原本很成功，但随着泰国人对展览业的不断了解，一些本地公司开始尝试办展，泰国电子协会也着力支持本土公司办展。会展公司压低价格，进行恶性竞争，这种新展览格局的形成，对境外展览公司非常不利，他的展览公司最终退出泰国展览业市场。

“目前，拓展国际展览市场最大的困难就是同类型展览项目太多，想找个题目好、市场又大的展览项目不容易。”廖俊生如是说。在亚洲国家，新加坡较早介入会展业，20世纪80年代，许多新加坡人开始拓展海外展览市场。与此同时，很多国外公司如德国的慕尼黑、汉诺威等展览公司，也到新加坡办展，廖俊生的公司就是在这样的背景下慢慢地拓展海外市场。当记者问及作为新加坡展览行业的代表最大的优势在哪里时，他十分自信地说：“我所做的展览都非常专业，这是我最大的优势。”

他强调，要想做非常专业的展览，第一要了解市场需求。如果没有好好地去做市场调研，你就无法真正察觉到市场需要哪些产品。办展时，你要知道谁是真正的买家，这样才能找到卖家。第二，把买家和卖家分类，这样才能更好地为他们服务，更好地安排展会事宜。第三，在网上预约买家、卖家。“我们举办的展览，如在北京举办的旅游展览都是这样做的。”除此之外，廖俊生还认为，开拓海外展览市场，一方面要与当地的行业协会、商会、知名展览公司进行必要的联系，多方听取意见、收集信息，以便更准确地判断国际展览市场的现状和格局；另一方面要根据企业资源，与国外展览公司进行深层次的展览项目合作，利用双方的优势互补拓展海外市场，实现共赢。

资料来源：季春红. 中国贸易报. 2007.6.18

讨论题

1. 新加坡会议与展览管理服务有限公司董事长廖俊生接受专访时说：“海外办展，市场调研最重要”，对此你如何理解？

2. 会展企业赴海外办展需要收集哪些情报信息？

3. 廖俊生在谈到第一次到中国上海举办美食展却以失败告终时，坦言失败的主要原因是“市场调查不够专业和细致”。试想如果你是该展览的主办方，前期应进行哪些市场调研工作？

参考文献

[1] 毛金凤. 会展营销. 北京：机械工业出版社，2006.
[2] 刘大可. 会展营销教程. 北京：高等教育出版社，2006.
[3] 马勇，王春雷. 会展管理的理论、方法与案例. 北京：高等教育出版社，2003.
[4] 纪宝成. 市场营销学教程. 第3版. 北京：中国人民大学出版社，2003.

4 会展市场细分及定位

学习目标

学完本章，你应该能够：

1. 了解会展市场细分的五个层次；
2. 掌握会展市场细分的概念以及细分依据；
3. 掌握会展企业涵盖市场的方式以及目标市场选择策略。

基本概念

市场细分　目标市场的选择　市场定位

4.1 会展市场细分

怎样进行会展市场细分？

4.1.1 市场细分的定义与方法

(1) 市场细分的概念

会展市场细分是会展企业按照参展企业和目标观众在需要、爱好、购买动机、购买行为、购买能力等方面的差别或差异，运用系统方法把整体市场划分为两个以上不同类型的参展群体，再把每种需要或愿望大体相同的参展者，细分为以参展者群体标志的“子市场”的一系列求同存异的方法和过程。

近年来，我国会展业的发展速度非常快，会展企业之间的竞争态势已经呈现，今后，随着这个行业的进一步发展，尤其是国外实力强大的会展公司在展会服务、资金等方面的介入，会展业的竞争将日趋激烈，在这样的大背景下，会展企业需要增加展会对参展商的吸引力，争夺客源市场，同时，参展商购买展会产品和服务的选择余地也日渐加大，需求更加多样化。会展产品和服务的供给者，不论是一个国家或城市，还是一个会展企业，都不可能面向整个国际、国内市场，满足所有参展商的要求。因此，会展企业有必要将展会的主要客源市场按不同的需求特点细分为几个群体，把需求基本相同的群体划分为一个细分市场。会展市场细分有利于企业更清晰地了解目标细分市场的需求，根据自身的实力确定自己的位置，用最有效的方式，集中市场营销的人力和资金，更好地吸引一个或几个细分市场。

对会展企业而言，市场细分的意义在于以下几方面。

第一，会展市场细分有利于会展企业发掘市场机会和开拓新的会展市场。

会展市场的细分建议在对会展市场的全面系统的调查与研究基础之上。通过深入了解参展企业不同需求的满足程度，会展企业可以发现那些尚未满足或未被充分满足的会展需求，创造条件迅速地开拓新的市场空间。对于会展企业尤其是一些中小企业来说，捕捉被忽视的市场空隙，可以较为迅速地取得市场的优势地位，避免进入已饱和且竞争激烈的市场。

第二，会展市场细分有利于会展企业制定和调整会展营销方案和策略。

通过会展细分市场的情况，会展企业可以及时发现和掌握会展市场的特征、变化状况，以及竞争者的状况，从而改良现有会展项目和开发会展新项目，以满足参展企业不同的不断变化的会展需求。

同时，会展企业可以针对不同的会展细分市场制定各种各具特色的市场营销组合策略，并根据参展企业对各种营销因素的反应和市场需求特征的变化，及时调整会展项目或服务的价格、方向及促销方式，以更加贴切和灵活地满足目标市场上参展企业的需求。

第三，会展市场细分有利于会展企业科学地开发目标市场和取得良好的经济效益。

会展市场的细分化有助于会展企业营销资源的合理配置。会展企业可以根据市场需求程度状况，根据自身条件和市场竞争扬长避短，集中企业有限的人力、物力、财力资源开发特色会展项目，争取最佳经济效益。

细分市场不能仅靠一种方式。营销人员必须尝试各种不同的细分变量或变量组合，以便找到分析市场结构的最佳方法。所谓变量，就是个体、群体或者组织的特征。市场细分的变量选择是至关重要的，因为不恰当的市场细分会导致销售量的下降，失去获利机会。会展市场细分涉及对参展商市场、专业观众市场和一般观众市场三个方面，但是，对于会展企业营销来说，需要重点关注的是参展商，因此，下面我们主要分析参展商市场。

【案例 4-1】 会展业市场细分趋势

近些年来国内会展业市场细分的趋势越来越明显，这必将影响到整个行业的发展方向。

首先是展览业专业化程度提高、国际化趋势增强、企业化行为加大、市场化竞争加剧。区域划分表现为全球以德国、美国、法国等主导世界展览业发展；亚太地区尤其东亚地区继续保持经济稳步发展势头，展览规模与影响持续上升。国内就举办规模和数量而言，大致可分为四个层次，京、沪、穗、大连为第一层次，天津、成都、深圳、昆明、哈尔滨等为第二层次，厦门、南京、武汉为第三层次，杭州、宁波、桂林、南宁为新生代。

其次是会议业，全球市场化伴随旅游奖励的会议业收入接近 3000 亿美元。现在全球专业从事会议业的机构 300 多个，其中有 4 家在我国内地设立了分支机构。中国专业会议市场化运作尚未普及，一般以行业组织牵头，或自己组织或委托旅游公司，但中小型商业性会议高速发展与国内经济发展密切相关。

其三是围绕场馆的市场开发开始起步。会展中心的市场经营一般以会议展览业为龙头，旅游、娱乐、餐饮、酒店、广告、商场等相关行业的经营为配套和依托，在会展中心片区内形成集成化、全方位、多渠道的经营服务体系，产生多层面的经济效益，最终使得会展中心的整体经济效益达到预期。其中，部分项目是可以现在就开始经营的，部分项目尚需再过一定的时间，待条件具备或经分析认证可行后再展开，由此以实现会展中心的经济效益综合优势和良性循环。

资料来源：http://business.sohu.com/

(2) 会展市场细分的因素及标准

会展企业进行有效的市场细分，必须找到适当的、科学的细分标准，这个标准就是影响会展需求的因素。会展市场细分的目的是便于会展企业在市场细分的基础上选择一个或几个细分市场作为自己的主要目标市场，并且，根据目标市场的需求特征有针对性地提供产品和服务，提高顾客的满意度。而会展市场中参展商对展会的满意度主要取决于在多大程度上符合他们的参展目的，如果展会能提供相应的主题以及交通、场馆、宣传等方面的便利条件，能为参展商达到预期的参展目的，就基本上能满足参展商对展会的需求，提高他们参展的满意度，同时，参展商在展会期间要在展会举办地停留数日或数月，因此，他们会有参展、吃、住、行、游、购、娱等方面的需求，这些需求虽然不完全是由会展公司提供的，但是，这些需求的满足与否，在很大程度上会影响参展商对展会服务的评价，会展企业需要直接或间接地为参展商提供上述产品和服务。这些产品或服务与参展商的生活密切相关，参展商的生活环境、性格、性别、收入水平、受教育程度等人口统计特征不同，对上述产品和服务的需求就会表现出一定的差异性。可见，影响会展需求的因素很多而且多变，给细分市场带来了一定的难度，会展企业细分市场的标准可以归纳为地理变量、参展企业类型、参展目标、人口统计特征等因素。

① 地理变量。由于不同地区的参展商有着不同的需求特征及营销反映，所以地理变量经常被作为划分会展市场的依据。地理细分是指将会展市场划分为不同的地理单位，如国家、地区、省市等，会展企业可以选择一个或几个地理区域开展业务，但要注重不同地区在需求和偏好方面的差异。比如：地区可作为细分标准，因为不同地区的企业对会展项目的需要有所不同。各地由于经济发展水平、区域经济结构、产业结构等因素的影响，便形成不同的展位认购习惯和偏好，并有不同的需求特点。用地区作依据是展览企业经常使用的市场细分手段。

按照地理因素细分市场，对于分析研究不同地区消费者的需求特点、需求总量及其发展变化趋势具有一定意义，有利于企业开拓区域市场。通过这种市场细分，企业应考虑将自己有限的资源尽可能投向力所能及的、最能发挥自身优势的地区市场中去。

② 参展企业类型。会展企业按照参展企业的不同成长阶段、生产的不同产品、不同的规模和实力划分参展商市场。

首先，不同成长阶段的参展企业，由于在企业发展战略、市场策略、价格策略、参展目标、社会活动能力、企业知名度等方面存在较大的差异，对展会提供的产品和服务会产生不同的需求，会展企业需要掌握参展商的这一特点，以便有针对性地提供服务项目。

其次，参展商生产的产品不同，会形成各种各样的同类产品主题展览会，因此，会展企业可以根据不同产品主题的特殊要求，提供有针对性的服务。不同产品对展览会的特殊需求主要体现在场馆要求的差别、交通运输需求的差别、专业观念队伍的差别、普通观念要求的差别、展会广告宣传等方面的差异。

再次，参展商的企业规模和实力不同，会对展会的场馆、展台布置、专业观念的数量、参展价格、其他参展商的知名度、展会的宣传力度、展会举办的时间和地点等方面表现出不同的需求特征。一般来说，中小企业的实力较弱，能承担的展会费用较少，对场馆和其他方面的服务的要求不高，而一些大型企业，人、财、物方面的实力较强，对展会的场馆、宣传、专业观众和普通观众的组织以及交通等方面的要求也较高，会展企业要重视大型参展企业的需求，努力稳固这一细分市场。

③ 参展目标。参展商的展出目标是展出工作的基石和方向，它主要是根据参展企业的发展战略和市场条件制定的。参展目标分为销售类和非销售类，销售类即为成交，签订贸易、技术、投资、经营等合同或协议，这是实业界普通重视的展出目标；非销售类目标主要是介绍新发明、了解新产品、推销新成果、了解市场对系列产品的接受程度、扩大产品系列的合同或协议。参展目标不同的参展企业，对展会提出的产品和服务的数量以及质量的要求也各不相同。

具体来说，参展目标可以归纳为五类。

第一类是基本目标，具体包括：了解市场、寻找出口机会、交流经验、了解发展趋势、了解竞争情况、检验自身的竞争力、了解本企业所处的行业的状况、寻求合作机会、向市场介绍自己的企业和产品。第二类是宣传目标，主要包括：建立个人关系、树立良好的企业形象、了解客户的需要、收集市场信息、加强与新闻媒介的联系、接触新客户、了解客户情况、挖掘现有客户的潜力、训练职员调研以及推销技术。第三类是价格目标，包括试探定价余地、将产品和服务推向市场。第四类是销售目标，主要包括：扩大销售网络、寻找新代理、测试减少贸易层次的效果。第五类是产品目标，主要包括：推出新产品、介绍新发明、了解新产品推销的成果、了解市场对产品系列的接受程度、扩大产品系列。

展出目标的分类虽然有所不同，但主要包括市场调研、宣传参展企业和产品、建立和巩固客户关系、市场交易等。会展企业的营销人员应当事先了解参展企业的展出目标，并以此为依据，为参展企业提供展出咨询以及其他针对性的服务。

④ 人口统计特征。会展企业根据参展商的人口统计特征细分展会市场，主要是为了更好地满足参展商在展出商品和服务期间的布展、吃、住、购等方面的需求，以提高参展商对展会服务的整体满意程度。参展商的人口统计特征主要包括：参展人员的年龄、性别、职业、收入、婚姻状况、文化程度、家庭结构和规模、家庭生命周期、宗教信仰、种族和社会阶层。上述因素对参展人员的消费心理、消费习惯以及消费效果评价有着重要的影响。

人口统计特征是细分参展商的一个重要依据。一个原因是参展商的需要、欲望和使用率经常紧随人口统计特征的变化而变化。另外一个原因是人口统计特征比绝大多数其他变量更易衡量。

4.1.2 市场细分的流程及有效细分的条件

(1) 市场细分的流程

美国市场学家麦卡锡提出细分市场的一整套程序，这一程序包括七个步骤（图 4-1）。

① 选定市场范围。会展企业通过对竞争者、目标顾客、供应商等微观环境以及经济、社会、政治、自然等宏观环境的调查，结合自身的条件，确定经营目标，选择市场范围。

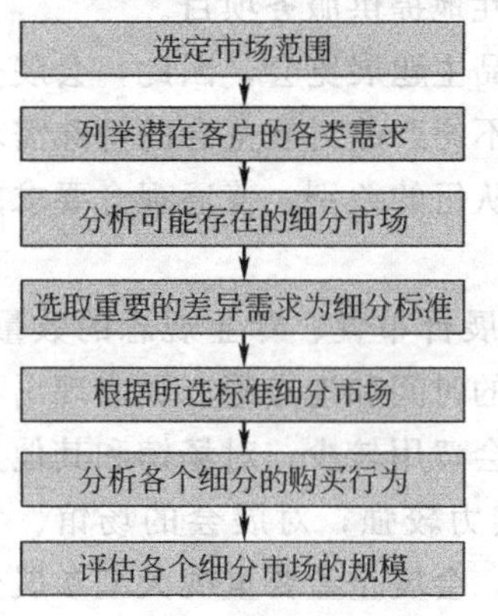

图 4-1 细分市场七步模型

确定市场范围是进行有效细分的基础，所选择的范围要适当，不能过大，也不能过小。过大的市场范围会给营销调研活动带来困难，增加营销成本，造成不必要的浪费；过小的市场范围限制企业的发展。

② 列举潜在客户的各类需求。会展企业在确定市场范围后，营销人员通过调查研究，列出所选择的市场的所有展会产品和服务的需求，包括现实需求和潜在需求，并尽可能进行全面而详细的分类，为进一步的市场细分提供详实的资料。

③ 分析可能存在的细分市场。通过了解参展商和观众对

展会产品和服务的所有需求，再根据主要目标顾客的地区分布、人口特征、经济状况、购买行为、消费习惯等方面的因素，推测其潜在的市场需求，分析可能存在的细分市场。

④ 选取重要的差异需求为细分标准。会展企业的营销人员针对可能存在的细分市场对展会的需求，分析相关的影响因素，研究每一个因素对参加展会需求产生的影响，列出主要影响因素，最终选取重要的差异需求，以确定细分市场的标准。

⑤ 根据所选标准细分市场。根据潜在顾客不同需求上的差异方面，将其划分为不同的群体或子市场，并赋予每一子市场一定的名称。

⑥ 分析各个细分市场的购买行为。进一步分析每一细分市场需求与购买行为特点，并分析其原因，以便在此基础上决定是否可以对这些细分出来的市场进行合并，或作进一步细分。

⑦ 评估每一细分市场的规模。即在调查基础上，估计每一细分市场的顾客数量、购买频率、平均每次的购买数量等，并对细分市场上产品竞争状况及发展趋势进行分析。

(2) 有效细分的条件

显然细分市场有许多方法，但是并非所有的细分都是有效的。因此，要想使细分市场充分发挥作用，必须具备如下条件。

1) 可衡量性　指会展市场经过细分后具有明显的差异性，每一细分的会展子市场的展位认购力大小和规模大小都能被衡量。凡是企业难以识别、难以测量的因素或特征，都不能据以细分市场。否则，细分市场将会因无法界定和度量而难以描述，市场细分也就失去了意义。所以，恰当地选择细分变量十分重要。

2) 殷实性　即：需求足量性。细分出来的会展市场必须大到足以使企业实现利润目标。在进行市场细分时，企业必须考虑细分市场上顾客的数量，他们的购买能力和产品的使用频率。殷实的细分市场，应是那些拥有足够的潜在购买者的市场，并且他们又有充足的货币支付能力，使企业能够补偿生产与销售成本，并能获得利润的市场。为此，市场细分不能从销售潜力有限的市场起步。

3) 可进入性　系指细分市场应是会展企业营销活动能够通达的市场，亦即细分出来的市场应是企业能够对顾客发生影响、产品能够展现在顾客面前的市场。这主要表现在三个方面：

① 具有进入这些细分市场的资源条件和竞争实力；

② 能够通过一定的广告媒体把产品信息传递给该市场；

③ 销售渠道必须畅通。

考虑细分的可进入性，实际上就是考虑会展企业营销活动的可行性。显然，对于不能进入或难以进入的市场进行细分是没有意义的。

4) 合法性　会展企业针对会展市场细分进行会展经营，必须遵守该国的法律和道德规范。会展活动在国内仍然实际审批制，不具备相关批文的会展项目是非法的。

4.2 会展目标市场的选择

如何选择会展目标市场?

所谓目标市场，就是会展企业营销活动所要满足的市场，是会展企业为实现预期目标而要进入的市场。会展企业的一切活动都是围绕目标市场进行的。

目标市场选择是指估计每个细分市场的吸引程度，并选择进入一个或若干个细分市场的过程。在市场细分的基础上，根据会展企业的经营目标和经营能力，选择有利的细分市场作为会展企业营销的目标市场。选择和确定目标市场，明确会展企业的具体服务对象，关系到企业任务、企业目标的落实，是会展企业制定营销战略的首要内容和基本出发点。

4.2.1 选择会展目标市场的步骤

会展企业确定目标市场是在细分市场的基础上进行的，怎样选择一个有利的会展目标市场是一项细致的工作。一般来讲，确定会展目标市场需要经过以下几个步骤。

1）细分市场　通过对企业经营特点和会展整体市场需求状况的了解和研究，选出特征突出的会展需求因素作为依据，将整体会展市场划分成为众多会展细分市场。

2）评估会展细分市场　对各会展细分市场进行全面细致的分析，特别是对它的规模、潜力、经济效益等进行评估，以利于会展企业能正确选择会展目标市场。

在评估各种不同的细分市场时，会展企业必须考虑以下因素：

① 会展企业必须考察这个潜在市场的细分市场是否对公司具有吸引力，例如它的大小、成长性、盈利率、规模经济等；

② 会展企业必须考虑对细分市场的投资是否与公司的目标相一致，某些细分市场虽然具有很大吸引力，但不符合公司的长远目标，不得不放弃；

③ 会展企业必须考虑自身的资源能力是否能够支持公司成功进入该细分市场，并获得一定的竞争优势，如果不能，该细分市场也应该放弃。

3）选择会展目标市场　会展企业根据本身的资源情况、营销能力以及细分市场吸引力大小，进行会展目标市场的最终选择。

4）制定会展目标市场策略　为实现会展目标市场的销售计划，会展企业要制定相应的会展产品策略、富有针对性的价格策略及通过各个渠道开展广泛宣传活动的促销策略等各种经营策略。

4.2.2 目标市场选择策略

会展企业选择的目标模式不同，营销策略也不一样。归纳起来，有三种不同的目标市场选择策略可供企业选择：无差异营销、差异性营销、集中性营销。

(1) 无差异营销

在使用无差异营销时，会展企业可以决定不考虑细分市场的差异性，对整个会展市场只提供一种会展产品。会展企业的产品针对的是顾客的共同需求而不是不同的需求。会展企业设计出能在最大程度上吸引顾客的会展产品及营销方案，依靠大规模分销和大众化的广告，目的是在人们的头脑中树立起优秀的产品形象。

目前，我国会展业还处于刚起步阶段，大多采用这种策略，它的优势在于：

① 规模效应显著，由于可能规模销售、分销渠道简化、市场调研和广告宣传开支较低，销售成本降低，可以获得规模经济效益；

② 易于形成垄断性的名牌会展项目的声势和地位。

它的缺点在于：参展企业的需求客观上是不断变化的，一种产品长期为该产品的全体消费者或用户所接受极为罕见（同质市场的产品除外），对消费者来说也过于单调。当众多企业如法炮制，都采用这种策略时，就会形成整体市场竞争异常激烈，而小的细分市场的需求却得不到满足的局面，这对营销者、消费者都是不利的。

这种策略只适用于少数垄断性强、供不应求的会展项目，无差异性市场策略已不适应现代国际会展的竞争。

（2）差异性营销

在使用差异化营销策略时，会展企业决定以几个细分市场或瞄准机会的会展市场为目标，并为每一会展市场设计独立的营销方案，凭借会展项目与市场的差异化，获得最大的销售量。

差异性营销策略的优点如下。

① 由于能够较多、较快地变换会展项目的类型与特点，以适应和启发参展企业的需求，因而有利于增加参展企业对该会展企业的信赖感和提高购买概率，提升会展的市场竞争能力。

② 如同时在几个细分市场中占有优势，有利于树立会展企业在参展企业心中的形象，从而利于经济效益的提高。

③ 由于差异性营销的灵活机动性，可以在一定程度上分散会展企业的经营风险。

差异性营销策略的缺点如下。

① 由于差异性营销带来生产经营成本与营销宣传费用的增加，难以使会展企业取得规模效益。

② 经营目标市场数量越多，越会影响经营效率，使会展企业管理难度加大。

③ 由于多元化分散经营，可能使企业的资源配置不能有效集中，影响某些优势的发挥。

会展企业在采用差异性目标市场策略时，应注意必须保证所选定的目标市场由于总销量扩大所带来的收益要大于营销总成本费用的增加。实力相对较小的会展企业一般不宜采用此策略。

（3）集中性营销

会展企业不是面向整体市场，也不是把力量使用于若干个细分市场，而是集中力量进入一个细分市场（或是对该细分市场进一步细分后的几个更小的市场部分），充分满足某些参展商特定的需求服务，这就是集中性营销。

该策略适合中小型会展企业和一些会展资源独具特色、能吸引一定类型参展企业前往的会展项目。它的优点如下。

① 由于会展企业营销相对集中，在单一化较小范围的市场上活动，占有资金相对小，且资金周转相对快，成本费用相对低，可以集中力量在特定会展市场占领优势和实现一定的规模经济效益。

② 由于会展企业经营范围明确，有利于创造出特色项目与服务，并可提高企业项目或服务的知名度和市场占有率。

集中性营销策略的缺点如下。

① 企业经营具有很大的风险性，小部分市场生存的会展企业承担的经营风险较大，一旦市场突然发生变化或者强大竞争对手的进入或者新的更有吸引力的替代项目出现，都可能使企业没有回旋余地而陷入困境。

② 如果选定不是较大的细分市场，则竞争者太多，市场竞争过于激烈。

因此，采用这一策略的会展企业必须密切注意目标市场的动向，并应制定适当的应急措施，以求进可攻，退可守，进退自如。

4.2.3 如何选择目标市场策略

一个会展企业究竟应当采用上述哪一种目标市场策略，取决于会展市场营销宏观环境、会展企业自身实力条件、会展项目或服务特点、会展市场需求状况、会展项目生命周期、会展市场竞争状况等多方面的条件。

（1）会展市场营销宏观环境

会展市场宏观环境影响参展商的购买行为以及会展市场的供求关系。一般情况下，当某种会展产品处于供小于求的卖方市场，可采用无差异目标市场策略；而在供大于求的买方市场情况下，则可采用差异性与集中性目标市场策略。

（2）会展企业的自身实力条件

会展企业的自身实力条件主要包括其人力、财力、物力条件，以及其策划能力、技术能力和销售能力，具体表现为会展企业的项目的设计与营销组合能力、宣传促销能力、服务与管理能力等方面。如果会展企业的实力雄厚，管理水平较高，信息资源丰富，可考虑采用无差异性市场营销策略或差异性市场策略；如果会展企业的实力不足，人力、财力、物力、信息等资源有限，企业无力顾及整个市场或多个细分市场，则适宜采用集中性市场营销策略。

（3）会展产品或服务的特点

同质性会展项目或服务，由于其差异性小，替代性很强，竞争主要集中在价格上，较适宜实行无差异性市场策略。而对于一些差异性较大、参展企业选择性很强的会展项目或服务，则适宜采用差异性市场营销策略或集中性市场营销策略。

（4）会展市场需求状况

当会展市场上的参展企业在某一时期的需要与偏好及其他特征很接近，市场类似程度很高时，适宜采用无差异市场策略。而对参展企业需求异质程度很高的会展市场，一般要采用差异性市场策略或集中性市场策略。

（5）会展项目生命周期

会展项目的生命周期分为导入期、成长期、成熟期和衰退期四个阶段。会展项目处于导入期或成长期，应采用无差别市场营销策略或集中性市场营销策略。当会展项目进入在成熟期后，竞争者也增多，此时适宜采用差异性市场营销策略，以开拓会展市场，扩大市场份额。当会展项目进入衰退期，则应采用集中性目标市场营销策略，以便保持部分市场，延长会展项目的生命周期。

（6）会展市场竞争状况

如果竞争者数量较少或弱，且项目具有垄断性，会展企业则可采取无差异市场营销策略。若竞争者采用无差异市场营销策略，会展企业则可反其道而采用差异性市场营销策略或集中性营销策略。如果竞争太多，则应采取差异性或集中性目标市场策略。从竞争者采用策略来看，如果竞争对手实力较强大，则可采用更深一层的差异性营销策略或集中性市场营销策略。

一般说来，会展企业选择目标市场策略时，应综合考虑上述诸因素，权衡利弊，方可做出抉择。目标市场策略应当相对稳定，但当市场形势或企业实力发生重大变化时，也要及时转换。竞争对手之间没有完全相同的目标市场策略，一个企业也没有一成不变的目标市场策略。

【案例 4-2】 国内会展业遭遇“品牌之忧”

“会展经济”是块肥肉，引得大家都想分一杯羹。而办展机构缺乏品牌意识，致使我国会展又多又滥。品牌建设不是一朝一夕的事儿，一些业内人士呼吁政府应积极培育品牌展会。

会展业作为我国新兴的朝阳产业，经过几十年的发展逐渐形成规模，逐步与国际接轨，并呈现出行业细分的明显趋势，但行业的恶性竞争已经导致效益下滑和亏损，一些人士呼吁要尽快打造国内会展业的拳头品牌。

一位深谙展览内幕的专家坦言，我国展览业的现状是展会过多过滥，而且同一时期、同一地点相同的展会非常多，形成了恶性竞争，恶性竞争的背后是场馆的效益下滑和亏损。为了争取到展会的举办权，许多展览场地不得不降低自己的标准摊位费用，使得不少展会总收入往往低于正常盈亏点。

我国展览业起步较晚，与发达国家相比，存在规模小、水平低、场馆建设不科学、管理机制落后、配套服务跟不上等诸多问题，离国际水平还有相当差距，特别是重复办展问题十分突出。广西南宁力帮展览有限公司一位负责人透露，因为展会无论大小都可能有钱赚，大家都看中“展会经济”这块肥肉，利益驱使都想分一杯羹。在政府机构范畴内，具有展会组织权的部门经委、商务、科技局等、行业协会、政府部门、金融机构、展览公司也有权办展，因此重复办展、多家办展屡见不鲜。

接触行业多年的展览年鉴编辑谭明朝认为，世界展览大国德国造就了品牌化的规模展会，将世界上绝大多数的规模展会都吸引过去。我国政府用行政力量扶植的动作力度太大，市场经济条件下政府应转变角色，履行经济资源调节、市场监督、社会管理和公共服务职能，培育市场化品牌展会。

资料来源：http://chanye. finance. sina. com. cn/

4.3 会展市场定位策略

会展品牌的定位策略是什么?

会展企业一旦选定了目标市场，就要在目标市场上进行产品的市场定位。市场定位是企业全面战略计划中的一个重要组成部分，它关系到企业及其产品如何与众不同，与竞争者相比有多么突出。

这时我们需要考虑的问题通常有：会展项目是领导项目、主导项目还是大众化项目？会展项目以什么样的概念和质量承诺吸引参展企业？它的主打品质是什么？等。

4.3.1 市场定位的含义

“定位”这个词是同艾尔·里斯（Al Ries）和杰克·特劳特（Jack Trout）提出后而流行的。他们把定位看成是对现有产品的创造性实践。“定位起始于产品。一件商品、一项服务、一家公司、一个机构，甚至一个人。定位并非是对产品本身采取什么行动。定位是针对潜在顾客的心目中确定一个适当的位置。”里斯和特劳特认为著名的产品一般在顾客心目中都占据一个位置。

会展市场定位是对会展企业的会展产品或服务和企业形象进行设计，从而使其能在目标市场中占有一个独特位置的行为。会展企业要想吸引顾客购买其产品和服务，需要给目标顾客留下值得购买的印象，为此，需要了解目标顾客的需求特征，尤其是他们的主要需求，分析其对产品和服务的价值的理解，在产品的名称、价格和包装等方面做文章，给目标顾客留下好印象，确立企业形象，以扩大销售，增加利润。

会展企业的产品和服务在消费者心目中的位置受很多因素的影响，包括消费者自身的一些因素，消费者的学识、经历、收入水平、社会地位、性格等，都会在一定程度上影响其定位，同时也包括企业方面的因素，企业所处的位置、历史、外在形象等因素，另外经济、社会、法律等外在环境也是影响因素。因此，企业的市场定位要结合实际情况，当条件发生变化时，定位及其定位策略也要作相应调整。

会展产品和服务的生产和消费在同一时间、同一地点进行，参展商需要位移至目的国或地区才能实现消费，参展商在购买展位前不能直观地观察到将要举行的展会的情况以及将会购买到的产品和服务的具体内容，其购买决策往往取决于参展商对展会举办地、展会主办者和承办者及其所提供的展会产品和服务的印象，即展会举办地、展会主办者和承办者及其产品和服务在目标顾客心目中的位置。由此可见，会展业的市场定位不仅仅是企业本身及其产品和服务的定位，而且地区的市场定位占有十分重要的位置。

【案例 4-3】 国内大型会展城市的定位与发展

1. 北京：展览总量居全国之首

京城由于其特殊地位，一直是中国会展城市中的老大，展览总面积居全国之首，展会规模、档次全国领先。预计到 2010 年，北京展览市场总规模将达近 40 亿元。北京举办的展览会以经济技术类为主，在全国率先形成了中国会展产业的雏形。但由于现有展馆超负荷运转，设施严重老化，使得京城急需建大展馆的问题日显突出。

据统计，北京每年的国际展已达 250 多个。在具备举办大型国际展览资格的全国近 250 家展览公司中，北京就占据了一半多。近几年，北京会展业依然保持了较快的发展势头，成为中国办展办会数量最多的城市。

2. 上海：初显国际会展中心魅力

20 世纪 90 年代，上海的会展业加速发展，全国性或国际性会展数量以每年近 20%的速度递增，其中 50 个已有了相当的国际知名度。上海陆续兴建了国际展览中心、世贸商城、农展中心、光大会展中心等新馆，展览面积都在两三万平方米。目前，上海正与德国三大展览公司联合投资兴建上海新国际博览中心。在上海，会展市场的竞争已趋于国际化、白热化。APEC 余音在耳，工博会又闪亮登场，两个车展闹得沸沸扬扬……此起彼伏的国际性会议和展览，使上海日益成为中国乃至世界关注的焦点，并开始显现出国际会展中心的魅力和风采。

3. 广州：广交会带来百展争雄

开放程度高是广州会展业最大的特点。依托广交会的影响力，广州周边地区出现了百展争雄的格局。广州是华南政治、经济、文化的中心，也是国内会展业发展最早、会展经济最活跃的地区之一。展览的数量、展览面积、展会规模和影响，都位居全国前列。据不完全统计，广州地区每年举办各种展览会上百个，其中国际性展览占1/3强。既有“中国第一展”的广交会，也有后起之秀的广州博览会、美容美发博览会。

如今，广交会已走过45个春秋，举办了90届，是中国目前历史最长、层次最高、规模最大、商品种类最全、到会客商最多、成交效果最好的综合性国际贸易盛会。广交会中国出口商品交易会展览馆占地9万平方米，展览面积达16万平方米，是中国目前最大的展览馆。

4. 大连：依托服装展异军突起

许多人都已淡忘，大连曾是一座重工业城市。大连产业结构的调整，会展业居功至伟。会展业在这座城市中有着十分重要的战略地位，而十几个如“大连服装节”这样的定型名牌展会，撑起了大连的会展经济。

以1996年大连星海会展中心落成为标志，大连展览业开始作为一个行业迅速发展起来。短短几年内，经贸展览项目由少到多，展览规模从小到大，展览主题由单一到多样，展览性质由综合到专业，以每年20%的速度快速增长，并逐渐成熟起来。目前，大连市在中国内地会展城市排名中，位列北京、上海、广州之后。大连的会展业作为一个新兴行业，从一开始便以高起点、发展快、潜力大、规范操作为特点，迅速成为大连市新的经济增长点，并成为创建国际名城的支柱产业之一。大连市会展经济的起步和发展，充分显示了大连市政府的远见卓识和高屋建瓴。

5. 深圳：以高科技展独辟蹊径

在深圳，除了与新经济和高新技术产业发展相呼应的会展，如高交会、国际互联网展，大部分是与传统产业相适应的各类展览，如钟表展、家具展。深圳展览业的发展，有过初期的原始积累，也有过中期的发展。从老国展中心的兴起与倒闭，到深圳高交会出现前夕，深圳展览业一路走来，起起落落。直到1999年以高交会为龙头展会的举办，才将深圳会展业推向一个发展的高潮。

随着高交会的成功举办，深圳展览业迎来了发展的春天，展览公司和各种展会如雨后春笋般地冒出来。2000年至2001年两年间，深圳各种商业展会共举办了200多个，并形成了深圳的一些知名品牌展会，如钟表展、礼品展、高交会等。深圳得天独厚的地理位置，四通八达的交通网络，日渐完善的服务体系，使发展会展的前景非常广阔。

资料来源：http://www.shoes.net.cn/

4.3.2　定位方式

一个竞争者可以有以下三种主要的定位方式供选择。

(1) 避强定位

这是一种避开强有力的竞争对手的市场定位。其优点是：能够迅速地在市场上站稳脚跟，并能在消费者心目中迅速树立起一种形象。由于这种定位方式市场竞争风险较小，成功率较高，常常为多数企业所采用。但空白的细分市场往往同时也是难度最大的细分市场。

(2) 迎头定位

这是一种与在市场上占据支配地位的，亦即最强的竞争对手“对着干”的定位方式。显然，迎头定位有时会是一种危险的战术，但不少会展企业认为这是一种更能激励自己奋发上进的可行的定位尝试，一旦成功，就会取得巨大的市场优势。

(3) 重新定位

通常是指对销路少、市场反应差的产品进行二次定位。重新定位旨在摆脱困境，重新获得增长与活力。这种困境可能是会展企业决策失误引起的，也可能是对手有力反击或出现新的强有力竞争对手造成的。具体原因如下。

① 企业自身的实力发生变化。企业定位要依据自身的实力，当自身实力发生较大的变化时，往往可以改变经营方式、经营方向或经营策略，从而改变原有的营销组合，这就需要改变市场结构或拓展市场，改变所生产的产品或服务的某些特征，这样其产品和服务对于主要的参展商和观众来说，改变了原有的特征，对于主要参展商和观众的需求的满足方向以及满足程度也有了相应的变化，从而改变了企业在主要参展商和观众心目中的位置，市场再定位的问题就提到日程上来，企业需要依据自身的实力、经营的方向、产品和服务的特征进行再定位。

② 竞争状况发生变化。随着世界各国鼓励发展会展业，展会项目不断丰富，加上展会产品的综合性、异质性等特征的影响，使得会展市场的竞争随着会展供给的不断增加而日趋激烈。同时，市场的竞争状况也在不断变化。会展企业面临变化着的竞争性形势，需要实施再定位策略。竞争状况包括市场占有率、市场定位、市场发展趋势、市场容量、市场潜量、产品的生命周期、竞争手段等。许多企业根据竞争状况的变化实施不同的战略、战术，并相应地改变定位策略。例如，当一个会展企业所提供的展览会在邻近地区同时举办时，市场竞争程度提高时，为了应付竞争，可能会采取降低价格的措施，从而其市场定位由原来的“物有所值”转向“物超所值”。

③ 外在环境变化。当会展企业所处的外在政治、经济、社会、法律、技术等因素发生较大的变化时，会展企业需要根据外在环境变化的程度、变化的发展趋势、对展览业的影响、主要参展商和观众的反应、主要竞争者以及合作单位的反应等状况的分析，进行再定位。

4.3.3 市场定位的层次

市场定位的层次主要是地区、企业、产品和服务定位。

(1) 地区定位

展会项目的主办者包括政府部门、商会、行业协会、公司部门和企业，承办者大多是会展公司、地方政府、经济发展部门、大集团公司、行业协会、媒体、俱乐部和社团等单位。一次展览会的举办能否成功，往往与举办地的办展能力等因素密切相关。参展商在决定是否参展时往往要考虑上述各种因素，分析展会的吸引力以及将给其带来的核心利益。因此，一个国家或地区可以以一个城市、一个地区、一个国家为整体，设计主题鲜明的展览项目，并针对参展商的需求特征采用特定的营销组合策略，形成并逐渐稳固在参展商和专业观众心目中的位置，确立良好的区位形象，推动区域会展业的发展。

区域展会的形象往往是由其参展经历、口碑宣传、大众媒体的报道以及经济、政治、法律、自然、技术等因素决定的，在相当长的一段时间内是很难改变的。若想改变其形象，需要对其经济环境、展会设施、展会气氛、技术、展览项目和服务等作大规模实质性的更换，并配合价格、渠道、促销等营销手段。

(2) 企业定位

会展企业通过建设、维护企业的品牌树立良好的公众形象，在主要参展商和观众的心目中留下较好的印象，然后，开发系列产品和服务，以同一品牌宣传、促销，使主要目标顾客接受同一品牌的产品和服务。在主要目标顾客的心目中，企业就是一个整体，对该企业的所有产品和服务的评价是一致的。因此，会展企业应该从整体的角度实施市场定位策略。

(3) 产品和服务定位

会展企业可以针对特定展会主题或展会服务的某些特征实施定位策略。在具体的实施过程中，要把产品和服务的特征与重要的参展商和顾客寻求的主要利益连接起来。例如，针对一些参展商寻求方便、快捷的特殊利益，可以尽量提供方便的服务，并且以此为特殊形象，加以宣传与促销，有利于开拓这个市场。

4.3.4 市场定位的具体步骤

市场定位的核心是突出会展企业或项目的竞争优势，市场定位的步骤如下。

(1) 明确潜在竞争优势

明确潜在竞争优势一般从目标参展企业、竞争对手和企业自身进行分析，从客观分析中寻找优势。对目标市场进行详尽分析，明确参展企业需求和这些需求已满足到什么程度。竞争对手主要侧重于对其项目特性、项目定位、营销手段及经营情况的分析。

(2) 选择相对竞争优势

将潜在的竞争优势转化为现实的竞争优势是需要条件和成本的。有些潜在竞争优势可能不具备转化成现实竞争优势的条件，有些可能因为转化的成本太高而不值得转化，还有一些可能不适合会展的定位而必须放弃，所以，并不是所有的潜在优势都有价值，必须对它们有所选择，选择那些优于对手、比较经济的相对竞争优势。在比较、选择和审定时，必须注意以下几个问题。

① 差异明显。它是其他同题材会展所不具备的，即或具备，本会展也能以更优越的方式提供。这种优势，就是本会展的核心竞争力，其他同题材会展将很难模仿。

② 感知容易。这种优势对于目标客户来说是极理解和感知的，并且正是他们所期望的一种价值回报。

③ 经济性强。目标客户通过参加本会展获取的利益比通过其他方式要来得优越，他们也愿意为获取该利益而支付有关费用，并且也付得起这种费用。

④ 盈利性好。除将潜在优势转化为现实优势是可行的外，会展机构是有利可图的，这种付出是值得的。

只有具备了上述条件的潜在优势才可列入考虑的范围，否则，就不予以考虑。

在选择相对竞争优势时，常会有过高定位、过低定位、定位混乱的错误。过高定位指导企业传送给参展企业的概念过于狭窄，而过低定位则使会展项目与其他类似项目没有区别，失去特色。定位的混乱指企业给市场传递的信息混乱，没有统一性。

(3) 显示独特竞争优势

显示企业独特竞争优势目的在于把选定的竞争优势通过各种市场推广活动将其深入参展企业的内心。要达到这一目标，需要从三个方面努力。

① 建立与市场定位一致的形象。通过积极主动的联系沟通，将市场定位传递给目标参展企业，引起他们对本企业市场定位的认同、喜爱和偏好，他们才会对本会展项目有效识别。

② 巩固与市场定位一致的形象。这是一个持续的过程，需要企业采取一系列措施，使企业与项目信息不断传递到市场，参展企业对产品的认识也会由浅入深、由表及里、由偏到全。

③ 矫正与市场定位不一致的形象。有时，市场推广促销方案的使用，可能会使参展企业对市场定位的理解出现偏差。如高档会展活动吸收没有相应实力的企业参展，会影响其高档的定位。

4.3.5 品牌定位策略

会展品牌定位策略就是指以会展目标客户需求为导向，拟定的品牌定位方式或方法。会展品牌定位是一项多角度、全方位的系统工程，不仅涵盖了会展的行业和目标客户选择，会展的类型、规模、价格、服务、功能、利益和性价比等方面的确定，而且也包括企业形象、产品形象等的定位。因此会展品牌定位的策略应包括会展市场定位、会展产品定位和品牌形象定位，三者缺一不可。会展产品定位是会展品牌定位的基础，会展市场定位是会展品牌定位的导向，会展品牌形象定位是会展品牌定位的灵魂，三位一体构成了会展品牌定位策略的全部内容。

(1) 会展市场定位——导向

会展企业按行业的特点，在市场细分的基础上确定品牌会展将要进入的目标市场或目标客户群的过程。简言之，就是会展企业对目标市场或目标客户群的选择。会展企业在进行市场定位时，应考虑品牌会展的长远发展，选择那些有发展前景的、能充分发挥企业自身优势的目标市场或目标客户群。具体定位方式有会展市场类别定位、目标客户定位等。

① 市场类别定位。就是会展企业按市场划分的标准对会展市场进行分类选择。根据不同划分标准，会展可分为不同的类别。从覆盖面分，会展可分为国内会展和国际会展；从内容上看，会展可分为综合性会展和专业性会展。

会展企业是定位综合会展，还是专业会展；是国内会展，还是国际会展，主要视企业的规模、经济实力、发展战略和会展所服务的行业的特点等而定。一般而言，定位国内会展市场或专业会展市场，往往是一些小型会展企业、处于发展初期阶段的会展企业或初次进入某目标市场的大型国际会展企业的选择；而定位国际会展或综合会展市场，则是正在走向成熟或已发展成熟的大型综合会展企业的选择。

② 目标客户定位。会展目标客户定位又称使用者定位，就是对参加会展的目标客户群的一种选择，主要包括参展商、参展观众或参会者的地域、行业、质量和数量的确定。会展品牌定位必须以目标客户需求为导向，没有相当数量的忠实客户作支撑，就不可能有品牌定位，因此，目标客户定位是会展品牌定位策略的一项重要策略。

会展的终极服务对象是参展商、参展观众或参会者，因此会展企业在进行品牌定位时，要对他们进行客观分析，充分了解和掌握他们的消费取向，以他们满意为根本，使之成为本会展品牌的忠诚客户。

(2) 会展产品定位——基础

会展产品定位就是给产品在会展市场上确定一个适当的位置。产品定位是品牌定位的支撑，是塑造会展品牌的基础，没有准确的产品定位，品牌定位将成为无源之水，无本之末。会展产品定位的具体方式主要包括服务定位、规模定位、特色定位、利益定位、功能定位、价格定位、性价比定位、展品定位、会展城市或场馆定位、时间定位等。

① 服务定位。就是对会展服务水准的选择，主要包括会展前、会展中、会展后所提供的一系列服务项目和内容，以及制定的相应服务标准。会展企业对服务的定位应根据自身实力而定，不能盲目攀比，为吸引目标客户而把服务标准定得过高，以至于因达不到承诺的服务标准而降低在客户心目中的可信度，这是服务定位的最大忌讳。

② 规模定位。就是确定会展展出面积、参展商和观众的数量或参会人数的总量。一般来说，会展规模定位应根据会展所属行业的特点、客户和观众数量、场馆大小等因素综合考虑来确定。

③ 特色定位。就是根据会展所具有的某一项或几项鲜明的特色来定位。用来定位的会展的特色应是参展商和观众或参会者所重视的，并且是他们感觉得到的，并且是能给他们带来某些利益的。

④ 利益定位。就是直接将会展能带给参展商和观众或参会者的主要利益来定位。与特色定位一样，用来定位的“利益”可以是一项或者多项。

⑤ 功能定位。根据会展的主要功能来定位。会展具有展示、交易、信息、发布、交流和寻求代理商等诸多功能，若本会展在一项或几项功能方面优势明显，又符合会展题材所在产业的需要，就可以用它们来定位。

⑥ 价格定位。就是按展位价格或会务价格给会展产品定位。对于不同的会展，价格定位的侧重点应有所不同，对于贸易展，重点应在于确定展位费，而对于消费展，除了展位费外，门票的价格也是一个重点考虑因素。

⑦ 性价比定位。就是按会展产品品质价格的对比关系来定位。如，将会展品牌定位为“高品质高价格”、“高品质中价格”、“低品质低价格”等。

除了上述几种产品定位方式外，还有展品定位、会展城市或场馆定位、时间定位等。

(3) 品牌形象定位——灵魂

会展品牌形象定位就是从传播的角度对品牌形象的描述，以提升目标客户对品牌的准确认知，从而形成品牌联想，提高其忠诚度。品牌形象定位的方式主要包括产品形象定位、企业形象定位、文化形象定位和比附形象定位等。

① 产品形象定位。就是通过对会展的差异化和个性化特征的描述而设定的会展产品形象，它是会展内外在形象的统一体。就外在形象而言，它主要通过会展名称、标识和商标来表现的；就内在形象而言，它主要是通过产品质量和提供的服务来表现的。

② 企业形象定位。企业形象是指会展企业整体形象在社会公众心目中的地位、感受和评价，以产品形象作支撑。企业形象定位就是对会展企业整体形象所作的界定。要准确地进行企业形象定位，必须把握好会展的行业特征和本企业的特质。行业特征是会展企业形象的外在属性，是确定企业形象的基础；企业特质是确定企业形象的内在属性，它是决定企业形象定位的根本。因此，在运作中要正确外理好两者之间的关系。

③ 文化形象定位。就是将普通的会展品牌升华为情感象征物，以获得客户心理认同和情感共鸣，使品牌形象根植于客户的脑海中，达到稳固和扩大市场目的的一种定位方式。如大连国际服装节从 1988 年至今已成功举办 19 届，现已成为引领世界服饰潮流、弘扬服饰文化的大型节庆活动，国人只要一谈到服装节，言必称大连国际服装节。这就是一个成功的文

化形象定位的经典之作。

④ 比附形象定位。又称比附定位或反衬定位，就是以客户所熟知的会展品牌形象作比照，反衬出会展企业自身品牌的特殊地位与形象的做法。就其实质而言，它是一种借势定位。借背景（作参照物或比附对象的品牌）之势，烘托自身品牌形象。比照的对象主要是指那些在本行业具有领先地位的会展。如湖南长沙橘子世界城市论坛的定位为“世界的橘子洲，中国的达沃斯”，就是典型的会展比附形象定位。

本章小结

会展市场细分是会展企业按照参展企业和目标观众在需要、爱好、购买动机、购买行为、购买能力等方面的差别或差异，运用系统方法把整体市场划分为两个以上不同类型的参展群体，再把每种需要或愿望大体相同的参展者，细分为以参展者群体标志的“子市场”的一系列求同存异的方法和过程。会展企业细分市场的标准可以归纳为地理变量、参展企业类型、参展目标、人口统计特征等因素。

会展目标市场是会展企业营销活动所要满足的市场，是会展企业为实现预期目标而要进入的市场。会展企业的一切活动都是围绕目标市场进行的。会展目标市场选择是指估计每个细分市场的吸引程度，并选择进入一个或若干个细分市场的过程。在市场细分的基础上，根据会展企业的经营目标和经营能力，选择有利的细分市场作为会展企业营销的目标市场。选择和确定目标市场，明确会展企业的具体服务对象，关系到企业任务、企业目标的落实，是会展企业制定营销战略的首要内容和基本出发点。会展企业选择的目标模式不同，营销策略也不一样。归纳起来，有三种不同的目标市场选择策略可供企业选择：无差异营销、差异性营销、集中性营销。会展企业究竟应当采用上述哪一种目标市场策略，取决于会展市场营销宏观环境、会展企业自身实力条件、会展项目或服务特点、会展市场需求状况、会展项目生命周期、会展市场竞争状况等多方面的条件。

会展市场定位是对会展企业的会展产品或服务和企业形象进行设计，从而使其能在目标市场中占有一个独特位置的行为。会展市场定位的三个层次主要是地区、企业、产品和服务定位。会展品牌定位策略就是指以会展目标客户需求为导向，拟定的品牌定位方式或方法。会展品牌定位是一项多角度、全方位的系统工程，不仅涵盖了会展的行业和目标客户选择，会展的类型、规模、价格、服务、功能、利益和性价比等方面的确定，而且也包括企业形象、产品形象等的定位。会展产品定位是会展品牌定位的基础，会展市场定位是会展品牌定位的导向，会展品牌形象定位是会展品牌定位的灵魂，三位一体构成了会展品牌定位策略的全部内容。

复习与思考

1. 细分会展市场的细分依据有哪些？这些细分依据是否足够，能否举出一个会展项目，它在进行市场细分时，需要使用某些特殊的细分依据？

2. 会展市场有效细分的条件主要有哪些？试列举说明。

3. 简述会展市场细分的步骤具体有哪些？

4. 一个会展企业计划进入中国会展市场，你作为市场负责人，要制定一个全面的营销计划，你已考虑用无差异营销策略、差异性营销策略、集中性营销策略这几种备选方案。请写出每一种策略的优缺点以及选择依据。

5. 请简述会展市场定位的含义，市场定位的方式有哪些？

案例分析：杭州会展业何去何从?

1. 杭州会展业发展概况

2000年以来，杭州以举办西博会为抓手，带动会展业发展。“十五”前两年，展览业处于“上半年冷、下半年热”的状况，全市年展览总面积不足55万平方米。到“十五”中期，展览业发展趋于基本均衡，展出总面积年均递增20%左右。2006年杭州市全年共举办展会238个，展出总面积突破100万平方米，办展直接收入1.19亿元，总量位居全省前列，其中面积在1万平方米以上的展览有21个，冠有“国际”名称的30个，外地来杭举办展览9个。农林业类、加工制造类、服务业类等专业性展会数量明显上升，专业化、国际化水平逐步提高。培育了诸如“浙江国际家用纺织品展”、“中国国际丝绸博览会”、“中国国际妇幼婴童产业博览会”、“杭州国际汽车工作博览会”、“浙江国际自行车、电动车展览会”、“浙江国际家具展览会”、“西湖艺术博览会”等紧密结合浙江优势产业和文化特色的专业性展会。

会议业进入快速发展期。随着杭州城市环境改善和经济快速发展，尤其是实施旅游西进发展战略和西湖综合保护工程后，杭州市办会环境不断优化，先后承办了有重大影响的世界华商大会、世界佛教论坛、中国投资环境论坛、国际茶业大会、国际基因组学大会等一批大型国际性会议。据市旅委对来杭游客的抽样调查，2006年杭州市接待的游客中，商务会议旅游比重已达到23.5%。2006年杭州会展业协会所属7家宾馆饭店（世贸大酒店、黄龙饭店、花港饭店、维景大酒店、新侨饭店、望湖饭店、第一世界大酒店）共承接各类会议4027个，共接待参会代表21.7万人，实现营业收入1.3亿元。

节庆文化活动得到蓬勃发展。依托城市文化特色，培育了一批像国际烟花大会、玫瑰婚典、美食节、观潮节、杨梅节、吴山庙会、丝绸时尚节、茶文化博览会等具有浓郁地方特色的旅游与文化节庆活动品牌，其中烟花大会参与人数突破百万。节庆活动快速增长，丰富了群众文化生活，同时也形成了杭州的节庆旅游产品。

2. 场馆建设以及会展企业概况

由于市场需求的快速增长，吸引了社会资金对会展设施的投入。目前，杭州市拥有4个专业性展览场馆（世贸中心、和平会展中心、杭州国际会展中心、浙江展览馆），已建室内展览面积近10.4万平方米，可提供5000个国际标准展位。2004年后，杭州市新建宾馆饭店大都建设配备有规模较大、设施较全的会议室，现拥有最大容量在800人以上、符合国际标准的会场。此外，还有省人民大会堂、浙江图书馆、杭州工人文化宫、浙江科技馆以及浙江大学永谦活动中心、邵逸夫科技馆、邵逸夫科学馆等中小型会展场所。杭州市现拥有星级宾馆241家，客房30321间，床位56850张，可为大型会展活动提供相应配套。

按照市场运作要求，基本形成项目策划、展馆管理、设计布展、设备租赁等相配套的专业队伍。杭州现有独立办展、办会的专业会展公司有50余家，其他从事会展相关配套服务企业，如场馆单位、策划与广告公司、展览设计施工公司、设备租赁公司等有200余家，从业人员上万人，注册资金在1000万以上有两家，50万以上10余家。

3. 存在的问题

杭州市会展业总体上仍处于产业初创阶段，与国内外会展发达城市相比有明显差距。

① 有影响力的会展项目不多。杭州的会展业整体品牌在国内外的影响力还不大，多数项目处于品牌初创期和培育期，知名度不高，规模小。许多会展企业规模较小、实力较弱，难以独立承办大型的、有影响力的会展活动。

② 会展基础设施不完善、不配套。杭州会展场馆设施在规模、档次、设施配套方面与

周边城市相比明显落后。杭州国际会议展览中心内部设施不到位，致使利用率低，现已转为汽车汽配市场。杭州和平国际会展中心展区建设标准不高，三层已改作商务出租和开餐馆，展览功能退化。浙江世贸中心、浙江展览馆面积小，内部展区布局不合理，只能举办小型展览。目前，我市展览的数量和规模平均每年以20%速度递增，而实际可供同时使用的展览面积反而下降。截止2006年底已下降为3.4万平方米。

会议方面，缺乏按国际标准设计和配套的会议厅，难以满足承办2000人以上大型国际会议的需要。活动方面，一些大型活动因为缺少固定的专门场地，而难以作为专项旅游产品对外推广。

③ 社会化运作机制不够健全。党政机关直接运作项目较多，同时又缺乏有效的市场管理手段。会展行业协会的职能尚未充分发挥。会展企业策划水平不高、市场开拓能力较弱。

④ 国际化程度较低。目前，杭州市有能力到国外办展、组展的企业很少，利用外资的工作尚未起步，会展业的国际化合作程度低。国际性展览偏少、偏小，境外展位数和客商比重不高，国际性会议档次偏低、规模偏小，节庆活动的国际影响力较弱。

4. 面临的主要挑战

① 国内竞争加剧。随着我国在国际经济贸易所占份额增长，加速了跨国公司和国外会展企业进入中国市场，将进一步增强上海、北京、广州等中心城市对国内外会展资源的吸引力。特别是杭州毗邻上海，受上海信息、资金、技术等要素集聚影响较大，会展活动对专业客商吸引力不足。长三角其他周边城市如南京、苏州等近年来也加大会展业投入，对杭州市形成了有力的竞争态势。

② 省内竞争激烈。省内宁波、义乌、温州近年来依托本地产业优势，通过规划引导、政策跟进、硬件建设、资源争夺，并得到国家有关部委和省政府支持，会展业发展迅速，对杭州形成了有力挑战。

③ 制约因素明显。杭州市会展设施不完善、不配套，瓶颈制约明显，客观上造成一批规模大、档次高、国际性的会展活动难以进入，也影响了自身对大型会展项目的培育，行业整体水平无法进一步得到提高。同时，项目多而不精、品牌不足、国际化程度低、企业小而不大、策划水平不高、市场运作能力弱等问题，也对未来发展产生了约束。

5. 未来发展的各家之言

“在杭州开会，观光、商务、休闲一样都不落下。”杭州市休博办副主任郭初民提出的“会展+休闲”的模式成了关注的热点。在杭州举办大型会展，应该有休闲旅游活动参与其中，同时一系列的旅游线路、交通服务都尽量融入到会展活动中来。让会展体现休闲的特色，利用杭州打造东方休闲之都的资源优势，把杭州从观光游一枝独秀向观光游、会展游、休闲游三位一体转变。

然而，目前国内提出建设国家级或区域性会展中心的城市不少于30个，在新一轮竞争中，杭州能否有胜出的把握？“在长三角会展经济带，大型会展第一选择会去上海，杭州应该怎么发展？”面对杭州市红火的展会经济，专家也提出了自己忧虑。

对此，浙江大学旅游科学研究院副院长潘立勇指出“错位发展”是杭州会展业必走之路。在他眼里，杭州城特有的休闲文化氛围决定了精致的专业性展会更适合杭州。浙江大学人文学院副教授何春晖更是形象地把上海称为长三角会展经济带的“龙头”，他说：“会展大了未必好，杭州体现出区别于上海的特色，甘做龙尾一样能出彩。而正在举行的休博会便是体现杭州特色会展的最佳载体。”专家的思想交锋，观点对撞，但是杭州会展业到底应该何去何从？

资料来源：http://www.xh-expo.com/expo/；http://hz.topcce.com/

讨论题

1. 请以杭州会展市场为例，分析会展企业如何运用会展市场细分依据进行市场细分？
2. 杭州如何在分析自身优劣势的基础上，对该市的会展业进行准确的市场定位？

参 考 文 献

[1] 纪宝成主编. 市场营销学教程. 北京：中国人民大学出版社，2004.
[2] 毛金凤，韩福文主编. 会展营销. 北京：机械工业出版社，2006.
[3] 刘松萍，梁文编著. 会展市场营销. 北京：中国商务出版社，2004.
[4] 赵春霞主编. 会展概论. 北京：对外经济贸易大学出版社，2007.
[5] 刘松萍主编. 会展营销与策划. 北京：首都经济贸易大学出版社，2006.
[6] [美] 科特勒，凯勒著. 营销管理. 第12版. 梅清豪译. 上海：上海人民出版社，2006.
[7] 加里·阿姆斯特朗，科特勒著. 科特勒市场营销教程. 第6版. 俞利军译. 北京：华夏出版社，2004.

5 会展营销组合策略

学习目标

学完本章，你应该能够：

1. 了解会展产品策略；
2. 熟悉会展产品定价策略；
3. 熟悉会展分销渠道策略；
4. 了解会展促销策略。

基本概念

会展产品　会展产品品牌　会展分销渠道　会展促销

5.1 会展产品策略

会展产品开发策略有哪些?

会展产品是会展营销的基础。从人们最直观的感受来说，会展产品至少包括会展的有形产品和无形产品，但是，会展产品的内涵却不止于此。

5.1.1 会展产品的概念及其特征

(1) 会展产品的概念

会展产品是一个整体概念，是指能够提供给会展市场以满足需要和欲望的任何东西。是宣传、会议、陈列、商品交易、物流、饮食、住宿、交通、游览、售后服务等一系列有形产品和无形服务的综合。可用五个层次来表述会展产品整体概念。

① 核心利益层次。核心利益是会展产品最基本的层次。它是指向顾客提供基本的效用或利益。在这个层次，会展企业为顾客提供交易、展示的机会和会展经历，这是顾客在会展过程中得到的核心收益，也是其参加会展的首要目的。

② 基础产品层次。基础产品是核心利益借以实现的形式，是会展企业向顾客提供的会展产品实体和服务的外观。在这个层次，会展企业为顾客提供场地、展位、座位、装饰、餐饮、纪念品等实物形式的产品，相应地，顾客得到的是享受这些实物带来的有形收益。基础产品有五个基本特征，即质量、特色、款式、品牌和包装。

③ 期望产品层次。期望产品是顾客在购买会展产品时期望的一整套属性和条件。

④ 附加产品层次。附加产品是指会展产品包含的附加服务和利益。在这个层次，会展企业为顾客提供娱乐、表演、休闲、旅游、住宿、交通、停车场及其他服务（如金融、保险），还提供与各种类型和身份的来宾打交道和进行社交的机会，这些是顾客参加会展得到

的引申收益。

⑤ 潜在产品层次。潜在产品是指会展产品最终可能的所有增加和改变。

(2) 会展产品的特征

会展产品的核心是服务，具有明显的综合性、异质性、无形性、不可分割性、不可储存性。

① 会展产品的综合性。会展活动是一种综合性的社会、经济、文化活动，要满足多种行业的顾客的多种需求，这就决定了会展产品的内涵和形式的丰富性。虽然顾客购买的只是一种会展项目，但整个活动过程中需要餐饮、住宿、交通、公关等多个环节的衔接和配合，才能构成一种严格意义上的会展产品。因此会展产品的作用首先表现在它是各种会展设施、交通设施、住宿餐饮设施、娱乐设施以及各项服务组成的混合性产品。其次表现在为会展业提供会展产品的部门和行业的涉及面广，包括商业部门、交通运输部门、餐饮业、娱乐业、游览景点、旅行社业、银行、海关、邮电等众多部门和行业。

② 会展产品的异质性。会展产品的核心部分是服务，而会展产品的质量评价往往具有很强的主观性，对于大多数具有不同社会文化背景和兴趣爱好的会展顾客而言，个性化很强的针对性服务更能满足其需求，因此，会展产品具有异质性的特点。

③ 会展产品的无形性。会展产品是一种服务性产品，它必须依托一定实物形态的资源与设施为顾客提供各种服务。会展产品的价值不是凝结在具体的实物上，而是凝结在无形的会展服务中。会展产品的消费者只有在享受整体会展服务时才能感觉到会展产品的质量。

④ 会展产品的不可分割性。会展产品具有生产与消费高度同一性的特点，会展产品的生产过程同时也就是顾客对会展产品的消费过程，两者在时空上不可分割，是一种互动的关系。只有当参与者购买它并在现场消费时，会展产品的使用价值才能实现。

⑤ 会展产品的不可储存性。会展服务的生产与消费是同一的，这就决定了会展产品具有不可储存性。会展企业所提供的服务是即时性消费的，如果参加会展的人员多，可能会出现供不应求的局面，会展企业所提供的服务也有可能因为设备、人员等方面的不足而出现速度、质量等方面的缺陷，反之，则可能供过于求的局面。因此，有必要树立服务营销观念，采取灵活定价、提高人员素质和服务的能力、鼓励顾客在一定条件下进行自我服务，从而减少供求波动的不利影响。

5.1.2 会展产品开发策略

(1) 以顾客为中心开发会展产品的五个层面

会展产品开发即设计整体会展产品各层次内容。整体会展产品包括核心利益、基础产品、期望产品、附加产品、潜在产品五大层面。其中核心利益是最基础的层次，其他各层次皆以核心利益层次为基础。因此会展产品开发的具体工作即演化为就上述5大层面进行设计。

在会展产品开发中，应该全面导入顾客视野重新审视会展产品开发思路即选择必要的顾客相关视角从不同层面探究会展产品开发问题。本章主要从三个视角来进行研究：顾客需要层次理论、顾客让渡价值理论、顾客知觉相关理论。

(2) 以顾客为导向优化会展产品开发流程

1) 围绕需要域开发整体会展产品　围绕需要域开发整体会展产品即企业设计整体会展产品时，以顾客多重需要为基础。顾客就某种会展产品产生的需要是围绕主导需要形成的多种需要集合，这些需要分别影响会展产品的不同层次，相应地制定会展产品策略时，应根据这些需要分别设计各层次会展产品。

① 确定顾客追求的核心利益。会展产品其他层次都是以核心利益层次为基础逐步演化而成。企业可根据顾客主导需要确定顾客追求的核心利益。利益与需要是互补的，需要是顾客感到缺乏的一种状态，利益是顾客消除缺乏状态解除紧张度的必需物。有需要就有与此相对的顾客追逐利益，因此与主导需要相对应的利益即为核心利益，确定顾客主导需要则转化为确定顾客追求的核心利益，其方法是对顾客进行深入的调研。

② 会展产品基础层面设计应根据企业拥有资源选择适合的核心利益具体化途径。通常核心利益具体化方式多样，但结合顾客价值因素，企业必须选择耗费最小资源产生价值最大化会展产品的途径。

③ 期望会展产品层次设计应能使与相关需要对应的顾客利益有形化。即根据顾客相关需要设计以便让顾客更容易、更方便地享受核心利益。例如参展商参展，可能希望办展机构提供良好的餐饮、住宿、交通等配套服务，这些需要非参展商主导需要，属相关需要，是为了更好地使需要得以满足才产生的。

④ 以非相关需要为基础开发会展产品的附加层次增加会展产品附加利益。非相关需要指与主导需要同时激发但并非为使主导需要更容易得到满足而产生的那些需要。为会展产品添加满足非相关需要的附加层次能够合并顾客支付的时间、体力、风险等成本，同时在不过多增加顾客货币成本前提下直接增进顾客收益、增强会展产品竞争力。

⑤ 会展企业暂时无法满足的顾客需要，可设计为潜在会展产品层次。这将有助于明确会展产品未来的发展方向。

2）动态调整会展产品内容提升顾客让渡价值　整体会展产品各层次初步确定后还需重新调整，这是因为以顾客多重需要为中心会过于关注顾客需要忽略顾客需求，即无视顾客愿意为获取会展产品支付的成本。如果某种会展产品组合需要顾客支付高价资源，通常会加大顾客成本导致交易失败。结合顾客让渡价值理论，企业重组会展产品可从两方面着手，一是降低顾客成本，二是增进顾客收益，二者均有助于会展产品增值。

① 降低顾客成本提升会展产品价值。降低顾客成本提升会展产品价值即保持顾客总收益不变前提下减少顾客总成本。鉴于顾客参与会展产品生产过程，重组会展产品开发流程中顾客参与环节可减少顾客在此过程中必然耗费的时间、体力、精力、机会、风险等成本成为降低顾客成本的有效途径。

首先，可剥离会展产品开发过程中仅耗费顾客时间、精力等资源而不带来任何收益的前台活动让其转入后台服务。如参展商现场报名注册耗费的时间、精力成本等就属于既不能增加其收益，也不能为会展企业带来收益的成本。

其次，可削减顾客高价成本。这是指通过改变、减少或取消一些会展企业活动或顾客活动，从而让顾客保留他们不愿意支付的资源，达到降低顾客成本的目的。时间、金钱、精力、机会等都是顾客拥有资源，不同顾客拥有的资源类型或数量不同，相应地顾客为同样的资源所做的估价就不一致，会展企业在保持核心利益和基础服务层次不变的前提下，可根据顾客特征，开发不同种类的期望产品和附加服务。当然也可以开发介于二者之间的会展产品。上述情形下会展企业收益依然可得到保证，成本并未增加，但顾客成本降低了、服务价值提升了，因而产品竞争力更加强大。

最后，可改善顾客重视的已有会展产品。会展企业已经开发的会展产品如果无法充分满足顾客需要，则存在改善余地。相当多的会展企业存在改善会展产品的必要，即使世界著名的会展企业也不例外。

② 扩展顾客收益提升顾客价值。改变会展产品开发过程中仅耗费顾客成本又无法转入后台的前台活动是扩展顾客收益的好方法。但并非所有的前台服务均可转入后台，顾客想获得希望的会展产品有时候难免等待，如观众等待进入展厅参观，因此，适当增加期望层次或附加层次会展产品的内容，充分利用顾客等待时间让顾客获取与核心服务相关的服务，体验、收益或者为顾客获取核心利益提供方便有助于降低顾客成本。比如，可以在观众等候区播放展会介绍、活动安排等，可以把顾客因等待耗费的成本转化为获取扩展会展服务的必需支出，既帮助顾客在等待过程获取与核心会展产品相关的新收益，又可避免精神成本产生。

3）维护顾客心情增加顾客认知价值　让顾客正确感知甚至高估会展产品价值是会展产品整体产品设计时必须考虑的问题，即会展产品开发时应在会展产品中添加告知会展服务与愉悦的会展服务环节以维护顾客心情。

增加告知环节指事先告知顾客已规划好的会展产品开发过程，让顾客对过程如何展开做到心中有数，尤其应当把顾客重视的环节详细告诉顾客，以防顾客因无助产生焦虑感，从而低估会展产品价值。

让顾客愉悦指在开发会展整体产品时应关注顾客接触会展产品的各点，加入能让顾客愉悦的因素。比如会展产品开发的环境、人员、品牌风格、活动本身等都是顾客能够接触到的服务要素，在开发设计这些要素时，不仅应按照顾客功能需要选择，也应充分考虑顾客情绪因素选择容易激发积极情绪的因素。

5.1.3　会展产品组合策略

（1）会展产品组合类型

会展产品组合的类型，主要包括内容组合形式和地域组合形式。

① 地域组合形式。地域组合形式的会展产品组合主要是由跨越一定地域空间、产品特色突出、地域性较大的若干个会展产品构成的。这种组合产品具有内容丰富、强调地域间的反差等特色。

② 内容组合形式。内容组合形式的会展产品组合，是根据会展活动的主题选择会展产品而构成的。它可分为综合型与专业型组合产品。主题的选择是会展企业开发设计内容组合形式的关键。

（2）会展产品的组合策略

1）扩大会展产品组合策略　即增加会展产品组合的宽度和深度，也就是增加会展产品项目，扩展经营范围，开发经营更多的会展产品以满足市场需要。这种策略有助于会展企业扩大经营范围，实行多元化经营，充分利用机构资源，提高经济效益。采取该策略的条件如下。

① 会展产品系列之间的关联度要强，否则，会加大会展企业的经营风险。

② 会展企业应该明确和突出主打会展产品的优势。

③ 会展企业应该有步骤、分阶段地加宽会展产品组合的广度，否则会造成企业资源紧张。

2）缩减会展产品组合策略　即缩减会展产品组合广度、深度的一种策略。这一策略可以减少会展企业资源的占用，提高资源的利用率，同时，实现会展生产专业化，淘汰已过时的产品。采取该策略的条件如下。

① 会展企业的产品处于饱和或激烈的市场竞争状态。为有效地利用资源，可放弃一些获利较小的产品系列，降低成本。

② 会展企业追求专业化经营。集中资源经营会展产品系列，有助于突出其经营、优势，树立良好的市场形象。

3）改进会展产品组合策略　即改进现有会展产品，发展组合深度的策略。该策略可增加会展细分市场，吸引更多的顾客，提高产品的质量。

5.1.4　会展产品品牌策略

会展产品品牌是指用以识别某会展产品的名称、术语、标记、符号或图案或它们的组合。会展商标不等于会展品牌。

（1）会展品牌的标准

从国外的成功展会来看，树立品牌会展的基础要素主要有以下几个。

① 权威协会和行业代表的强力支持。会展企业能得到权威行业协会和该行业内主要代表的支持和合作，无疑就增加了该展会的商誉和可信度，使之规模不断扩大，并带来巨大的宣传效果和影响力。例如，中国国际纺织机械展览会，有中国纺织工业协会、中国贸促会、中国贸促会纺织行业分会、中国展览集团、中国纺织机械协会、知名国际展览专业公司——欧洲纺机协会，以及权威媒体——中国纺织报等的全力支持，以及国际展览联盟的认可。

② 代表行业的发展方向，具有较高的知名度。代表行业的发展方向是品牌化的重要标志，它体现了会展的专业性和前瞻性，展会在一定的区域内有较高的知名度和较强的影响力，会普遍得到业内的承认和肯定。

③ 较好的规模效应。品牌会展能吸引众多参展商、专业观众的参与，具备相当的层次规模效应。

④ 提供专业的会展服务和完善的功能。从市场调研、主题选择、寻求合作、宣传推广、招展招商、活动安排、现场气氛营造，甚至文件、信函的格式化和标准化，都具备较高的专业水平和完善的功能。

⑤ 配合强势的媒体。新闻媒体宣传是塑造品牌的一个重要环节。例如会展公司 Miller Freeman 和 Reed 集团同时都经营着世界上著名的商业出版社。

⑥ 获得 UFI 的资格认可。展会要想获得 UFI 认证，其规模、历史、服务、质量、知名度等皆要求达到一定的标准，因此获得其认证是会展品牌的重要标志。

⑦ 坚持长期的品牌战略。要有长远眼光，敢投资、敢担风险、精心呵护、耐心培育，从短期的价格竞争转向谋取附加值、谋取无形资产的长期竞争，用先进的品牌营销策略与品牌管理技术抢占会展市场的制高点。

（2）会展产品品牌策略

品牌是强化会展产品差异化的有力手段，是会展企业凸现竞争优势的关键环节；品牌是会展消费者风险的减速器，有助于发展会展企业与顾客的牢固关系；品牌是提高会展产品附加值的利器，能给会展企业带来可观的经济效益；品牌是会展企业开展国际化经营的旗帜，是提高我国会展竞争力的法宝。

1）制定会展产品品牌战略　树立会展品牌观念，规划与设计会展产品，制定和实施会展品牌计划。

2）选择适合的会展产品品牌策略　会展企业可以在统一品牌与个别品牌之间做选择。

统一品牌策略是会展企业所有产品均使用一种品牌。其优点：节省每次推出新产品的促销费用；充分显示出企业经营产品品类齐全的实力。其缺点：如果一次推出的新产品不成功，有可能影响整个企业声誉；如果企业经营多种在性能、品质、价格档次上相差甚远的产品，用同一品牌会模糊产品形象。

个别品牌策略是指会展企业为每种不同的产品规定不同的品牌。其优点：能更贴切地表现产品特征；尽管每次推出新产品的费用多、风险大，但如果新产品在市场上销路不畅，不会影响原产品的品牌声誉；有助于帮助消费者识别产品。

3）提升会展产品品牌质量　会展品牌质量策略包括以下内容。

① 决定会展产品品牌的最初质量水平。低质量、一般质量、高质量和优质质量。一般来说，会展企业的盈利能力、投资收益率将随着品牌质量的提高而提高，但不会成正比例上升，而是呈现边际收益递减的规律。因此，会展企业必须在比较成本和收益的基础上，确定会展产品的最佳质量水平。

② 决定如何管理会展产品品牌质量。有三种策略：提高品牌质量，以提高竞争能力和市场占有率；保持品牌质量，以固守原有的市场并保持稳定的收益；逐步降低某些品牌的质量，以淘汰该产品或避免亏损。

4）拓展会展产品品牌的影响力　不断创建会展产品品牌形象的展示平台，建立特定市场范围内的品牌知名度，提升消费者对品牌的认知水平，给品牌带来潜在的、长远的利益。

会展产品品牌应以时间、空间、价值三方面拓展其影响力。

时间是指品牌的影响力随着时间的延续而不断扩张。一般来说展会延续时间越长，则参展商与参观商之间的交流就越充分，展会的效果就越显著。国外的展会延续时间大约有十来天，而我国的展会往往只有三五天时间，这对于会展品牌影响力的拓展是远远不够的。

空间指品牌在地域上的扩张。德国汉诺威展览公司就通过在上海举办的汉诺威办公自动化展（Cebll），成功地迈出了世界性扩张的第一步。

价值则指品牌作为会展企业的无形资产，其经济价值的含量是可以增加的，品牌价值的提升实际上也是为会展业品牌在时间上和空间上的拓展创造条件。

【案例 5-1】　北京饭店金色宴会大厅举办的车展

2002 年 12 月 23 日，在北京饭店金色宴会大厅，五辆刚刚下线的北京现代汽车有限公司生产的“索娜塔”高级轿车被分别放在五个站台上，其豪华典雅的造型和眩目的色彩吸引了 400 多位嘉宾。

一时间，北京饭店这座充满浓郁民族特色的大厅与代表当今最现代、最时尚的车展达到了最完美的和谐统一。为使这次车展办得圆满成功，北京饭店餐饮预订部等有关部门与主办公司积极配合，不仅给客户提供场地的相关资料和数据，而且还为客户提出许多合理化建议，使客户感到了高效便捷的服务。为解决参展汽车开进宴会厅这一难题，北京饭店毅然拆除、改装了 C 座大门，实际上与车宽只相差几厘米的空间，然而，饭店认为，这两座大门的拓展不仅满足了现代车展的需要，更是向今后的会展市场敞开了大门。

资料来源：《饭店会展产品开发与经营》

5.2 会展产品定价策略

如何进行会展产品定价?

在会展企业经营中，价格决策同样是一个重要的问题，因为价格决定了会展企业的收益，同时影响着企业在市场中的竞争地位。

会展产品的核心是服务，其定价不同于一般的有形实物产品的定价。必须考虑会展产品的特点、市场需求状况及市场竞争环境等多种因素，结合实际情况采用各种不同的定价策略。

5.2.1 会展产品定价的影响因素

对会展产品定价时要考虑许多因素。这些因素主要分为两种类型，一种是可控因素，即人员在定价时有能力控制的因素，包括会展企业的经营战略、会展企业的经营成本、会展企业的目标利润水平、会展产品质量特征等；另一类是不可控因素，即指那些对会展企业的价格制定有影响，但人员又无法控制的因素，包括会展市场需求、会展市场供给、会展行业竞争力、会展发展环境等。

(1) 定价目标

指会展企业通过制定特定水平的价格，凭借价格产生的效用达到的预期目的。

定价目标包括以下内容。

① 维持生存。如果会展企业开发过剩或面临激烈的竞争，或试图改变消费者需求，则把维持生存作为主要目标。只要其价格能够弥补可变成本和一些固定成本，会展企业的生存便可得以维持。

② 当期利润最大化。这一目标的侧重点是短期内获得最大利润和投资回报率。

这种定价的前提是：会展企业的开发水平和产品质量是在市场上居领先地位；同行业中竞争对手的力量较弱；会展产品供不应求。

③ 市场占有率最大化。这一目标的着眼点是在于追求长期利润，取得控制市场的地位。一般来说，高市场占有率往往有高盈利率；提高会展企业市场占有率比短期高盈利意义更为深远；以低价打入市场，逐步占领市场，易于形成会展企业长期控制市场和价格的垄断能力。

④ 产品质量最优化。不同品质的会展产品满足了顾客对会展产品需求的多样化需求，这种优质高价的会展产品也是一种营销策略，只要让顾客能感到“物有所值”，就能稳定地拥有这一市场份额。

(2) 市场需求

市场需求状况与价格密切相关。

1) 需求价格弹性（EP） 指因价格变动而引起的需求相应的变动率，反映需求变动对价格变动的敏感程度，用 EP 表示。

$$EP = \text{需求量变动百分比}/\text{价格变动百分比}$$

定价时考虑需求价格弹性的意义在于，不同会展产品具有不同的需求价格弹性，从其弹性的强弱角度决定会展企业的价格决策。主要分为三种类型。

① $EP=1$。反映需求量是与价格等比例变化。

这类会展产品，价格的上升（下降）会引起需求量等比例地减少（增加）。因此，价格变化对销售收入影响不大。定价时，可选择通行的市场价格，并将其市场营销措施作为提高盈利的主要手段。

② $EP>1$。反映需求量的相应变化大于价格自身的变化。

这类会展产品，价格的上升（下降）会引起需求量较大幅度地减少（增加），称为需求弹性大或富于弹性的需求，定价时应通过降低价格、薄利多销达到增加盈利的目的，否则会影响企业收入。

③ $EP<1$。反映需求量的相应变化小于价格自身的变化。

这类会展产品，价格的上升（下降）会引起需求量较小幅度地减少（增加），称为需求弹性小或缺乏弹性的需求；定价时，较高水平的价格往往会增加盈利，低价对需求量刺激不够，反而会降低收入水平。

2）需求收入弹性（EY） 指因收入变动而引起的需求量的相应变动率，反映需求量的变动对收入变动的敏感程度。用 EY 表示，需求量与收入二者一般成正比关系。

$$EY=\text{需求量的变动百分比}/\text{收入变动百分比}$$

定价时，考虑收入弹性有重要意义。定价与收入弹性的相互关系，企业可以此厚利与多销双收。

3）需求交叉弹性（$EBPA$） 指因一种产品价格变动而引起的其他相关商品需求量的相应变动率，用 $EBPA$ 表示。也就是说，A 产品价格变动使 B 产品需求量相应变动的比率。多见于替代产品或互补产品的价格与需求变化。

$$EBPA=\text{B 产品需求量变动的百分比}/\text{A 产品价格变动的百分比}$$

① 替代产品同向变化。

② 互补商品反方向变化。

（3）成本费用

① 固定成本费用。指在既定会展产品生产经营规模范围内，不随会展产品种类及数量的变化而变化的成本费用。比如产品设计、市场调研、管理人员工资等项支出。

② 变动成本费用。指随会展产品种类及数量的变化而相应变动的成本费用。比如加班工资、部分市场营销费用等。

③ 总成本费用。指全部固定与变动成本费用之和。定价时要使总成本费用得到补偿，这就要求价格不能低于平均成本费用。

④ 平均成本费用。即单位产品的平均成本费用。价格不能低于平均成本费用，这仅是获利的前提条件。

$$\text{平均成本费用}=\text{总成本费用}/\text{总产量}$$

（4）市场竞争

在市场需求可能为其价格规定一个最高限额和成本为其价格规定了一个最低限额的同时，竞争者的价格和可能的价格反应会反过来帮助会展企业制定自己的价格。会展企业必须了解同类展会的竞争者所提供产品质量和制定的价格。一旦会展企业知道了竞争者的价格和所提供的东西，它就能利用它们作为制定自己价格的一个起点。如果会展企业提供的产品与一个主要竞争者提供的产品相似，那么企业必须把价格定得接近于竞争者，否则就失去市场。

5.2.2 会展产品定价方法

会展产品定价受定价目标、市场需求、成本费用以及市场竞争等多种因素的影响。对会展产品进行具体定价时，一定要全面综合考虑这些因素，以确定具体的定价方法。一般而言，会展产品定价方法可分为成本导向定价法、需求导向定价法和竞争导向定价法三种类型。

(1) 目标导向定价法

如果会展企业的目标是以维持生存，那么会展产品的“盈亏平衡价格”就是其最后底线；如果会展企业的目标是当期利润最大化，那么产品的价格可能会定得较高；如果会展企业的目标是扩大市场份额，那么产品价格可以暂时低于盈亏平衡价格；如果会展企业的目标是产品质量最优化，那么会展企业会努力提高产品质量，提高其附加价值，做到优质高价。

(2) 成本导向定价法

成本导向定价法是以会展产品的成本为基础，再加上预期利润制定会展产品价格的一种方法。它又可分为成本加成定价法和收支平衡定价法两种具体方法。

① 成本加成定价法。成本加成定价法就是在会展产品成本上附加一定的加成金额作为会展企业利润的一种定价方法。其计算公式为：$P=C(1+R)$。其中 P 为会展产品价格；C 为会展产品成本；R 为成本加成率。

② 收支平衡定价法。收支平衡定价法是以会展产品成本与会展产品收入保持平衡为原则的一种定价法。其计算公式为：$P=F/Q+V$。其中 P 为会展产品价格；F/Q 为会展产品的固定成本；V 为会展产品的变动成本。

(3) 需求导向定价法

需求导向定价法要从顾客的需求分析出发，把顾客对会展产品的感知价值作为定价的重要依据，再综合考虑市场的竞争情况，然后确定会展产品的最终价格，其目标是保证顾客的满意，只有当顾客感知价值高于顾客的成本付出时，顾客才会满意。

(4) 竞争导向定价法

竞争导向定价法，是指以会展企业主要竞争对手的会展产品价格为依据的一种定价方法。主要是考虑那些与本展会有竞争关系的同类展会的价格状况，评估本展会在市场上处于何种地位，从而确定价格。常用的方法有以下几种。

① 随行就市定价法。随行就市定价法就是会展企业使自己的产品价格跟上同类展会的平均水平。在竞争激烈而产品需求弹性较小或者供需基本平衡的市场上，这是一种比较稳妥的定价方法。这样做，降低了会展企业的风险成本、时间成本、精力成本等，且能获得行业平均利润。

② 追随领导企业定价法。有些拥有较丰富后备资源的会展企业，为了应对或者避免竞争，或者为了稳定市场以利于长期经营，采用以同行业题材展会中影响最大的会展企业的价格为标准，来制定本企业的商品价格。

③ 边际贡献定价法。当会展企业所处的市场发生变化，企业的会展产品按照原价出售有困难，或者会展企业为了竞争的需要，降低价格以利于获得竞争优势时，企业可以采用这种方法。

边际贡献定价法实际上是一种可变成本加成法，它暂时不考虑固定成本的分摊，只考虑可变成本，算出贡献利润（即商品价格与可变成本之差）后，再把分摊的固定成本扣除，得出企业的净利润。例如，在会展场馆的经营中，常常采用这种方法以做到淡季不淡。

5.2.3 会展产品的定价程序

①制定会展产品价格营销策略，选择定价目标→②进行会展产品需求调研，分析现实的和潜在的会展产品需求→③测算会展产品的成本（包括固定成本和可变成本）→④分析主要竞争对手的成本、价格和其他因素→⑤选择具体的定价方法→⑥确定最终的会展产品价格→⑦收集对会展产品价格的建议与意见，修正与调整会展产品价格。

5.2.4 会展产品定价策略

会展企业确定各类会展产品的定价目标，选择了定价方法后所制定的价格常常不是该会展产品的最终价格，而只是其基本价格。为了提高会展产品的竞争力、获得一定的利润，还应当考虑其他因素，对基本价格进行适当的调整，作为会展产品的最终价格。这就需要采用会展产品的定价策略。

（1）产品生命周期定价策略

会展产品的生命周期包括投入期、成长期、成熟期和衰退期四个阶段。会展企业根据会展产品所处生命周期的不同阶段，灵活地制定价格。

1）投入期　投入期的新产品的合理价格应该是最能吸引中间商，又最能吸引最终用户的价格。会展企业定价应该以产品的直接生产和销售成本为依据。特别要注意产品将进入长期的预期成本。投入期可选择的定价策略一般有以下三种。

① 撇脂定价法。撇脂定价法又称高价法，即将会展产品的价格定得较高，以便在竞争者开发出相似的产品以前，尽快地收回投资，取得相当的利润。然后随着时间的推移，再逐步降低价格使新产品进入弹性大的市场。

② 渗透定价法。渗透定价法又称为低价法，它采用低价策略，将会展产品的价格尽量定得低一些，以达到打进市场或者扩大市场占有率，巩固市场地位的目的。一些资金比较雄厚的会展企业往往采用这种定价方法。

③ 满意价值定价法。满意价值定价法又称为薄利多销定价法。所谓“满意”，就是确定的价格使产品生产者和消费者双方都感到满意从而能接受的价格。具体地说，会展企业新产品刚投放市场时，利润很少或者有少量亏损的方法；市场销路打开后，很快就能转亏为盈。该价格的定位一般在上述两种定价法的价格之间。

2）成长期　成长期初期市场价格变动幅度较大，末期则变动较小。对于早期推出新产品的会展企业来说，如果还是初期采用撇脂定价法，则此时可以分数次陆续降价。如果在市场试销初期采用渗透定价法，则在成长期可继续运用该方法。对于在成长期新进入市场的企业来说，则应该注意保持原创新者的定价策略，一般来说，采用低于创新者价格的策略为宜。

3）成熟期　成熟期的定价目标应该是选择导致最大贡献的价格方案，这一阶段应该尽量避免价格竞争，更多的采用非价格竞争方式。当然，在必要时也可以采用降价策略，但是必须遵循需求弹性的原理。

4）衰退期　衰退期，竞争已经迫使市场价格不断降低到接近于会展产品的变动成本，只有在成熟期不断降低成本的那些会展企业才能维持下来。这时，只要会展企业有剩余生产能力，应该以变动成本作为价格的最低限度。同时，企业应及时退出这一产品市场，开发新产品。

(2) 用户心理定价策略

用户心理定价策略是一种根据用户购买心理的要求来制定价格的策略。包括以下几种。

① 尾数定价策略。在确定零售价格时，以零头数结尾，使顾客在心理上有一种便宜的感觉，或者是按照风俗习惯的要求，价格尾数取吉利数。比如某展位定价为 3999 元/展期，而不定 4000 元/展期。

② 整数定价策略。与尾数定价策略相反，利用顾客“一分钱一分货”的心理，采用整数定价，该策略适用于品牌会展产品或者是消费者不太了解的会展产品。

③ 声望定价策略。主要适用于品牌会展企业、品牌会展产品。可利用顾客仰慕企业名望或对某产品偏爱的心理，制定会展产品价格，有意识地把价格定成整数或高价。但滥用此法可能会失去市场。

④ 投标价格策略。投标价格策略也称为密封定价策略。采用这种策略的会展企业在事先不规定具体价格，采用投标的方式，由顾客相互提出价格，然后从中选出较为理想的价格成交。

⑤ 招徕定价策略。大多数顾客都希望会展企业所提供的会展产品质优价廉，因此，会展企业可将某几种会展产品项目的价格定得偏低一些，以吸引顾客。

(3) “行业状况”定价策略

这里说的“行业状况”指会展题材所在行业的状况。要考虑该行业平均利润率的大小和该行业的市场发展状况。行业平均利润率的大小决定了该行业企业可能的盈利水平和支付能力。行业平均利润率较小，企业的盈利水平和支付能力可能不高，会展产品定价就不能太高，反之则不然。行业的市场发展状况也是制定会展产品价格要考虑的重要因素。例如，如果行业处于买方市场状态，企业要宣传自己，参展积极性就高，展位价格也可以定得高一些。

(4) 组合定价策略

为了满足顾客的需求，需要开发多种会展产品，会展企业在确定会展产品价格时，需要对这些产品进行综合考虑，并确定最终的价格费用，这就是一种组合定价策略。

(5) 折扣与让价策略

折扣与让价，是会展企业为了争取顾客，扩大服务量，直接减少一定比例或让出一部分利益的一种定价策略。

折扣定价主要有统一折扣、差别折扣、特别折扣和位置折扣。

在进行折扣与让价时，考虑会展产品的价格弹性。如果价格弹性大，会展产品价格的一点降价就会引起产品销售量的大增，折扣和让价空间也就越大；反之，折扣和让价空间就小。

要注意的是，如果会展产品价格混乱，会影响到会展企业的形象和长远发展。引起会展产品价格混乱的原因很多——折扣、促销、代理商随意降价都可引起。因此在执行会展产品价格策略时，应注意严格执行价格及价格折扣标准。例如，加强对代理商的价格管理，避免在招展末期低价倾销展位，严格控制特别折扣的适用范围。

【案例 5-2】 折扣与让价误区

某医药公司 2006 年以来，参加各种展会，并与某省基金会合作，用省基金会健康学校的名义组织会议营销。且一直采取折扣与让价策略，让利于消费者。但结果并不理想，营销者百思不得其解。

资料来源：http://www.51cmc.com/

5.3 会展分销渠道策略

会展分销渠道有何特点？

会展分销渠道是指会展产品开发设计完成后，会展消费者认购的途径。它的起点是会展企业（如组展商），终端是会展顾客，中间各种途径可称为分销渠道。会展产品必须通过一定的市场分销渠道，才能在适当的时间、地点，以适当的方式提供给目标市场，从而满足顾客的需要，实现会展企业的市场营销目标。

5.3.1 会展分销的特点与主要类型

（1）会展分销渠道的特点

第一，直接分销渠道多于间接渠道，即使使用间接渠道，其层级也很少。间接分销渠道是一种会展企业借助中间商向顾客销售其会展产品的分销渠道类型。直接分销渠道是一种不借助任何中间商，而直接由会展企业把会展产品销售给顾客的销售渠道。通过直接分销渠道，会展企业可以降低成本，直接获得顾客的信息，有助于提高产品的针对性，更好地满足顾客需要，强化自身形象。目前，国内会展企业大多采用这种分销方式。

第二，会展分销渠道是一种短而窄的分销渠道。根据间接分销渠道中介入中间商层次的多少，会展分销渠道可以分为长渠道与短渠道。目前国内的分销渠道都较短，会展企业承担的销售任务多，能够有力地控制和管理分销渠道。

根据一个时期内会展销售网点的多少、网点分配的合理程度以及销售数量的多少，会展项目分销渠道可以分为宽渠道与窄渠道。一般性、大众化的产品主要通过宽渠道进行销售，而会展项目因为其专业性较强、费用较高的特点，它的分销渠道较窄。

第三，会展分销渠道是一种多通路的分销渠道。根据会展企业采用分销渠道的类型，会展分销渠道可分为单渠道和多渠道。单渠道是指采用渠道类型比较单一，如所有项目全部由会展企业自己直接销售或全部交给中间商。有时会展企业根据不同层次或地区参展商企业的不同情况，采用不同的分销渠道，如在本地区采用直接渠道，对外则采用间接渠道，或同时采用长渠道和短渠道，这些都成为多渠道。

（2）会展项目分销渠道的类型

会展项目分销渠道主要有以下类型。

① 代理制。代理制指会展企业授权给相关单位开展销售业务。主要工作包括对代理商

的选择、指定和管理等做出安排，对代理佣金水平及代理业务的地区范围与权限等做出规定。

会展的代理有四种形式：独家代理、排他代理、一般代理、承包代理。

② 合作制。合作制指通过赞助单位、协办单位、支持单位等合作开展业务。

③ 部门制。部门合作制指会展企业内部独立成立业务部门，开展销售业务。部门制分销渠道的主要工作涉及会展市场营销的各个方面，其思路、方法与本书内容相同，在本章不再赘言。

5.3.2 代理制渠道

(1) 选择代理商的原则

① 经济的原则。经济效益是一切营销决策的基本出发点。在选择代理商时，应当考核选择代理商所需要花费的成本以及可能引起的销售收入的增长，以及评价代理商选择的合理性。

② 控制的原则。会展企业与代理商都是相对独立的经济实体，二者在管理上不存在从属关系。因此，选择代理商时，应充分考虑对其控制的程度。

③ 适应的原则。代理商对于会展企业而言，属于不完全可控因素。会展企业与代理商作为一种协作关系，他们之间是相互适应的关系。

总之，会展企业在选择代理商时，应保持适当的弹性，根据市场及环境的变化，适时作出调整，以促进营销目标的实现。

(2) 代理商的管理

会展分销渠道的管理，主要是指加强对间接渠道的管理。如何调动代理商的积极性、主动性，使其充分表现出应有的合作精神，并且随着市场的变化灵活地调整企业与代理商的关系，是分销渠道管理的主要内容。

① 加强与代理商的合作。会展企业与代理商在根本上存在着一致的营销目标，存在着相互关联的经济利益。会展企业应了解代理商不同的需求，维护与尊重代理商的利益。首先要及时提供有关会展企业及会展项目较为全面的信息资料；其次，会展企业应加强广告宣传，帮助代理商分担一定的会展推广费用；再次，会展企业应对业绩良好的代理商给予必要的优惠与奖励，以激励代理商，建立良好的合作关系。

② 对代理商进行恰当的评价。会展企业应采取切实可行的方法，对代理商的工作绩效进行检查与评价，主要是评估代理商销售指标完成情况，代理商会为会展企业提供的利润额和手续费用结算情况，代理商销售会展产品的积极性，代理商会为会展企业竞争对手工作的情况，代理商对会展企业的宣传推广情况，代理商对参展企业的服务水平，代理商之间的关系及配合程度，代理商销售量占会展企业销售量的比重大小等方面的情况。通过评估，会展企业可以了解代理商管理工作中的优势与不足，并采取相应的措施进行分销渠道结构调整。

③ 会展分销渠道的调整。当会展市场状况发生变化，或者代理商业绩不佳而影响会展企业及其营销目标的实现时，要及时调整会展分销渠道。会展企业调整分销渠道的方式主要有以下三种：

增减会展分销渠道中的代理商。当会展企业的销售策略发生改变，例如将密集型分销渠道改为选择性分销渠道，会展分销渠道的宽度都需发生相应改变。

增减某一会展分销渠道。从提高分销效率的角度考虑，会展企业可以缩减一些分销作用较小的渠道，而且可以根据市场的变化相应增加或减少一些渠道，以更有效地实现分销目标。

改变整个会展分销渠道，即放弃原有的会展分销渠道，建立新的会展分销渠道。当会展企业对原有的营销组合实行重大调整，或者原有的会展分销企业功能严重丧失与混乱时，都有必要对原有的会展分销渠道进行重新设计与组建。

（3）代理商的控制与激励

① 渠道控制。进行渠道控制的方法有如下几种。

胁迫。胁迫是一种消极的控制方法，不利于长远的合作。代理商对企业依赖越大，胁迫的威力越大。对那些不合作的，对企业造成不良影响而不做改进的代理商，企业对其已失去信心，没有下次合作的可能性时，只有通过胁迫的方式强迫它履行这次合作的责任，如果胁迫失效，哪怕赔偿也要终止合作，以免留下后患。

额外报酬。由于额外报酬的驱动，代理商可以为企业较好地完成特定任务，比胁迫收到的效果要好一些。比如会展企业要代理商了解参展企业的相关信息，很多代理商可能会要求企业支付额外的信息费。

履行责任。企业向代理商提供让利、服务和技术培训，也要求代理商履行责任。因为有合同的制约，这种方法比较有效。

利用专业权威。会展企业在自己的项目领域具有丰富的相关知识，对一些代理商特别是专业代理商具有较大的吸引力，利用企业的专业权威是一项有效的方法，因为代理商必须从企业那里得到专业知识的培训，离开了这些帮助它就无法成功。当然，专业知识传授完毕，专业权威也就不复存在。解决这一问题有两条途径：一是在培训之前与代理商签订有效的合同；二是企业不断拓展自身的专业知识，使中间商认同企业的专业优势，希望与企业合作。

营造声誉。聪明的会展企业总会不惜成本地维护和营造自己的声誉。一些加强形象宣传的举措，能赢得很多代理商的欢迎。

对渠道控制的目标在于将代理商转变成企业的业务合作伙伴。企业应当让代理商明白它们并不是靠让顾客讨价还价而获利，而是因为与企业形成了有效的业务系统而赚钱。因此企业必须帮助代理商找到最佳的经营模式。

② 渠道激励。代理商与企业的配合热情和动力来源于企业对它的鼓励、支持及带给它的实际利润。企业为使代理商有良好的表现，需采取必要的措施，对代理商进行激励。

根本性激励。代理商首先是参展企业的认购代理商，总希望得到物美价廉的产品。企业为代理商创造好的销售条件，这是对代理商最根本的激励。

驱动性激励。代理商对自己的利润目标和价值取向，企业通过对代理商经营数量、信誉、财力、管理能力的考核，给予优秀代理商较高的让利折扣，合理分配利润，是对代理商的驱动性激励。

保健型激励。产销矛盾不可避免，但企业应尽力把其消极影响降至最低限度。一方面，企业要弄清楚代理商的需求；另一方面，要明确自己能满足代理商的什么要求，并与代理商的需求结合起来，妥善解决矛盾，是对代理商的保健型激励。

辅佐性刺激。市场信息是市场推广活动的重要依据，会展企业及时将市场信息传递给各级代理商，以便它们及时调整销售措施，是对代理商的辅佐性刺激。

5.3.3 合作制渠道

(1) 合作的核心——整合会展营销资源

营销资源即主办者的办展资源，它包括资金、信息、人力和物力，其中，比较直观的是物力，而最为重要的是信息资源和社会资源。信息资源之目标客户的信息、合作单位的信息，还有关于该项目的行业、产业的信息，如该行业发展趋势、热门话题、行业亮点等。社会资源指与该展览所属行业的主办单位、主管部门的关系，与全国及海外的合作伙伴、展览组团代理的关系，与各大专业媒体和公众媒体的关系等。

其实，展览还有一些资源常常为人们忽略，但它们对展览的影响十分巨大，主要包括：同行业类似项目，特别是本地、本区域的同类项目；该会展举办的时间，展览举办时间原则上要避开国内外同类展览项目的举办时间，特别是与该项目类似的品牌展览，两者的举办时间起码要相隔3个月以上；创意命题，要抓住行业的亮点和市场特点。

利用合作制渠道的关键在于将以上资源进行整合，利用资源的互补效应，如寻求赞助商、合作伙伴等，以达到会展营销效应的最大化。

(2) 寻求赞助单位

赞助单位是重要的合作伙伴，寻求赞助单位是会展成功的关键环节。寻求对口的主管部门和单位作为支持或赞助单位，可以提高会展的档次、规格和权威性；可以扩大影响力，吸引媒体的广泛关注，便于展开新闻宣传；可以提高会展的号召力，有利于组织目标客户参加；能有效地形成项目的品牌效应，最终实现可持续发展。

1) 赞助单位的要求。各机构所认同的利益取决于其当前所追求的战略目标，因此会展管理者必须从赞助单位的角度了解赞助所能带来的利益，并根据其要求提供赞助收益。赞助单位的收益主要有：进入特定的目标市场；与分销商建立关系；获得销售机会；树立（提高）企业（品牌）形象等。

为吸引赞助商，展览组织者必须考虑如何使赞助商得到上述他们想得到的利益。

2) 寻求企业赞助前的考虑因素

① 是否能为赞助者带来利益与收益？②是否有不适应做赞助商的公司？例如，为儿童会展企业筹集基金而举办的慈善展览不适合邀请啤酒商与烟草商做赞助单位。③赞助商是否拥有推销与经营赞助的必要资源？

3) 寻求适当赞助者的办法　希望与会展参与者接触、认为会展可以协助自己解决特定问题、正在其寻求重新定位、进入新市场或推出新型产品的机构等都是最有可能成为赞助者的机构。会展企业首先要分辨这些机构，然后根据其性质选择目标赞助商（可通过阅读潜在赞助商的年度报告或浏览其网站等方法来寻找，也可了解曾经赞助过类似会展的机构），并对其进行详实的调研，以获取额外的信息（额外信息包括赞助者愿意赞助的类型、该机构是否与特定的事业有关联、在策划周期中何时调配赞助预算、赞助策划书送抵时间等），进而确定赞助商名单，将赞助策划书交给专人负责实施。

总之，寻求对口的合作单位，建立分销渠道，是会展成功的重要环节。它能提高会展的影响力，加快信息的有效传递；可使双方的优势互补，加快资源整合；可最大限度地挖掘新客户，壮大参展队伍，以及最大限度地降低会展成本，提高收益。

【案例 5-3】 顺德家电博览会的招展工作

2007 年，顺德家电博览会组委会多渠道、多方式、分步骤推进招展工作。除 10 多家专业招展公司为招展代理外，还创新地开展网上招展，设中、英、日三种版面，进行形象推介，受理网上报名申请，并与“阿里巴巴”等家电专业网站合作。同时，通过顺德市大型家电企业动员其配件厂家及合作厂商参展；主动拜访日本、德国、韩国等驻穗商会；通过参加“哈洽会”和“青岛电子家电交易会”等国际大型展会进行现场招展。

资料来源：http：//www. shundeexpo. cn/

5.4　会展促销策略

会展促销策略有哪些?

5.4.1　会展促销概述

(1) 会展促销的内涵

会展促销是指会展企业把产品向目标消费者及其对目标消费者的消费行为具有影响的群体进行宣传、说服、诱导、唤起需求并最终促使其采取购买行为的活动。

会展促销的对象是目标消费者及其对目标消费者的消费行为具有影响的群体。

会展促销的主要任务是传递会展组织的行为、理念、形象以及组织提供的产品的信息。

会展促销的目的是引起消费者的注意与兴趣，激发其购买欲望，促成其购买行为。

会展促销的手段是宣传与说服，即宣传会展产品或服务知识，说服消费者购买。

会展促销的方式分为人员推销和非人员推销两大类。

(2) 会展促销的作用

唤起需求。会展促销可激发潜在需求，促进消费动机向消费行为的转换。

促进销售。需求的唤起，购买行为增加，会展产品实现销售。

树立形象。通过传播会展组织理念等信息，可形成和强化公众对会展组织的积极的信念，从而建立良好的公众形象。

(3) 会展促销方式选择的标准

① 促销目标是否准确和清晰；

② 是否瞄准了会展项目的参展企业；

③ 是否有利于取得竞争优势；

④ 促销活动的成本效益如何；

⑤ 促销活动有没有进行整合（与广告、直邮、公关等要素的整合）；

⑥ 促销活动实施的可行性如何；

⑦ 该促销活动是否便于效果的评估；

⑧ 促销活动的实施是否存在法律上的约束。

5.4.3 会展促销策略

会展促销策略是影响会展市场顺利发展的关键因素，世界上许多国家的会展之所以能取得巨大成功，并在国际上享有盛誉，在很大程度上就得益于他们高效有力的促销活动。中国会展业要实现可持续发展，也必须要加强会展促销的力度。

首先，应该采用适当的促销组合。适用于会展的促销要素有：直接邮寄、广告、公共关系、电子营销、直接销售、销售促进等。会展企业要根据会展市场的特点，对上述要素灵活地综合运用。通过直接邮寄这一会展营销中的最有力的沟通工具，成功地吸引会展顾客；通过广泛的广告宣传为会展营造一种氛围，加大会展宣传的覆盖面，争取更多会展顾客的参与；通过派人员进行洽谈以及赠送惠顾券等促销活动，增大会展的成功率。同时，要充分利用互联网技术进行会展营销活动，使会展更具吸引力。

其次，应该发挥媒体的宣传作用。利用电视、广播、报刊、街头广告等媒体，并根据各个媒体的特点进行频繁的新闻报道和广泛的会展宣传，通过及时发布各个会展的筹备、组织、活动等相关信息，既可吸引更多的参展商和客户，也可借此扩大会展市场的影响力和号召力，从而提高会展品牌形象和市场地位并推动会展业的蓬勃发展。

适用于会展促销的策略包括：直接邮寄、广告、公共关系、电子营销、直销、销售促进。只有对每种要素特征准确掌握，才能灵活地综合运用。

（1）直接邮寄

直接邮寄是会展营销中最有力的沟通工具之一。其优点是：直接指向特定的市场；节约成本；灵活，可以满足个性化需要；与其他的广告宣传比较，信息可获得受众的注意。

被称为直接营销之父的爱得·迈耶创建了40-40-20法则。即直接邮寄的效果40%取决于邮寄名单——你的读者，必须将相关内容直接邮寄给准确的客户或准确地细分市场，以保证成功地吸引客户；40%取决于会展提供物——你的服务、条款、价格和身份；20%取决于邮寄创意——你的邮寄包。这一法则是直接邮寄理论的重要法则。

（2）广告

广告是由明确的发起者以付费的方式，通过各种媒体对观念、产品或服务进行的非人员形式的促销。

广告是会展营销中另一种有力的沟通工具。广告能为会展营造一种氛围，又便于通过其他方式推广，特别是在面向来自于新的细分市场上的大量客户时，广告是最有效益的。虽然它的费用高，但有助于使潜在顾客了解展会，并对其产生兴趣，也有助于增强以往顾客对会展的印象。广告成功的基础是所有要素不仅能恰当地抓住客户的注意力，而且还能促使潜在的客户行动。其关键是要制定和实施一项合理的创新广告战略。

（3）公共关系

公共关系是组织能够利用营销工具中成本最低的一种。一项好的公共关系活动惟一的缺陷是缺乏直接的管理结果。不管其多么有创意，都没有办法确保其媒体的覆盖率。

在建立良好的公共关系，必须解决好下列几个关键问题。

① 内容。要有新闻价值，有效的公共关系的关键在于找到可以为公众服务的新闻内容。

② 方式。通过邮寄或电子信件方式发送的新闻稿会引起编辑、出版社和公众的注意。

③ 媒体。提供给媒体可靠的信息，建立有关主体的“专家”形象。

④ 回音。通过致电呼吁行动，表达紧迫感，使回复工作尽可能顺利。

(4) 直接销售

它是所有营销方法中最有效也是费用最高的，人员销售是营销工作的重点，因为现在的客户希望与商业伙伴建立的是直接持续的关系。直接销售的步骤如下：①寻找潜在客户；②事前准备；③介绍、处理异议、成交、售后跟踪。

(5) 电子营销

几乎所有的会展组织都通过互联网技术进行营销活动。要充分利用它需做到：引导顾客使用你的网站；用电子邮件；鼓励在线登记等。

(6) 销售促进

会展典型的销售促进包括：惠顾券、赠品、彩票、名人出席和表演、竞赛、宣传册等。这些方法运用得好，会增加会展的成功率。

【案例 5-4】 2004 年中国（古镇）国际灯饰博览会的招展工作

① 在镇内通过电视台、灯饰报、政府网站、灯饰在线网站等发布招展信息。

② 借古镇领导赴美考察之机，参加美国拉斯维加斯灯展，在展会上介绍古镇灯博会的有关情况，邀请商家前来参展参观。

③ 通过电子邮件、邮寄、电话、传真等方式向国内外 5000 多家灯饰及相关企业发送了邀请函。

④ 温州灯饰商会协商进行代理招展，邀请温州的客商前来参展。

⑤ 组织了 12 家企业组团参加“2004 年中国轻工业产品博览会”，宣传古镇形象，并同时发布灯博会宣传广告，以达到借展招展的效果。

⑥ 5 月份在北京组委会召开了第一次新闻发布会，来自中央电视台、北京电视台、中央人民广播电台、新华社、中国照明电器、新浪网、搜狐网等国内外近 60 家媒体对灯博会进行了相关报道。

⑦ 在招商方面，组委会高度重视，5 月份已经通过邮寄、电子邮件、传真等方式向海内外 10 万业内人士寄发了邀请函。通过中国照明协会与西班牙协会联系，邀请协会成员前来参观；并与一些知名 B to B 网站合作利用他们的客户资源；此外还在欧美的专业杂志上投放广告。

⑧ 6 月初，组委会在东莞召开了招商推介会，古镇领导亲自向与会企业介绍灯博会的情况，推介会取得了良好效果。

资料来源：http：//www.gzlight.com/

本章小结

会展产品是一个整体概念，是指能够提供给会展市场以满足需要和欲望的任何东西。是宣传、会议、陈列、商品交易、物流、饮食、住宿、交通、游览、售后服务等一系列有形产品和无形服务的综合。会展产品的核心是服务，具有明显的综合性、异质性、无形性、不可分割性、不可储存性。会展产品组合的类型，主要包括内容组合形式和地域组合形式。会展产品品牌是指用以识别某会展产品的名称、术语、标记、符号或图案或它们的组合。会展商标不等于会展品牌。

对会展产品定价时要考虑许多因素。这些因素主要分为两种类型，一种是可控因素，即人员在定价时有能力控制的因素，包括会展企业的经营战略、会展企业的经营成本、会展企业的目标利润水平、会展产品质量特征等；另一类是不可控因素，即指那些对会展企业的价格制定有影响，但人员又无法控制的因素，包括会展市场需求、会展市场供给、会展行业竞争力、会展发展环境等。会展产品定价方法可分为成本导向定价法、需求导向定价法和竞争导向定价法三种类型。为了提高会展产品的竞争力、获得一定的利润，还应当考虑其他因素，对基本价格进行适当的调整，作为会展产品的最终价格。

会展分销渠道是指会展产品开发设计完成后，会展消费者认购的途径。它的起点是会展企业（如组展商），终端是会展顾客，中间各种途径可称为分销渠道。会展产品必须通过一定的市场分销渠道，才能在适当的时间、地点，以适当的方式提供给目标市场，从而满足顾客的需要，实现会展企业的市场营销目标。

会展促销是指会展企业把产品向目标消费者及其对目标消费者的消费行为具有影响的群体进行宣传、说服、诱导、唤起需求并最终促使其采取购买行为的活动。适用于会展的促销策略包括：直接邮寄、广告、公共关系、电子营销、直销、销售促进。只有对每种要素特征准确掌握，才能灵活地综合运用。

复习与思考

1. 会展产品的核心是什么？
2. 会展企业为什么要制定营销组合策略？
3. 会展企业制定营销组合策略的关键是什么？
4. 对会展产品定价时要考虑哪些因素？
5. 会展产品定价方法有哪些？
6. 如何进行会展分销渠道管理？
7. 简述适用于会展的促销策略。
8. 请举一个某企业的营销实例说明会展营销组合的模式。

案例分析：服务和宣传的创新

2006年的顺德家电展，给展商最大的体会是本届会议周到细致的服务工作和全方位的宣传工作的创新。与往届相比，从展会前到展会现场，从展会的硬件设施一直到软件服务，都让展商们非常满意。

组委会为展商和客商提供了家电认证、检测机构和电子商务、物流服务等直接的服务项目；提供了诸如信息咨询、展台设计等相关服务项目；首次增设设计专区，倡导“精于心，简于形”的设计理念，发布家电产品流行趋势；在广场外搭建了美食街，最大程度地满足了客商对于餐饮等方面的需求……

同时，本届家电展继续加大中外家电行业杂志等专业渠道宣传力度，选择投放海外主流家电媒体和贸易媒体，增加投放主流报刊和权威商业杂志，投放电视及主干道路牌、机场灯箱广告，提升网站宣传功能，从业界推广和公众形象两个层面提升家电展品牌认可度。已先后在6家公众媒体、13家专业媒体和3家国际网站进行广告推广。此外，还通过合作组织广泛宣传，如委托日本电机工业会、韩国电子工业协同组合和香港贸发局等国际机构发布顺德家电展信息，在香港电子展、广交会和国内各知名展览会以及在德国科隆展、俄罗斯家电展、杜拜家电展等多个由贸促会组团参加的国际展会上，通过招展小组到会、委托参展企业、委托合作宣传机构等多种形式宣传推介。

资料来源：http：//www. shundeexpo. cn/

讨论题

1. 2006年顺德家电展开发的会展产品有哪些?
2. 2006年顺德家电展是如何进行服务和宣传的创新？其主要营销策略是什么?

参考文献

[1] 王方华. 市场营销学. 上海：上海人民出版社，2007.
[2] 马勇. 会展典型案例精析. 重庆：重庆大学出版社，2007.
[3] 王春雷. 会展市场营销. 北京：中国旅游出版社，2007.
[4] 龚维刚，陈建国. 会展实务. 上海：华东师范大学出版社，2007.
[5] 杨顺勇，曹扬. 会展手册. 北京：化学工业出版社，2007.
[6] 胡平. 会展营销. 上海：复旦大学出版社，2005.
[7] 华谦生. 会展策划与营销. 广州：广东经济出版社，2004.
[8] 刘松萍，梁文. 会展市场营销. 北京：中国商务出版社，2004.

6　会展营销管理

学习目标

学完本章，你应该能够：

1. 了解会展营销管理的概念和特点；
2. 熟悉会展营销管理过程；
3. 熟悉会展营销计划的基本流程和内容；
4. 了解会展营销控制的基本类型。

基本概念

会展营销管理　会展营销计划　会展营销控制

6.1　会展营销管理的内容

会展营销管理有何特点?

6.1.1　营销管理

营销管理是指为了实现企业目标，创造、建立和保持与目标市场之间的互利交换的关系，而对营销活动进行分析、计划、执行和控制。市场营销管理的实质是需求管理。企业在开展市场营销的过程中，一般要设定一个在目标市场上预期要实现的交易水平，然而，实际需求水平可能低于、等于或高于这个预期的需求水平，营销管理就是要应对这些不同的需求情况。营销管理的任务，就是为促进企业目标的实现而调节需求的水平、时机和性质。在不同的需求状况下，市场营销管理的任务有所不同。

从内容上看，营销管理应当包含：分析市场机会、选择目标市场、策划营销战略、设计营销方案和实施营销努力五个方面。

6.1.2　会展营销的特点

会展行业的产品与其他行业相比，存在着许多特殊性，这些特殊性使会展营销成为独特的营销。

首先，会展产品是组合型的，它使会展营销具有有形的产品营销和无形的服务营销的双重特性。从表面上看，会展营销是在营销展会上有形的展位，但从本质上看，更多的是在营销一种无形的服务：会展服务的无形性使客人在购买之前不可能事先了解服务的好坏，假如顾客以前未曾体验过会展企业的服务，那么，他们在购买时要冒很大的风险。为了减少顾客购买会展产品前种种恐惧心理和负担，会展营销人员必须不断与顾客交流，为他们提供可靠、有效的产品信息，通过会展广告、宣传小册子等宣传资料来展示会展产品，使无形的产品有形化，尽力将企业形象、服务水平以及产品能带给顾客的利益等充分向公众传达，并使他们与众不同，而且还要真实可信，使顾客能辨认出来，为顾客所熟悉。

其次，会展产品具有不可储存性。产品的不可储存性向营销人员提出了挑战，它要求营销人员将会展产品及时销售出去。假如营销人员不能把会展产品推销出去，那么其产品的价值就无法实现。

最后，会展产品还具有不一致性及质量难以控制的特点。这一特点也给会展营销增添了很大的困难。会展服务是由服务人员提供的，他们的素质、知识、技巧和态度各不相同，营销人员为了能使顾客对会展服务产生良好的看法，就必须特别重视对会展企业服务人员的培训和激励工作，使会展企业服务标准化，以此来减少会展服务的不一致性和不稳定性。会展营销人员还可以通过各种检查制度来衡量顾客对会展服务的满意程度，以便减少服务质量不稳定情况的产生。

所以，会展营销是一种很特殊的营销行为，有形产品的营销特性要求会展公司能熟练使用产品、价格、渠道和促销等有形产品营销的要素；无形服务的营销特性则要求考虑服务营销所特别需要注意的营销要素：人、有形展示和过程。这样会展营销的营销要素就变成了7Ps：产品、价格、渠道、促销、人、有形展示和过程。

此外，会展营销在主体、内容、手段、对象等方面也有独特性。

① 营销主体的综合性。会展营销的主体十分复杂，大到一个国家或城市，小到每个会展企业甚至是一次具体的会议或展览会。每个主体的营销目的不一样，营销内容的侧重点也存在明显差异。一次展览会可能要涉及众多的组织和企业，大型的国际性展览会可能由当地政府主办，由一家或者几家展览公司承办，其中个别较复杂的活动则由具体的项目去承担。换句话说，一个展会由几方共同操作，且各自承担的工作在深度与广度上有所不同，但进程必须保持一致，合作也必须紧密有效。

② 营销内容的整体性。展览会的举办时间、地点、主题及内容等都是参展商所关心的。因此，会展营销的内容必须具有整体性，既包括举办会展的外部环境，如城市的安全状况、旅游综合接待能力等，又包括会展的创新之处，能够给观众带来独特利益，以及配套服务项目水平等。这一切都会影响参展商的购买行为。

③ 营销手段的多样性。会展营销的主体复杂和内容广泛决定了展览会必须综合利用各种手段来开展宣传，以达到预期的营销目的。从传统的广播、电视、报纸，到各类行业杂志、专业会展杂志，到面向大众的路牌广告、地铁或出租车以及已渗透到各行各业的互联网，会展营销主体以平面或立体的方式，将大量的信息以最快、最直接的方式传递给大众。

④ 营销对象的参与性。在许多时候，会展活动的主办者虽然熟悉策划并操作会展，但对行业的认知程度可能并不深刻，因而在整个过程中必须广泛听取与会者和参展商的意见，根据自身能力结合与会者和参展商的要求尽可能地调整营销内容，以更好地满足与会者和参展商的需要。另外，在会展活动中，与会者和参展商的参与性都很强，主办者必须与其实现互动，才能提高与会者和参展商的满意程度。

6.1.3 会展营销管理的定义和特点

会展营销管理是指对会展企业的经营项目和营销活动进行计划、组织、执行和控制，以便能创造、建立和维持与会展企业目标市场的良好交换关系，实现会展企业目标的活动。由此我们可以发现会展营销管理的一些特点。

① 会展营销管理的目的是使期望中的交易达成。

② 会展营销管理是一种包括分析、计划、执行和控制的综合性活动。

③ 会展营销管理的实施可增加企业和顾客双方的利益。

④ 会展营销管理注重产品、价格、促销、渠道、人、有形展示和过程的相互协调和适应，以实现有效的营销。

会展营销管理不同于会展企业的其他内部管理活动如项目管理、财务管理、人事管理等，具体表现在如下几方面。

① 会展营销管理所牵涉的对象不是处于会展企业内的，而是处于会展企业外的不特定对象。对于顾客消费的了解，不像其他管理信息那样易于获得，而必须投入大量的人、财、物才能获得。因此，会展营销的效果也需仔细评估。

② 营销管理的中心是交易过程。这是会展企业与外界环境最重要的相互作用，其影响会及时显现且非常重大，不像其他管理活动，其影响固然大，但时间性的要求则不如营销管理那样明显。

③ 由于营销管理与外在环境的密切性，任何调整不仅仅涉及会展企业内部的行动，并且还要求外在环境的配合。

6.1.4 会展营销管理的工作任务

根据会展营销管理的定义和特点，我们可以从分析、计划、执行和控制四个方面来论述会展营销的基本任务。

(1) 分析方面

① 会展营销环境分析；

② 会展消费者购买及消费行为分析；

③ 会展市场分析；

④ 会展产品和服务分析；

⑤ 会展竞争分析。

(2) 计划方面

① 会展营销形势的概括总结；

② 会展经营的机会、威胁、优势、劣势的确定和评价；

③ 会展营销目标、策划的确定；

④ 会展长期和短期营销计划的制定；

⑤ 进行准确的销售预测。

(3) 组织和执行方面

① 会展营销观念在全体员工中的灌输；

② 营销导向的会展组织机构的建立；

③ 选择合适的营销人员；

④ 对营销人员的培训；

⑤ 会展企业各种促销活动的开展；

⑥ 会展企业营销部内部及营销部与其他各部门之间的广泛交流和密切配合；

⑦ 会展营销信息系统的建立；

⑧ 会展新产品开发、价格制定及销售渠道的建立。

（4）控制方面

① 会展营销数据的分析、归纳和总结；

② 用既定的绩效标准来衡量和评价会展营销活动的实际结果；

③ 分析各种促销活动的有效性；

④ 评估营销人员的工作成绩；

⑤ 采取必要的纠正措施。

6.2 会展营销过程

会展营销过程包括哪些步骤?

会展营销活动由于其自身的特殊性，需要及早开展营销活动，而且各个部门要统一协调，做好各方面的工作，包括与政府、媒体、参展商、海关等协调好关系，会展营销活动所处的行业不同，会具有自己独特的特点，但不论采取哪种方式，会展营销都包括以下几个步骤。

6.2.1 会展营销调研

会展市场营销调研有助于会展企业了解会展市场态势和发现市场机会；有助于会展企业进行科学决策。会展营销调研可以充实与完善会展市场营销信息系统。一般而言会展公司在调研过程中需要收集以下几方面的信息。

（1）企业内部信息

营销部门是联系企业与市场的桥梁与纽带，营销部门首先必须了解企业的内部信息，而要了解企业内部信息，则必须建立内部报告系统。

企业内部报告系统包括产品信息（如质量、性能、包装、花色、品种、规格、外观、服务等）、产品价格信息、销售渠道信息、促销方面的信息以及具体的销售过程方面的信息。通过分析这些信息，营销经理们就会发现重要的机会或危机。

（2）参展企业的信息

在营销过程中，应该注意到，会展项目的营销与有形产品的营销显著不同。原因在于，会展项目营销是以创造市场为主。而不像一般商品一样，以抢占市场份额为主。但是，市场营销的一个非常重要的目的是了解并满足参展企业的需要。因此，进行市场调研是必需的。通过市场调研，认识市场需求的特点，策划定位准确的会展项目，是会展企业获得成功的重要基础。

（3）竞争者信息的收集

要在市场竞争中取胜，必须要了解竞争对手的情况，尽可能地收集竞争者的信息，做到“知己知彼，百战不殆”。竞争者的信息可从企业内部源泉和外部源泉两方面获得。

（4）外部环境信息

外部环境包括会展企业所处的政治、经济、社会、文化、法律、科技等环境，会展企业还需了解会展举办地和参展企业所处行业的宏观环境。比如，会展企业了解参展企业所处行业的行规及相关的法律法规，可以有效地降低举办会展的风险；如果在本地开展一次展览会，需要考虑是否有会展市场，本地较其他城市是否具有优势。

【案例 6-1】 “老博会”升温

人口老龄化是当今世界发展的一个重要趋势，2006 年初全国老龄办发布的《中国人口老龄化发展趋势预测研究报告》显示，在未来的 100 年，中国的人口老龄化具有老年人口规模巨大、老龄化发展迅速、地区发展不平衡、城乡倒置显著、女性老年人口数量多于男性、老龄化超前于现代化六个主要特征。报告还指出，人口老龄化将伴随 21 世纪始终，2030～2050 年是中国人口老龄化最严峻的时期。

随着人口老龄化程度的不断加深，庞大的老年群体也造就了潜在的巨大市场。《报告》显示：目前我国 60 岁以上的老年人口已达 1.43 亿，并且到 2050 年，老年人口总量将超过 4 亿。与此相对应的老年市场需求是一个惊人的数字，据统计，2005 年老年市场需求为 6000 亿元，2010 年将达到 1 万亿元，2020 年达到 2 万亿元。市场需求巨大。此外，人口老龄化已给我国经济、社会、政治和文化等领域带来了深刻影响。国家已经意识到解决老龄社会的各种矛盾和问题已经迫在眉睫，纳入社会主义现代化建设的总体发展战略已经成为必然，国家必然会为此完善相关政策，加大投入，加快发展老龄事业，以老年消费群体为目标对象的“银发经济”在我国呈现出蓬勃发展态势，可以大胆预测老年产业的黄金时代即将来临。

展会是产业发展的风向标，大连首先关注到“老年产业大有可为”，2004 年中国第一个以老年产业为主题的展会（统称“老博会”）在大连举办。随后 2005 年，广州、重庆和廊坊也相继举办。2006 年下半年“老博会”突然开始发力。据统计，于 2006 年下半年举办的“老博会”多达八个（北京、上海、沈阳、广州、重庆、大连、济南），其中五个是首次举办。

老年产业是个很宽泛的概念，包括所有有关老年人物质、精神需求以及其他特殊需求的商品和服务。包括衣、食、住、行、用、医、药、文、体、乐、学等，以及家庭服务、咨询服务、护理服务、保险服务、健康休养等。因此，“老博会”招商对象也非常广泛，只要是老年人生活所需的一切用品和服务，满足老年人生理、心理消费需求的都囊括其中。涉及农产品生产加工企业、金融保险企业、养老服务机构、文娱休闲、医药及保健品、医疗器具、法律咨询、旅游代理等。

资料来源：http://news.xinhuanet.com/

6.2.2 选择目标市场并进行定位

目标市场，即会展企业的目标参展企业群体，也就是会展企业会展项目的销售对象，它是会展企业在整体会展市场上选定作为营销活动领域的某一或某些细分市场。会展目标市场是会展市场营销活动中的一个重要概念，因为会展企业必须把满足参展企业的需求放在首位，充分满足参展企业的需求，会展企业才能生存和发展。参展企业的需求是千差万别的，任何一个会展企业都只能满足会展市场中一部分参展企业的需求。会展企业只能根据自身的技术力量、物质资源及管理能力等条件，满足参展企业的特定需求，也只有用特定的会展项目和服务来满足这些参展企业，会展企业才能实现经营目标。会展企业只有在进行市场细分和确定自己的目标市场后，才能针对自己的市场发展自己的营销组合。

确定会展目标市场之后，我们紧接着就会确定会展项目的特色、会展项目在市场中的地位，并从此预测会展项目的市场份额，这就是市场定位的任务。市场定位是会展项目切入市场的依据，指通过对会展项目独特优势、竞争者分析、目标市场的深入认识，决定会展项目在市场中的地位和份额的活动。然而，会展项目在市场上的最终定位是由参展企业决定的。因此，要把会展项目定位在参展企业的脑海里，必须从参展企业的角度出发，站在参展企业的立场设身处地进行思考，而不能从会展主办企业的角度一厢情愿地设想。

【案例 6-2】 浦东会议酒店市场发展定位

1990 年以前上海浦东还是一片农田，但现在已成为全国会议聚焦的中心之一。上海浦东作为中国改革开放的先锋，18 年来也发生了翻天覆地的变化。陆家嘴金融贸易区、金桥出口加工区、张江高科技园区、外高桥保税区四大功能开发区齐头并进，城市环境不断改善，综合竞争力不断提高，以“财富 500 强”、“APEC”会议为代表的一大批国际会议落户陆家嘴，以上交所、渣打银行为代表的中外金融贸易机构抢滩陆家嘴，浦东已成为世界瞩目的焦点。

浦东的交通、通信等城市基础设施发展迅速，目前建成的包括上海新国际博览中心和上海国际会议中心在内的各类会议场所已近 30 个，具备大中型会务功能的楼宇达 40 余幢，浦东现有高星级宾馆 28 家，客房 8626 间，中档宾馆 36 家，低星级宾馆 36 家。合计 100 家。非星级宾馆 3770 家，所有宾馆总计 470 家，客房数 23524 间。全世界著名品牌在浦东基本上都找得到，洲际位于全球第一。并且形成了各类多功能厅、展示厅、观光厅以及同声翻译、影视等配套设施。完备的设施使会展这一新兴产业开始在浦东崛起并蓬勃发展。2002 年，在浦东举行的各类会议已达 50 多个，其中国际性、全国性较高层次的会议达 20 多个，如在浦东香格里拉大酒店举行的世界经济论坛会议、北方电讯全球会议；金茂凯悦大酒店举行的《经济学家》论坛会议；新亚汤臣大酒店举行的全国高新技术产业开发区会议；浦东假日酒店举行的国家级经济技术开发区利用外资会议等。与此同时，各类国际性商品展示会也开始在浦东举行，仅外高桥保税区国际展示中心就先后举行了 JVC 多媒体、日本天田机械、西班牙和罗马尼亚家具等展示会。2006 年 1～12 月，浦东召开会议累计 1740 个，增长 10%。与会人数 32.21 万人次，增长 93%。与会人员占整个宾馆接待人次的 17.72%。

如今，浦东会议市场定位可概括为三句话：第一句话，做大国际市场，即提高国际协会及其他社团组织会议和在华投资跨国公司会议的举办数量和质量；第二句话，扩展次级市场，努力扩展国内协会及其他社团组织会议、国内大中型公司会议市场；第三句话，把握机会市场，根据上海自身特点，把握国际国内政府间会议、国际其他跨国公司的会议市场。

资料来源：www.mice.pudong.gov.cn

6.2.3 制定市场营销计划

会展营销关注的焦点是寻求如何满足会展目标观众的需求，营销计划是满足需求的关键。在前两步的基础上，接下来的工作就是要制定市场营销计划了，会展营销计划的制定，因参展企业所处行业、市场需求、竞争状况和会展企业实力的差异各不相同。一般而言，在营销计划中以下内容是较为重要的。

① 既定目标市场综述。即对会展目标市场的市场环境进行分析，分析各宏观环境因素、市场状况、竞争状况等，并在此基础上做出SWOT分析。

② 营销目标的确定及分析。营销目标包括短期展览目标、长期展览目标。此外还需分析目标实现的潜在风险和影响因素。

③ 合理的营销组合策略。会展企业应根据目标制定合理的营销组合策略，它一般包括产品策略、价格策略、渠道策略、促销策略和定位策略等。

④ 营销预算的编制。对营销预算费用进行确定和分配。

⑤ 营销控制和进一步的规划方案。

6.2.4 执行和控制营销计划

会展企业进行营销控制与管理是推行现代科学管理的重要一环，是目标管理推行和目标利润实现的重要保证。在会展营销过程中，常见的营销控制形态有以下几种。

① 项目计划控制。用于检查本次会展的计划目标是否实现，主要方法是销售额分析、市场占有率分析、销售费用率分析、顾客态度跟踪等。

② 盈利水平控制。用于检查会展企业的盈利与亏损情况。如对各项目、地区、细分市场、销售渠道、销售数量等方面的盈利水平分析。

③ 效率控制。用于检查分项费用开支的效率与效益。如对人员、广告、销售促进和分销的准备率分析。

④ 战略控制。用于检查会展企业是否在最大限度地利用它的市场机会。主要方法有营销效果评价、营销审计等。

6.2.5 评估会展营销结果。

对会展营销结果进行评估是会展营销的最后一步，只有对营销活动进行有效评估，才能正确判断营销活动的效果。所谓“评估”，包括两个部分：第一部分为衡量，也可称为度量或者计量，即为数量的计算和比较；第二部分为判断，就是对于一切不能量化的因素所可能采取的研究判断手段。衡量是客观的，而且一定要有作为衡量标准的共同单位。判断是主观的，而且也不能用某种单位来直接加以衡量。评估必须把客观的衡量与主观的判断结合为一体。

对展览会进行评估，必须首先弄清楚展览会的目标是什么。其次，还应弄清评估的内容。一个专门研究展会绩效评价的组织在展会调查中认为观众质量、观众活动和展览效果是评价展会绩效的重要准则。

然而，判断远比衡量要难，即使有非常精确的衡量，若无合理的判断来与之配合，则整个评估仍然不能适当，甚至会发生错误。衡量部分是科学化的，反而言之，判断则可以说是一门艺术。负责此种工作的人，不仅需要足够的学识和经验，而且还必须有某种程度的天赋。所以，评估是非常繁重而困难的工作，一方面我们可以借鉴先进的方法体系，另一方面需要保证评估的客观中立性。

【案例 6-3】　会展营销的工作步骤

1）市场调研与预测　主办者需要将市场调研的重点放在以下四个方面：①市场前景分析，如政策可行性、市场规模及类型等；②同类展览会的竞争能力分析；③本次展览会的优势条件分析；④潜在客户需求调查。

2）目标市场定位　主办者在进行市场细分时，至少要考虑下列四种因素：①展览会的类型；②产业标准；③地理细分；④行为细分；

3）制定市场营销计划　对于会展企业而言，一份市场营销计划一般应包括以下内容：①会展市场营销现状分析；②企业或具体的会议，展览会的 SWOT 分析；③营销目标的确立；④市场营销组合策略；⑤具体的行动方案及营销费用预算；⑥营销计划的执行与控制。

4）实施营销计划。

5）营销效果评估　它由事前测试和事后评估两部分组成。其中，事前测试包括集中征求或随意采访与会者/参展商对各种营销活动的意见。事后评估是衡量营销活动是否达到预期目标的唯一途径。

资料来源：www. expo-china. com

6. 3　会展营销计划

会展营销计划的框架与主要内容是什么？

会展营销计划是在分析研究会展企业面临的机会与威胁、优势与劣势的基础上，对会展营销目标、营销策略、营销行动方案及其预算等方面内容的确定和控制。一般来说，营销计划的制定背景是企业的战略计划，因此，企业要在确定组织使命、组织目标、选择适当竞争战略的基础上，进行营销计划工作，以保证营销计划与企业战略计划的协调。

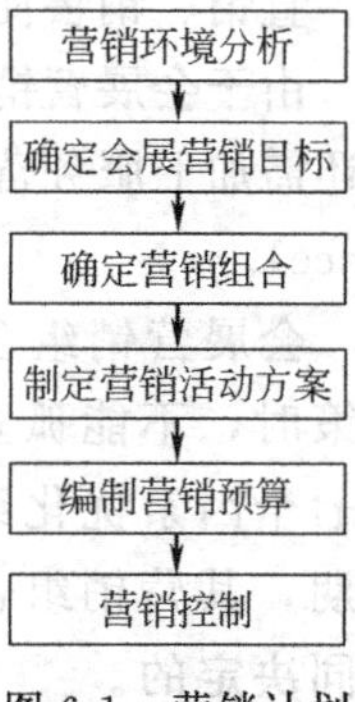

6. 3. 1　会展营销计划基本流程

营销计划的基本过程如图 6-1 所示。

营销环境分析 → 确定会展营销目标 → 确定营销组合 → 制定营销活动方案 → 编制营销预算 → 营销控制

图 6-1　营销计划的基本流程

（1）营销环境分析

环境分析的内容十分广泛，包括会展行业结构、参展企业所处行业情况、经济状况和企业内部条件等的分析。如潜在竞争者的威胁，现有竞争者的抗衡，替代品的压力，买方讨价还价的能力，供应方讨价还价的能力，市场需求，经济状态，竞争形势，政府有关政策，社会文化，企业基本素质，企业组织结构，员工队伍，产品的市场地位，企业文化等。通过对企业内、外环境的分析，发现企业所面临的机会与威胁，找出企业的优势与劣势。具体的分析方法有：①外部环境要素评价矩阵；②“雷达”图分析法；③产品评价法；④内部要素评价矩阵；

⑤SWOT分析。比如，会展企业可通过分析自身的内部经营情况以确认优劣势所在；通过了解外部会展企业哪些项目经营得很成功，哪些需要改进及哪些经营是失败的，以确认机会和威胁。

（2）确定会展营销目标

会展企业的营销目标一般包括留住现有的观展商（参展商）；增加场地租金；增加新的参展商（观展商）；提高市场份额；持续控制竞争者等。

会展营销目标能发挥以下几方面作用：

① 能让会展企业营销人员了解会展企业的营销总方向；

② 具体的营销目标有助于营销任务的分工，便于衡量营销计划的执行结果及各营销人员的工作成绩；

③ 有利于利用会展企业所有管理人员提供的信息，因此而提高其工作热情和积极性。

（3）确定营销组合

麦肯锡将市场营销组合工具归纳为4P，即产品（product）、价格（price）、渠道（place）、促销（promotion）。每一个P都包含有若干营销变量。对会展营销而言，在产品策略方面，应重视会展产品的开发与组合，可采取资源重组策略、产品升级策略来实现会展产品项目的开发；运用会展产品的组合扩展策略、组合简化策略、组合改进策略来实现会展产品项目的组合。同时还应运用会展产品品牌策略打造会展品牌、进行品牌经营、提升品牌质量、实现品牌效应。

在价格策略方面，会展企业可根据会展企业成本状况、会展市场的需求状况和水平、会展项目周期、市场发展情况及市场环境、会展企业目标等多种因素来制定价格；同时采取折扣、折让、优惠、付款期限的规定等灵活的定价技巧以保证会展企业价格策略成功。

在分销渠道方面，根据诸多会展企业的实际操作，会展项目分销渠道主要有代理制、合作制和部门制。会展企业应根据各种形式的特点，整合营销资源，对渠道进行激励和控制，构建营销网络。

在促销策略方面，会展企业常用的促销手段包括直接邮寄、广告、公共关系、电子营销、直销、销售促进等。有效的会展促销策略就是多种手段的有效整合。

由于会展营销兼具有形产品和无形服务的特点，与传统有形产品营销组合不同，会展营销还需加上服务营销的3Ps，即人员（people）、过程（process）和有形展示（phsical evidence）。

会展营销组合中的七个营销因素是相互依存、相互影响、相互制约的。在进行营销决策时，不能孤立地仅考虑某一因素，因为单一因素并不能保证营销目标的实现。只有七个因素优化组合，才能达到预期目标。而且不同会展产品项目、不同市场、不同时期，其营销组合也会有差异。实质上，营销组合的差异是由消费者需要满足的性质不同决定的。

（4）制定营销活动方案

营销组合策略需要通过具体的营销活动来实施。由于会展营销组合的因素和组合模式较多，因此，相应的营销活动方案也较多。比如会展宣传和广告活动方案，新项目开发行动，折扣促销方案，市场调研方案等。无论营销活动方案有多少种，其方案共同设计要素主要为：活动的目的、项目内容、时间进度、预算、人员安排、负责人等。

【案例 6-4】 会展营销的技巧

会展公司在经营会展项目的时候，营销是个普遍关注的问题。根据目前中国会展业的状况，如果组展企业对某个展览会的销售额不满意，一般会首先想到以下措施。

① 加大广告宣传力度，使更多的参展商对展览会产生兴趣，以扩大潜在市场的规模。

② 通过严格控制成本和开展规模经营，降低展览会的报价，以增加有效市场购买者的数量。

③ 对展览会进行适当调整，以降低对潜在购买者的资格要求。

④ 制定更有竞争力的营销组合方案，力图在目标会展市场中占更大的份额。

无疑，以上几条措施是符合常规的一般营销手段，能在一段时期内起到作用，但从会展业发展的长期战略来看，似乎有些不妥。

① 广告并不是多多益善的，成本是需要考虑的。因此广告发布的渠道要根据不同行业的特殊情况区别对待，有的可以吸引学术界的关注，有的可以靠强大的行业协会推荐，有的则要靠政府的相关部门支持。把力度放在行业最具权威的机构上，必能起到更好的效果。

② 展览会价格不宜轻易改动。严格控制成本和选择适当的经营模式是每个公司在每个时期都应注意的事情，但为了吸引更多的潜在客户而利用各种可能的方式降低展览会报价不可取。价格是应该在作好市场预测之后就已经决定的，决不能因为没有完成销售额而降低价格，这样会使主办者丧失信誉。合理的成本节约是有限度的，也应是一贯的，一味地追求低成本必将引起行业内价格战的恶性循环。价格的决定必须慎重，必须建立在详细的、真实的、审慎的市场分析基础之上，一经决定，应不再更改，否则，带来的后患将不仅是公司本身的，也将影响整个行业利益。

③ 降低参展商资格的方法在任何时候都断不可取。虽然这种方法可能会吸引到一些原不符合参展资格的客户，但会令绝大多数参展商有上当受骗的感觉，失掉的是更多的客户、展会的信誉甚至是公司的品牌。

④ 制定更有竞争力的营销组合方案是最好的方式，而且每个企业各有优势，利用优势横向或纵向强强联合，降低成本，改善服务，提高市场份额，应是解决会展营销的最有效的方式。

资料来源：www.expo-china.com

（5）编制营销预算

营销预算是编制企业预算的基础。营销预算编制的基本思路为：以会展企业的总体目标为前提，根据市场预测和以往预算基础数据及新增预算规模，经过综合平衡进行编制。编制营销预算包括预算总额和预算分配两项工作。

（6）营销控制

会展营销活动的开展，除了做好营销计划工作外，必须对营销活动过程加以控制，以防止营销活动与营销目标偏差的积累超过承受范围，达不到预期的营销目标。会展营销控制对采取项目计划控制、战略控制、效率控制、盈利水平控制等方式，一般围绕营销战略、营销运行状态这两方面内容进行。

6.3.2 会展营销计划的框架与主要内容

会展营销计划的制定，因参展商所处行业、市场需求、竞争状况和会展企业实力的差异各不相同。但以下的计划内容是较为重要的。

（1）营销计划概述

这是对营销计划的高度概括。企业管理高层决策者往往通过目标的可实行性，战略的可行性及方案的可操作性来把握计划的要点。

（2）环境分析

这是制定计划的基础。通过对营销环境扫描，提出利用机会、避开威胁、发挥优势、减少劣势的相应思路和措施。

（3）目标

提出指导营销战略和行动方案的目标体系。在会展营销计划中要对总销售目标和营销目标分别说明。在销售目标方面，说明短期展览目标、长期展览目标，并分析潜在的风险和影响目标实现的因素；在营销目标方面，需明确具体的营销目标，如留住现有的参展商、增加场地租金、增加新参展商、提高市场份额、持续控制竞争者等。

（4）营销战略

这是指会展企业要达到目标所应采取的营销策略、途径、营销组合等。当一个营销目标提出后，其实现的途径并不唯一。如新增加参展商5%的目标，可以通过降低展位租金、开发新会展项目、开拓市场、举行名人出席和演讲等方式实现。营销战略的制定就是要对这些方式择优选择。在制定营销战略的过程中，需要分析企业的资源配置能力。任何一项营销战略的实施，都将需要得到供应链成员、人力资源、财务、采购、后勤等部门的大力支持。

（5）行动方案

这是营销战略具体化的结果。方案中将以表格的形式分列行动内容、时间安排、负责人、承办人、预计成本与结果等内容。

（6）预算

营销预算是营销活动开展的硬约束。预算的提出依据要充分、合理、切合企业实际情况，并要区别不同情况，做到刚性预算与柔性预算的统一。

（7）控制

会展企业依据目标、行动方案、预算定额等定期检查营销计划的执行情况。控制的基础是计划目标的拟定，而计划目标的准确性需要预测来保证。强化对营销活动开展的判断力训练和基于权变导向的应变计划准备都是控制环节中必不可少的。此外各种简单易行、切合实际情况的控制机制、模式、手段、方法是防止营销计划偏离正常目标的重要保证。

6.4 会展营销控制

如何进行会展营销控制?

6.4.1 会展营销控制的作用

会展企业进行市场营销控制与管理是推行现代科学管理的重要一环，其作用主要表现在如下两方面。

(1) 会展营销控制有利于会展企业经营管理水平的提高

会展企业进行市场营销的管理与控制，可以通过营销分析与评价帮助营销管理人员正确地认识到各项营销活动的内在联系，明确影响营销活动的各种原因，找出营销活动中存在的关键问题，为营销措施的改进与新的营销战略的制定提供科学依据。另一方面，会展企业还可以监督、检查营销战略的实施情况及其有效性。

(2) 会展营销控制有利于目标管理的推行和目标利润的实现

会展企业确定营销战略目标、推行目标管理，需要经常检查营销计划目标的完成情况和分析影响营销计划完成的积极因素与消极因素。通过进行市场营销的管理与控制，可以为制定改进措施和提供目标计划提供依据，可以衡量会展企业营销活动取得的经济效益水平与存在的差距，找出实现资源利用最佳组合的方法，实现预期利润和取得良好的经济效益。

6.4.2 会展营销控制的过程

会展营销控制工作如同营销计划工作一样，是一个包括多步骤的复杂过程，可用图 6-2 表示。

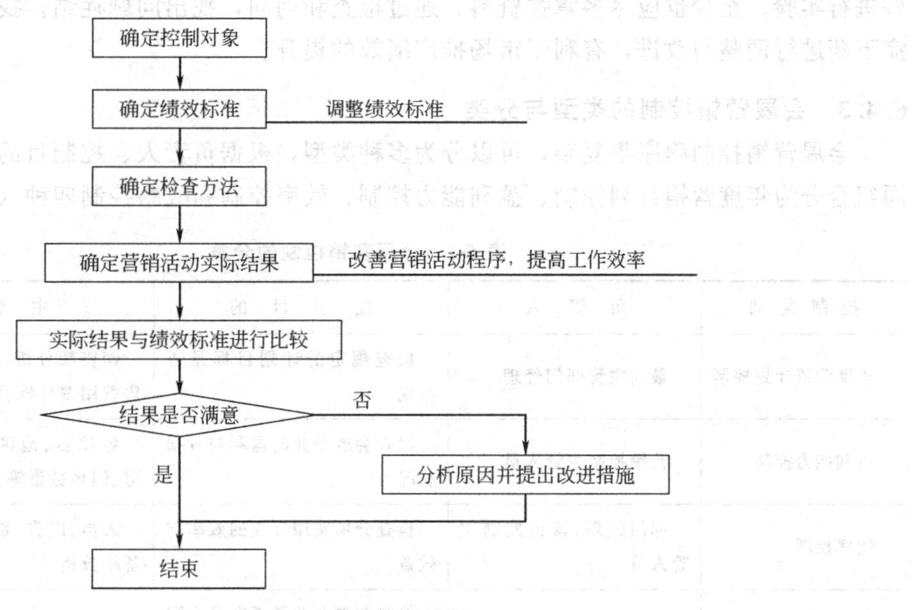

图 6-2 营销控制过程

(1) 确定控制对象

展位与门票销售收入、销售成本、销售利润是多数会展企业关心的对象，其他的如市场人员绩效、市场调查的效果、新项目的成效、广告效果都应受到关注，而任何控制都需要成本，所以，确定控制的对象时，必须确定项目控制的频率和范围。对企业成败意义重大的因素要重点控制；容易脱轨的市场营销活动也要较多地控制。如有必要，也可对全部市场推广业务进行评价并有选择地进行控制。

(2) 确定绩效标准

这是指确定营销控制的衡量单位，并将这些衡量单位加以定量化。例如每个市场人员每年增加 50 个新参展企业客户等。如果是会展结果控制，则以企业主要战略目标为标准，如利润额、市场份额、市场增长率、销量等。如果是会展过程控制，则必须建立一套能预测结果的标准，这些标准通常是一些战术目标和阶段性结果，如定期招展量、优惠期效果、会展工作人员达到某技术水准的时间记录。

(3) 确定检查方法

建立工作绩效指标后，将计划与实际完成情况的对照比较就是检查。

检查可以通过很多种方法来进行。各类报表是检查绩效的一种工具，企业的各种记录有助于对市场营销工作做检查。直接观察也是检查的方法之一。

(4) 确定会展企业营销活动的实际结果

会展企业营销人员可以从会展企业营销信息系统中得到信息，然后分析总结，得出各项营销活动的实际结果。

(5) 营销活动实际结果与绩效标准进行比较

必须将会展营销活动实际结果与绩效标准进行比较，以确定是否实现预期目标。

(6) 分析原因并提出改进措施

分析偏差原因是一件复杂的工作，对于实施过程中出现的问题，我们容易发现，但有的时候，究竟是决策过程出了问题，还是执行过程出了问题会纠缠不清，所以，必要的时候最好进行实验，至少也应尽多掌握资料，通过检查和询问，找出问题症结。找到问题症结，对症下药进行调整与改进，有利于市场推广绩效的提升。

6.4.3 会展营销控制的类型与分类

会展营销控制程序很复杂，可以分为多种类型，根据负责人、控制目的和控制方法的不同组合分为年度营销计划控制、盈利能力控制、效率控制和战略控制四种（表 6-1)。

表 6-1 会展营销控制的分类

控制类别	负责人	控制目的	主要方法
年度营销计划控制	最高主管部门经理	检查规定的计划目标是否实现	销售额分析、市场占有率分析、销售费用率分析、顾客态度跟踪
盈利能力控制	营销控制主管人员	检查会展企业的盈利与亏损状况	各项目、地区、细分市场、销售渠道、销售数量等方面的盈利水平分析
效率控制	部门经理、营销控制主管人员	检查分项费用开支的效率与效益	人员、广告、销售促进和分销的准备率分析
战略控制	最高主管营销审计人员	检查会展企业是否在最大限度地利用他的市场机会	营销效果评价、营销审计

注：资料来源于冯丽云. 现代市场营销学. 经济管理出版社，1999。

(1) 年度营销计划控制

当会展营销人员制定年度营销计划后，一年中的时间都用在计划的执行上，目的是使营销计划目标如营业收入、市场占有率等如期完成。然而，会展企业的外部和内部营销环境是不断变化的动态环境，其中有些因素的变动常会影响营销计划的执行工作，因此，为了确保营销计划的实现，营销人员必须进行年度营销计划控制。

年度营销计划控制可以从以下几个角度切入。

1) 展位销售分析　销售分析用于衡量评估销售目标和实际销量之间的关系，主要有两种方法来实现。

① 销售差异分析。无法完成计划的销售金额，有两个因素导致，一是价格下降，一是销量减少，那么，因降价产生的差异等于展位销量与单价降额之积，用这个所得的积与实差总额相比较，得到的百分比就是价格下降造成销售差异的百分比。

例如，计划销售展位300件，每位3500元，销售总额为1050000元。但实际上只销了200件，每件3000元，实销额为600000元，绩效差异为450000元。

所以，因价格下降的差异＝(3500－3000)×200，乘积为100000元，占450000元的22.2％。

即有22.2％强的销售差异归因于未能按原价销售。

② 微观销售分析。其目的在于找出影响完成招展目标的特定项目和地区，适用于一个或多个项目在多个地区招展的企业。根据不同展位销售报表，企业很方便找到与原定计划差别最大的项目和地区。造成这些项目和地区销售下降的原因很多，如营销人员工作不努力，竞争项目在本地区更有竞争力，该地区参展企业经营状况下降等。

2）市场占有率分布　要把握自己与竞争对手经营状况的差别，可进行市场占有率分析。分析市场占有率，分两步进行。

第一步：选择适当的度量方法。一般情况下，有三种度量方法可供选择。

① 全部市场占有率。指特定展览企业销售额占全国该行业同类项目销售额的百分比。

② 可达市场占有率。指特定展览企业销售额与企业所进入市场销售总额的百分比。

③ 相对市场占有率。指特定展览企业销售额与最大三家竞争对手销售总和的百分比。

一般情况下，相对市场占有率高于33％被认为是强势的。有时候，相对市场占有率也指企业销售额与市场领导竞争者销售额的百分比。

第二步：正确解释市场占有率变动原因。了解企业市场占有率之后，尚需正确解释市场占有率变动的原因。企业可从项目大类、参展企业类型、地区以及其他方面来考察市场占有率的变动情况。一种有效的分析方法，是从参展企业渗透率、参展企业忠诚度、参展企业选择性，以及价格选择性四因素分析。

所谓参展企业渗透率，是指从本展览公司购买某会展项目展位的顾客占该类项目所有参展企业的百分比。

所谓参展企业忠诚度，是指参展企业从本企业所购展位与其所购同种展位总量的百分比。

所谓参展企业选择性，是指本企业一般参展企业的购买量相对于其他企业一般参展企业的购买量的百分比。

所谓价格选择性，是指本企业具体项目平均价格同所有其他企业具体项目平均价格的百分比。

全部市场占有率＝顾客渗透率×顾客忠诚度×顾客选择性×价格选择性

假设某企业在某年度或招展周期内市场占有率有所下降，则上述方程为我们提供了四个可能的原因。

① 企业失去了某些参展企业（较低的参展企业渗透率）。

② 现有参展企业从本企业所购项目展位数量在其全部购买中所占比重下降（较低的参展企业忠诚度）。

③ 企业现有参展企业规模较小。

④ 企业的价格相对于竞争者项目价格显得过于脆弱，不堪一击（较低的价格选择性）。

经过调查原因，企业可以确定市场占有率改变的主要原因。

3）市场营销费用与销售额比率分析　项目计划控制需要检查与销售有关的市场营销成本，以确定在达到不同销售目标时的费用支出，而不能让其比例过高或过低。

4）参展企业态度追踪　与财务数据的定量分析不同，参展企业追踪调查是一种定性的衡量方法。主要分析参展企业的满意度。而参展企业的满意被认为是其保持较高忠诚度的必要条件。

一般情况下，企业主要利用三种措施来调研参展企业的满意程度。

① 抱怨和建议系统。企业应记录并分析，处理参展企业的抱怨，鼓励参展企业提出批评与建议，这样，才能收集到参展企业对项目和服务反映的完全资料。

② 固定参展企业样本。建立由有一定代表性的参展企业组成的参展企业队伍，定期以一定形式了解他们对企业项目和服务的态度，比抱怨和建议系统更有效。

③ 参展企业调查指定期随机让参展企业回答一组标准化的调查问卷。

通过以上四种方法，我们可以分析出实际绩效与项目计划的偏差及原因，企业可通过很多手段来进行营销控制。

（2）盈利能力控制

盈利能力控制是决定各种项目或市场营销活动是扩展、减少或取消的依据。

市场营销成本与盈利能力和企业利润直接相关，它主要由以下项目构成。

① 直接推销费，包括市场人员的工资、奖金、差旅费、培训费、交际费。

② 促销费，包括广告成本、项目说明书印刷费、促销人员工资等。

③ 其他市场营销费，包括营销主管工资和办公费等。

市场营销成本是企业成本的一部分，直接影响企业的经济效益。

除此之外，盈利能力的考察指标还有销售利润率、资产收益率、净资产收益率、资产管理效率等。

（3）效率控制

效率控制是指通过对市场人员、广告、促销等的效率考核来改进市场营销方法。

1）市场人员效率　反映市场人员效率的主要指标有：

① 每人日均招展访问次数；

② 每次访问的平均时间；

③ 每次访问的平均收益；

④ 每次访问的平均成本；

⑤ 每次访问的接待成本；

⑥ 每百次访问而成交的百分比；

⑦ 每招展期间的新参展企业数；

⑧ 每招展期间流失的参展企业数；

⑨ 销售成本对总销售额的百分比。

这些具体的指标，能为企业找到市场人员效率较低的具体原因，并为改进他们的效率提供实质性的指导。

2）广告效率　评价广告效率的方法是由广告目的决定的。广告的目的一是为了提高参展效果，二是为了提高广告本身的效果，即广告对参展企业的影响。因此，可从两个方面来评价广告效率。

① 广告销售效果评价。广告销售效果指广告能否引导参展企业产生购买行为，扩大展位销售。对这个效果，一般用实验法。

实验法是企业根据有关资料确定一个广告费用销售额的百分比，然后分正常广告费、减少 1/2 广告费、增加 1/2 广告费三步进行实验，可以测定广告增减与销售额增减的关系。

② 广告本身效果评价。参展企业先要对项目产生兴趣，加强对产品的印象，导致参展企业的购买行为，这就是广告本身的效果。

评价广告本身效果，一般有两种方法：一是测验法（指参展企业对广告的注意度、记忆度、理解度及由此引起的购买动机的测定）；二是预试法（指广告推出前对广告本身效果进行评价以改善备用广告）。

在把握了广告效率的基础上，企业可通过更加有效的广告定位，确定新的广告目标，重新选择媒体等来提高广告效率。

3）促销效率　促销是遍及各行业的市场营销武器，各企业都希望以此拉拢参展企业，争取更多的青睐，尽快使资金回笼。但促销是双韧剑，可伤人，也可伤己。所以，必须认真组织、冷静分析其利弊得失，以免陷入促销的陷阱。

所以，企业不仅要控制促销的成本和效益，更要对促销造成的影响加以研究。在进行研究时，必须弄清楚以下几个问题。

① 由于优惠、送礼等促销而引起的参展企业购买行为所占销售总额的百分比。

② 赠券回收的百分比。

③ 促销后参展企业对产品的评价。

(4) 会展营销审计

会展营销审计是最常用的战略性控制的手段。会展企业都有必要经常回顾一下会展企业的总体经营情况，从而使会展企业的经营适应变化着的环境和各种机会。会展企业这种有计划、有系统地检查整体营销活动的方法，称为会展企业营销审计。

营销人员在进行营销审计时，应注意营销审计的如下四个显著特点。

① 定期性。即营销审计应按年或季度定期进行，而不能只在会展企业出现经营问题或危机时进行。

② 广泛性。即营销审计要对会展企业所有的营销活动进行全面的核对检查，而不是仅仅对会展企业某些已经存在问题的营销活动进行检查。

③ 系统性。即营销审计要用标准化的检查方法对会展企业的营销环境、内部营销系统及特殊的营销活动等进行系统的诊断。

④ 独立性。即营销审计应由一组不受营销部影响的人员去独立地执行。如会展企业决策人员可邀请会展企业外界有经验的专家小组来进行营销审计活动。

根据以上四个特点，我们可认为，营销审计是指通过定期、广泛、系统和独立的检查方式，对会展企业的营销环境、内部营销系统、特殊营销活动等进行整体检查。

会展营销审计由三个诊断步骤所组成。第一步是营销环境回顾，即分析目前及将来的营销环境，它包括对市场、顾客、竞争对手及宏观环境等内容的检查。第二步是营销系统的回顾，分析会展企业内部营销系统对营销环境的适应性。它包括对会展企业目标、策略、执行情况等内容的检查。第三步是对会展企业具体的营销活动进行回顾，分析会展企业营销组合的构成，特别是要对会展企业产品、价格、销售渠道及各种促销活动进行检查。

【案例 6-5】 为广交会的“门槛”鼓掌

有一个论题曾被讨论多次，“先做大，再做强”，就如现在的广交会。自 1957 年以来，广交会已经举办了 100 届，每年两届，每届的成交额近 300 亿美元。广交会已经很大了，接下来就是要做强。大者不一定代表权威，但强者则一定会代表权威，广交会正在逐渐发出强者的声音。

广交会在招展方面有了一条新政策，西部地区的流通型企业年出口额必须超过 50 万美元。据广交会的内部人员解释，这是因为这几年来外贸企业的数量正在减少，而生产企业的比重正在增加，所以，对外贸企业的要求做出相应调整。但这并不能解释由于比重减少，就对流通型企业进行限制。所以，又有人解释为，这种规定是国家为了鼓励生产企业，限制流通外贸企业而制定的。当然，我们还可以想到另外一个问题，广交会正逐渐发挥展会的高层次功能，已经开始有能力影响整个产业布局了。

在《参展准入管理规定》中还有一条，广交会分配性和招展性展位一律按量化评分与优选原则的办法安排，不得采取招标方式安排展位，展位按评分高低依次安排。这意味着，假如企业实力不够，达不到标准，交再多的钱，也没有办法参展，或得不到好的展位。这是无数会展主办方渴望的现象，选择企业而不是被企业选择。

对于广交会主办方来说，出台这些规定，更有利于提高展览会的质量，有利于对参展企业进行管理。对于企业而言，似乎则变得麻烦了很多，要想参展首先要接受某些机构的调查和评估。另外，即便是参展了，也不一定是能够随心所欲，通过特装展位、谋取好的位置在展会上做“吹牛”广告，可能性不大了。

广交会的规矩越来越多，对于一些企业，仅仅是提前排队已经不能实现企业的参展目标了。看到新招展政策，总让人不由得想到去美国前的签证过程。当一个行业或者某个活动变得商机无限、日益诱人的时候，就会出现一条“门槛”。这条“门槛”是为了规范展会，是为了提升展会的质量，是为了展会发挥更强的功能。无可厚非。

资料来源：www.xinhuanet.com

本章小结

会展营销管理是指对会展企业的经营项目和营销活动进行计划、组织、执行和控制，以便能创造、建立和维持与会展企业目标市场的良好交换关系，实现会展企业目标的活动。会展营销管理的工作任务包括分析、计划、执行和控制四个方面的内容。

一般而言，会展营销过程包括会展营销调研、选择目标市场并进行定位、制定市场营销计划、执行和控制营销计划、评估会展营销结果五个步骤。

会展营销计划是在分析研究会展企业面临的机会与威胁、优势与劣势的基础上，对会展营销目标、营销策略、营销行动方案及其预算等方面内容的确定和控制。一般来说，营销计划的制定背景是企业的战略计划。会展营销计划的基本流程包括营销环境分析、确定会展营销目标、确定营销组合、制定营销活动方案、编制营销预算、营销控制等环节。会展营销计划的主要内容应包括营销计划概述、环境分析、目标描述、营销战略、行动方案、预算和控制。有效的营销计划应做到简明和使目标尽量量化。

会展营销控制是会展营销管理中的重要一环，它有利于会展企业经营管理水平的提高，有利于目标利润的实现和目标管理的推行。会展企业的营销控制工作一般包括如下步骤：确定控制对象、确定绩效标准、确定检查方法、确定营销活动实际结果、将实际结果与绩效标准进行比较、分析偏差原因并提出改进措施。营销控制根据负责人、控制目的和控制方法的不同组合可分为年度营销计划控制、盈利能力控制、效率控制和战略控制四种。

复习与思考

1. 会展营销有何特点？
2. 什么是会展营销管理？它有何特点？
3. 会展营销管理的工作任务包括哪些？
4. 详述会展营销管理流程。
5. 什么是会展营销计划？会展营销计划的基本过程如何？
6. 会展营销计划应包括哪些内容？
7. 如何进行市场占有率分析？
8. 会展营销审计有何特点？

案例分析：国外会展营销的启示

1. 切实更新营销观念

任何改革都来自于观念的创新。市场营销学从20世纪初发展到今天，营销理论方法和技术手段都发生了巨大的变革，与此同时，会展市场竞争也愈加激烈。因此，从政府主管部门或行业协会到每一个会展企业，中国会展界必须树立新的营销观。具体而言，主要表现在以下三个方面。

(1) 在营销主体上

以前业界一提到营销就认为只是办展企业的事情，而事实上会展营销的主体包括政府、会展企业、参展商和会者甚至还有媒体。令人欣慰的是，这种落后的观念正在迅速发生改变。例如，目前国内政府部门和会展界已经达成共识：会展城市也应作为一个产品来经营和推广。显而易见，一座城市若加强与ICCA（国际大会和会议协会）等会议和展览组织的联系，势必能争取更多大型会展活动的举办权。

(2) 在营销对象上

由于营销主体和营销目的不一样，营销对象及工作重点也应随之变化。举一个非常典型的例子，以前大多数国内展览公司都认为营销的重点是参展商，而现在正逐步倾向于专业观众或者说买家，这种观念的更新既反映了中国展览经理人经营水平的提高，也映射出国内展览市场的日益成熟。随着中国会展经济的进一步发展，城市营销、品牌营销、一对一营销等新的理念在会展业中将得到更广泛的认同和应用。

(3) 在营销手段上

从1894年的德国莱比锡博览会开始，现代会展业已经走过了100多个春秋，所使用的营销手段早已不限于传统的报刊杂志和广播电视，大量的新技术被应用到会展营销活动中来，使得营销竞争更加五彩纷呈。其中，最耀眼的当属网络技术的发展，互联网在会展活动中被广泛运用使得会展经营中的定制化营销成为可能。此外，其他一些新的营销手段也不断涌现出来，如直接邮寄、电话销售、的士广告、地铁广告等。近几年，随着展览会之间竞争的加剧，国内展览公司在进一步拓展招商、招展渠道的同时，开始加倍重视最新营销理念及手段的运用。

2. 争取相关组织支持

综观世界会展业的发展历史，德国、美国、法国、新加坡等会展经济发达国家无一不积极争取国际专业组织的支持，有些国家本身就拥有全球性的行业协会。换句话说，大到一个国家或城市，小到一家会展企业，拥有相关权威性组织的认可和支持是至关重要的，对于像世博会这样的全球性展览会尤其如此。即使对于单个企业，所主办的会议或展览会若能得到国际性组织认可，对与会者和参展商及专业观众将具有更大的吸引力。从会展营销的角度来讲，相关组织一般包括以下四种类型。

(1) 政府有关部门

从中国改革开放20多年的经济发展过程来看，任何一项产业在发展初期都离不开政府的扶持，会展产业同样如此。会议或展览会主办者应该而且完全可以把政府当作一个重要的信息来源，如通过政府有关部门获取国际专业买家信息，甚至将国际重要买家组织到展览会上来，或者协助在不同的国家或地区寻找销售代理商等。对国内展览公司来说，经常打交道的有外经贸系统、各级贸易促进委员会、旅游局等。

(2) 各类驻外机构

从会展企业可利用的资源角度看，这里的驻外机构主要指驻外使领馆、各种友好组织的国外联络处以及其他政府机构在国外设立的办事处等。例如，在举办国际旅游交易会时，承办单位（一般是各省、市旅游局）就应该与国家旅游局的驻外办事处合作，充分利用其熟悉当地社会经济情况的优势，选择适当的招展、招商渠道及手段。然而，从目前国内会展业的整体水平来看，会展企业对驻外机构的这些优势开发得还远远不够。

(3) 行业协会或学会

这里的行业组织主要包括两类：一类是国际性或区域性的专业协会，如国际大会和会议协会（ICCA)、国际博览联盟（UFI)、国际展览管理协会（IAEM）等。能够得到这些权威性组织的指导和推荐，无疑会有效提高国内会展企业的美誉度，增强展览会的吸引力；其次是某一个行业的协会，如世界旅游组织（WTO)、中国纺织行业协会、中国汽车工业联合会、中国模具协会等，若能得到这些机构的认可，展会主办单位除了享受技术支持和行业资源优势外，还能够迅速增强展览会的可信度。

(4) 国际商业公司

这里的国际商业公司主要包括实力雄厚的管理咨询公司、公关公司、市场调查公司和营销咨询公司等。这些公司大都具备很强的获取市场信息的能力，并掌握有一批特定的客户资源，从而为会议或展览会营销甚至是整个城市的宣传推广提供强有力的支持。因此，国内会展企业还应该熟悉国际惯例和法规，积极采取市场化的运作手段，充分发挥国际商业公司的作用。

3. 理顺行业管理体制

众多会展发达国家的成功实践都已证明，顺畅的行业管理体制是城市会展业健康发展和整体促销的基础条件。在欧美发达国家，政府不直接参与会议或展览会的组织和管理，而是为会展业的发展提供必要支持，除了提供优惠政策、投资兴建场馆（由公司自主经营）、资助企业出国参展外，还协助、促进会展公司开展会议或展览会的推广工作。

由于行业多头管理、企业单纯利润导向等局限性，当前我国政府在组织会展公司和旅游企业开展联合促销时存在很大障碍，更何况没有类似于法国专业展览会促进委员会（Promo Salons）的专业会展管理机构来牵头。因而，无论是从遵照国际惯例的要求出发，还是从具体操作的角度来分析，在管理体制上，我国应采取具有前瞻性的模式：成立会议旅游局，将会议活动纳入旅游部门进行统一管理；在展览业内成立展览行业协会，对展览会进行统一规划、管理和促销。

4. 积极开展联合促销

世界上许多国家的会议或展览业之所以能取得巨大成功，并在国际上享有盛誉，在很大程度上得益于整体促销活动的高效、有力。毕竟，开展联合促销既能塑造和推广地区会展业的整体形象，又可有效组织分散的资金、人力和物力，集中力量宣传本地区优良的办展（会）环境以及一批品牌会议或展览会。

特别值得一提的是，国外在开展会展活动尤其是全球性会议或世界博览会的整体促销时，会展部门和旅游业往往能精诚合作，而国内会展界（行业协会/会展公司）在这方面做得还十分欠缺。在未来一段时期，国内会展界和旅游界不妨在联合促销方面进行一些大胆的尝试，因为会展活动和旅游活动存在许多共性，这决定了城市在进行目的地整体促销时，会展部门完全可以和旅游部门协作。即使是会展企业单独开展营销推广活动，也应将会议和展览会与城市及周边的旅游景点和旅游接待设施结合起来。

5. 推进营销技术创新

对于会展城市而言，行业主管机构应与旅游、城建、媒体等部门联合，通过积极建设目的地来加强各行业之间的协作，切实提高对大型会展活动的综合接待能力。

对于行业协会或企业而言，应尽快建立先进的客户关系管理（CRM）系统，完善市场统计制度和客户数据库，对参展商或主要贸易观众开展一对一营销；利用互联网与参展商和专业观众进行互动式交流，以便及时改进产品和调整营销计划。

与营销技术创新相辅相成的是积极拓展营销渠道，后者既是直接销售展览会的有效补充，也是新的营销技术得以迅速推广的主要途径。在国内会展企业的整体实力还比较弱的状况下，拓展营销渠道不失为一条发展的捷径。

资料来源：http：//www.cce365.com/

讨论题

1. 目前中国会展业的发展存在哪些优势和劣势，面临哪些风险和机遇？
2. 你对如何理顺会展行业管理体制有何看法？
3. 我们从国外会展营销中获得哪些会展营销管理方面的经验和教训？

参考文献

[1] 刘松萍，梁文. 会展市场营销. 北京：中国商务出版社，2004.

[2] 马勇. 会展典型案例精析. 重庆：重庆大学出版社，2007.
[3] 胡平. 会展营销. 上海：复旦大学出版社，2005.
[4] 胡平. 会展管理概论. 上海：华东师范大学出版社，2007.
[5] 李怀斌. 市场营销学. 北京：清华大学出版社，2007.
[6] 王方华. 市场营销学. 上海：上海人民出版社，2007.

7 展览会营销

学习目标

学完本章，你应该能够：

1. 掌握展览会的目标市场定位；
2. 熟悉展览会的主体性营销策略；
3. 熟悉展览会的整体性营销策略；
4. 了解展览会的营销过程。

基本概念

顺向定位　逆向定位　同业整体性营销　异业整体性营销

7.1 展览会的目标市场定位

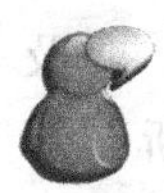

什么是展览会目标市场定位的策略？

7.1.1 展览会目标市场的顺向和逆向定位

（1）以展览会为出发点的顺向定位

推动定位盛行的两位广告经理艾尔·列斯（Ai Lies）和杰克·特罗（Jack Trout）认为：定位以产品为出发点，以潜在顾客的思想为归宿，定位是针对现有产品展开的一种极具创造性的工作。即为产品在潜在顾客的大脑中确定一个合适的位置，使之与其他产品、特别是同类产品形成差异。

对展览会的经营者或组织者来说，展览会就是自己的产品（属于服务产品）。所以，展览会的目标市场定位就是为特定的展览会在潜在顾客（包括参展商和采购商）的大脑中确定一个合适的位置。

（2）以参展产品为出发点的逆向定位

问题在于，不论展览会的经营者或组织者如何对展览会进行定位，最终吸引参展商的只能是采购商。参展商之所以参加展览会，就是因为采购商构成了参展商品的目标市场。也就是说，展览会只有成功地为参展商品营造目标市场，才能吸引参展商前来参展。目标市场越广、购买能力越强、购买潜力越大，参展商则会越多。这是因为，对参展商来说，展览会只是一种新型的营销工具，或称为新型的分销渠道。

展览会的工具性带来了目标市场定位的新思考：展览会的存在以参展商的存在为前提，参展商的存在以采购商的存在为基础，采购商的存在以参展产品的存在为条件。而且，参展产品必须适应采购商的采购需求。所以，我们可以考虑以展览会的参展产品为出发点进行目标市场的定位，以争夺采购商，吸引参展商，做大做强展览会。

为了便于理解和记忆，我们可以把第一种定位称为顺向定位，把第二种定位称为逆向定位或反向定位。

7.1.2 展览会目标市场定位的主要作用

（1）创造差异，吸引消费

在科学技术不断发展、信息高速公路四通八达、技术贸易日益扩大的今天，有形产品的均质化、类像化程度越来越高，差异越来越小。这无疑给营销工作增添了更多的困难。于是，塑造差异、强调差异、突现差异的定位理论应运而生。所谓定位，就是为产品在潜在顾客的大脑中确定一个合适的位置，使之与其他产品、特别是同类产品形成差异。

伴随第三产业的发达和服务经济时代的到来，服务产品也出现了同样的问题。展览会的撞车、雷同、重复，往往使参展商和采购商眼花缭乱、疲于奔命，也使展览会的经营者或组织者备尝营销工作的艰辛。所以，展览会目标市场定位的第一个作用就是创造差异、吸引消费。

美国一位教授说："商战的真正胜利不在于赢取了多少市场占有率，而在于你占领了多少消费者。"占领消费者首先就要占领消费者的思想、占领消费者的感情、占领消费者的心智。"攻城者，攻心为上"，说的就是这个道理。通过定位，首先在消费者的心里创造差异，然后才在产品上形成差异，是差异营销的奥秘之所在。

（2）形成区隔，占领市场

定位在消费者的心里创造了差异，但要特别注意把自己与他人区别开来之后，要及时为自己的市场修建篱笆、为他人的进入设置屏障。而借助现有的定位策略并不断创新定位策略，实施定位并不断传递定位信息的过程就是修建篱笆、设置屏障的过程。这里，要特别注意区隔出来的市场必须具备可衡量性、可进入性、可赢利性和相对稳定性。可衡量性指可以运用常规方法对其进行评估；可进入性指与企业的实力及产品的特色相吻合；可赢利性指一定的市场规模和一定的购买力；相对稳定性指一定的发展潜力和发展前景。

7.1.3 展览会目标市场定位的策略

（1）顺向定位的策略

顺向定位是以展览会为出发点进行的定位。定位策略首先以展览会为基础，其次以经营或组织展览会的单位为基础。

以展览会为基础的定位策略主要有：展览会的规模定位、水准定位、位序定位、地点定位、时间定位、价格定位、功能定位等。例如，广交会就可以凭借其办展历史、办展规模、经济效益、社会效益、中外影响、展馆条件等诸多方面的第一而用位序定位。

以经营或组织展览会的单位为基础的定位策略主要有：展览会经营或组织单位的实力定位、声誉定位、行业地位定位、经营方向定位、服务水准定位等。例如，某展览公司有一支综合素质高的服务人员队伍，其服务得到行业的公认，该公司就可以考虑像IBM、海尔等企业一样，用服务定位。

（2）逆向定位的策略

逆向定位是以参展产品为出发点进行的定位。定位策略首先以参展产品为基础，其次以制造参展产品的企业为基础。

以参展产品为基础的定位策略主要有：参展产品的品种定位、规格定位、数量定位、质量定位、功能定位、价格定位、用途定位、用户定位、利益定位等。例如，南中国著名的国际名家具（东莞）展览会就可以考虑用参展产品最突出的优势定位，以区别于同类展览会。

以制造参展产品的企业为基础的定位策略主要有：参展企业的实力定位、数量定位、行业地位定位、经营理念定位等。同样，为了区别于同类展览会，南中国另外两个著名的家具展——中国广州国际家具博览会和深圳国际家具展览会，就可以考虑用参展企业最突出的优势定位。

7.1.4 展览会目标市场定位信息的传递

定位的理论和概念基于消费者的心智，定位信息的传递也必须符合消费者的心智。做到三点。

（1）简洁明了

消费者心智的第一个特点是喜简烦杂。由于人的大脑储存信息的容量非常有限，当消费者面临过多的产品信息时，就会自动化繁为简，在每一类产品当中只选择性地记忆自己认为最重要的几个，而把其他的信息全部抛掉。美国哈佛大学米勒博士的研究证明，一般人的心智不能同时记忆七个以上的信息，大多数人只能记住四到五个。与该特点相吻合，定位信息的传递必须简洁明了。一般来说，一次传递的定位信息不能超过三个，最好只突出一个。而且这一个必须是所有的竞争对手都无法提供的、独一无二的，这样才能深深地打动和吸引消费者。

（2）贴近生活

消费者心智的第二个特点是顽固保守。由于人的生活环境不同，现行的心智状态也就不同。而心智状态决定了人们对信息的接受方向和方法，决定了人们对事物的喜欢或厌恶、想了解或不想了解、能看到或不能看到。对心智范围之外的信息，人们往往抱有严重的抵触情绪，听而不见、视而不闻。与该特点相吻合，定位信息的传递必须做到贴近生活。即尽量用生活当中大多数人能够接触到的、带有普遍性的事物、知识、事例作为传播的切入点。在传播的过程中，宁要下里巴人、不要阳春白雪，以免曲高和寡、孤掌难鸣。

（3）观念先导

消费者心智的第三个特点是可变可塑。一方面，消费者对信息的接受明显受到心智状态的制约，另一方面，各种各样的新的信息又可能对消费者的心智状态进行修正、调整和改变。与该特点相吻合，定位信息的传递必须做到观念先导。即利用各种传播手段，在消费者的头脑中营造一种“观念区间”，开发一块相应的“脑区”，再用外力激活它、转变它，使之上升为购买欲望、购买动机、购买行为。

7.2 展览会主体性营销策略

展览会主体性营销策略有哪些？

在我国，现阶段乃至今后较长的一个阶段，办展主体都将是一个比较复杂的概念。会牵涉到政府、协会、专业展览公司等。所以，需要特别指出，本节所指的主体是负责组织制作、供给、销售展览会这个服务产品，并承担成功或失败的全部经营责任（包括财务）的单位或个人。

鉴于展览会这个服务产品的特殊性、展览会双向营销（招展和招商）的特殊性、展览会目标市场分布的特殊性等，展览会的经营主体无法像提供有形产品的工业企业一样，完整地运用产品策略、价格策略、分销策略、促销策略，而是在实践中大胆探索，逐渐形成了一些适应展览会营销的策略。本节择其重要，对目前运用最多的邮寄分销策略、传真分销策略、品牌策略、电话推销策略、活动促销策略等进行介绍。

7.2.1 邮寄分销策略

（1）基本概念

邮寄分销在国外又称目录销售，在我国则称直接邮寄，简称直邮。是一种历史悠久的营销方式。指展会经营者通过邮局直接向目标参展商、目标采购商、特邀嘉宾等邮寄关于展览会的书面材料（如明信片、信函、招展书、招商函、免费入场券等）或电子材料（如录像带、光盘等），传递各种可以影响目标客户做出相关决策的营销信息，以实现或辅助实现展览会招展、招商和观众组织等营销目标的一种分销策略。

目前，直邮已经成为国际展览会最常用的营销策略之一，在我国展览会营销工作中也有着很好的开发前景。

（2）特有优势

比较突出的有10点：人力投入不多；分销费用较低；针对性较强（只寄给经过筛选的对象）；能承载详细全面的信息；能提供创意和设计的平台（如富有激励性的文稿、让人耳目一新的广告）；易于保存；阅读不受时空限制；有助于缩短经营者与消费者的心灵距离；有助于巩固经营者与老客户的关系；整体回应率逐渐提高。

（3）实施步骤

通过一系列系统的筹备工作后，就可进入直邮的策划和组织阶段，其步骤如下。

① 明确目标客户。即明确直邮对象。通过行业协会、专业市场、专业出版物、专业公司、其他展览会、展览经营者的数据库等各种渠道采集目标客户的名单和背景资料，并按展会的要求进行认真的比较和筛选。

② 研究邮件内容。主要是检查邮件对目标市场与目标客户的针对性。要注意文化背景、社会习俗、宗教习惯、受众区域等，检测其沟通效果是否符合展览会营销目标。

③ 确定预算标准。预算标准决定了直邮活动的形式与范围。同时，直邮活动的经费预算在展览会营销工作中所占的比值对营销活动的进程具有重要影响。

④ 完成邮件制作。包括信函撰写、平面设计、纸张选择、交付印刷、信封填写等。其中，直邮信函的撰写是能否取得展览营销成效的最直接和最重要的因素。邮件外观的创意也非常重要，信函的撰写与外观的创意分别代表着邮件的内容与形式，相辅相成、相得益彰是追求的目标。

⑤ 设定量化目标。设定最高和最低直邮回应率、最高和最低直邮成功率等量化目标，有助于科学评估营销活动是否达到了预期效果。

⑥ 发送邮件。由展览组织机构营销部门实施或通过邮局承揽的形式发送邮件。

⑦ 分析反馈。邮件发出后，要注意收集反馈信息，并进行专业分析，检测这次活动的

成果。

(4) 注意事项

直邮活动产生的直接效果很难及时显现，展览组织机构应通过过程管理和动态管理来提高直邮活动的整体效率与效益。

① 严格管理。直邮动态管理中最重要的工作是：加强对直邮活动的整体调控力度，区分直邮对不同展览主题的针对性；建立直邮活动的负责机制。

② 全程监控。直邮退件平均率约为2%～4%，可以考虑采用挂号邮寄的方式，既避免邮件被当作垃圾邮件，又可保证退件的回收率。

③ 邮件再发。为确保直邮活动的效果，根据展览组织的特点与经验，至少发送三次邮件。

④ 其他策略配合。如广告促销、公关促销、电话推销等。

7.2.2 传真分销策略

(1) 基本概念

传真有普通和群发两种。群发传真是在普通传真的基础上发展起来的用于展览营销推广的创新技术，其功能依托电脑执行。在电脑操作系统上安装传真收发软件，实现用电脑向其他传真机单发传真或群发传真、自动接收传真、定时发送传真、IP电话发送传真、转发传真到电子邮件等多种功能。

群发传真集中了办公现代化的先进、智能、快速、简洁，已逐步发展成展览会组织机构与目标参展商交流信息的有效手段。

(2) 特有优势

传真的传递时间更短；速度更快；成本更低；直观性更强；成功概率更高；投入产出比更高；能够有效地发送传真广告。群发传真作为现代化的工具，上述优势更为突出，还有全天候、不需值守、自动发送、精确记录、资源共享等优点。

(3) 实施步骤

① 收集、整理、确认传真对象及有关背景信息。

② 确定传真内容。

③ 撰写传真正文。

④ 整理和编排传真附件。

⑤ 用专用纸张发送。

⑥ 收集反馈信息，做好后续工作。

(4) 注意事项

① 传真只用于有过业务接触或一定程度沟通的目标客户。

② 传真正文内容尽量限制在一页以内。

③ 传真正文与各种附件一起编页，首页标明总页数，每页标明当前页号，以便接受者确认收到的传真是否完整。

④ 群发传真需要将普通传真电子化。

⑤ 群发传真用于展览会临界截止期限时的报名促销特别有效。

⑥ 国际性展览会要特别注意不同国家或地区对传真推广方式的法律限制。

⑦ 有三种形式可以获得群发传真软件：电脑操作系统已经捆绑（如 Windows XP 系统

就附带此项功能)；网上下载；会展管理系统中自带（如西安远华开发的 3W Show 会展管理软件就带有此项功能)。

7.2.3 品牌促销策略

(1) 基本概念

品牌展览会是指具有一定规模，能反映某种类型展览会的发展动态及趋势，有明确的市场和专业观众，能提供涵盖这个专业市场的重要信息，能对此类展览活动起指导作用，能提供规范服务和配套活动，有完善的功能、较高的声誉和较大的影响力的展览会。

品牌策略属于产品策略中的次级策略，但从实施的时间长度、最终实现的难度及其效果来看，在全部营销策略中属于高端策略。随着展览业的竞争日益加剧，几乎所有的展览公司都已认识到打造品牌展览会的重要性和迫切性。

(2) 主要优势

三点：首先，品牌展会在一定区域内具有较高的知名度和较大的影响力，普遍能得到业界的肯定和认可。其次，具有较好的规模成效，能吸引许多参展商、专业观众的参与。再次，具有较强的权威性。

(3) 实施步骤

品牌调研—品牌诊断—品牌定位—品牌规划—品牌创意—品牌设计—品牌推广—品牌评估—品牌调整。九大步骤环环相扣，周而复始，螺旋式上升。

(4) 注意事项

① 品牌规划起点要高、眼光要远、目标要正确。

② 品牌建设要全体员工从一点一滴做起，长期积累，不急功近利。

③ 品牌建设要争取权威协会和代表企业的坚强支持。

④ 展会和企业要力争获得 UFI 的资格认可。

⑤ 要与重要媒体长期合作长期宣传。

7.2.4 电话促销策略

(1) 基本概念

电话营销简称电销，在我国，电话营销还处于起步阶段，但发展非常迅速。从人员推销的角度来看，可以理解为对传统的上门推销的改革和与时俱进。从分销的角度来看，又是对传统渠道的改革和创新。

随着电话营销的不断发展，电话营销体系已经日臻完善，电话营销行业也日趋成熟，对电话营销人员的要求也越来越高。目前电话营销已深入到电信、IT、咨询、银行、保险、证券等行业。如广东中美大都会就同步采用个险、银保、团险和电销四大渠道，其中电销渠道业绩增长最快，公司业务 60%由电话营销渠道完成。对新兴的展览业来说，随着市场竞争的日益激烈，加上垃圾邮件和广告的混乱，电话营销有望成为对目标参展商和采购商进行有效推广的强大工具。然而，新生事物总有它的不足和需要改进，例如扰民、误导等方面就急需规范。

(2) 主要优势

与传统营销方式不同，电话营销可以为不同地区，甚至不同国家的客户提供服务；成本低、覆盖面广；实用性强、针对性强、准确度高；使用便利、反馈及时等。

(3) 实施步骤

① 选拔培训电话营销人员。电话营销的效率性与便利性是通过营销人员的个人魅力与技巧来实现的。

② 全面收集目标客户的背景资料，详细分析目标客户的参展、参观动机和需求。

③ 全面熟悉展览组织机构与展览会的基本情况。

④ 为目标参展商准备参展建议方案。

⑤ 制定电话营销的分级目标。包括主要目标和次要目标。

⑥ 撰写电话营销的沟通提纲。特别注意陈述价值。

⑦ 准备电话营销的记录本。

⑧ 执行第一轮电话营销。

⑨ 将与目标客户的每次通话结果随时输入 CRM 系统。

⑩ 分析效果和问题，开始第二轮电话营销，直至成功或确定暂时不作为目标客户。

(4) 注意事项

① 电话营销需要以 CRM 客户关系管理软件为管理工具和支持系统。合适的 CRM 客户关系管理软件在提高展览营销效率的同时，也为决策层管理和分析客户资料、制定合适的营销策略提供科学的决策依据。

② 随着电话营销的不断发展，电话营销体系已经日臻完善，电话营销行业也日趋成熟，对电话营销人员的要求也越来越高。不但要求电话营销人员具备电话销售技能，同时还要具备电话营销人员专业素质，了解电话营销模式等。电话营销技术和艺术需要长期训练，包括语言技巧、推销技巧、谈判技巧、声音艺术、基本礼仪、心理素质、个人魅力等。

③ 树立科学管理理念，运用现代科技手段，是当前提高电话营销工作效率和核心竞争力的有效途径。电话营销人员应将与目标客户的每次通话结果随时输入 CRM 系统，并根据 CRM 的管理功能，以最近通话时间、电话区号、邮政编码、客户特性或其他标准圈选开展电话营销的分类客户群。从而有针对性地进行跟进或开展进一步的电话营销工作。

④ 电话营销需要广告、信件直邮等相关营销活动的支持。

7.2.5 活动促销策略

(1) 基本概念

特指在展览会期间，为创造现场气氛、丰富和提升展会功能而专门策划的各种活动，如会议、表演、联谊、开幕式、比赛、评奖颁奖、宴会、投资项目招商洽谈活动、项目招标等，这些活动和展览会融为一体，成为其重要组成部分，活动的信息往往单列一项，放在招展书或招商函里，作为吸引消费、促进销售的手段。固称活动促销。

从会展业的发展过程来看，不论是展中安排会和其他活动，还是会中安排展和其他活动，实际上体现了行业内部的一种融合和发展趋势，力图通过形式的交叉实现功能的互补。在实际运用中各国的情况不同。如德国是先有展、后将展与会结合；美国是先有会、后将会与展结合。我国作为新兴的会展国，取众家所长，则往往是展中有会、会中有展、展会结合、相辅相成。

(2) 主要优势

① 能吸引更多的潜在参展企业和潜在客户。策划得当、组织完善、丰富多彩的展会相关活动对展会观众有很大的吸引力，有些相关活动如行业会议、项目招标、技术交流会等对吸引企业参展也有较大的帮助。

② 能丰富展会的信息功能。展会是市场和行业信息的重要集散地，很多观众参观展会主要是为了收集各种有用的信息，举办展会相关活动能极大地丰富展会的信息功能。例如，在展会期间举办一些专业研讨会、技术交流会和行业会议，与会的专家、学者和行业专业人士能将大量的信息带给会场听众，信息传播作用非常明显。

③ 能扩大展会的展示功能。展会是企业产品的重要展示平台，许多参展企业精心设计展位，精挑细选展品，主要目的是为了在展会上充分展示企业和产品的良好形象，树立和强化品牌。展会相关活动能很好地扩展展会的这一功能，例如，在展会期间举办的产品展示会、有关表演和比赛等能使企业和产品的形象能更好地展现，使观众对其产生更加深刻的印象。

④ 能强化展会的发布功能。在展会上，行业人士空前聚集，信息传播很快，在此发布新产品影响更大，展会因此也成为许多企业发布新产品的一个重要场所。有些展会专门组织新产品发布会，还有些展会将新产品发布与表演和比赛等活动结合起来举办，以此来强化展会的发布功能。

⑤ 能延伸展会的贸易功能。许多企业参展的主要目的是贸易成交，很多观众参观的主要目的是为了寻找合适的供应商，展会因此也成为一个重要的贸易平台。展会相关活动能延伸展会的贸易功能，如产品订货会、产品推介会、项目招标活动等。

⑥ 能提升展会档次、扩大展会影响。现代展会是一个信息高度集中的丰富的商业平台，如果展会期间举办的相关活动策划得好，不仅能进一步扩大展会的影响，还能极大地提升展会的档次。例如，行业会议、高水平的专业研讨会和技术交流会等就能极大地提升展会的号召力。

⑦ 能活跃展会现场气氛。一些富于观赏性的相关活动以及一些大众参与性较强的相关活动能极大地调动现场观众的积极性，使展会现场气氛活跃，为参展企业创造良好现场氛围。当然，并不是所有的展会相关活动都能对展会起促进作用，如果展会相关活动策划和组织不当，它们不仅起不到上述积极作用，它们对展会而言反而会是画蛇添足，多此一举。所以，策划展会相关活动一定要遵循一些基本原则。

（3）实施步骤

活动策划—相关人员邀请—设备、材料和相关物品的租赁、准备或制作—主持人选拔和训练—彩排或预演—场地选择和安排—活动实施—总结评估。

（4）注意事项

展会相关活动是为展会服务的，它不能脱离展会而存在，更不能为举办活动而举办活动。举办相关活动一定要符合展会的需要，否则，相关活动不仅不能促进展会成功举办，反而会对展会产生这样或那样的不良干扰，并浪费人力、财力。策划举办展会相关活动一般要遵循以下基本原则。

① 活动的主题与形式要符合展会的需要。相关活动的策划不能天马行空，漫无边际，活动的主题不能与展会毫不相干，活动的形式不能脱离展会的实际，否则，活动不但会与展会脱节，还会扰乱展会秩序，甚至带来安全隐患。

② 活动必须有助于丰富和完善展会的基本功能。即使是在同一个展会里，不同的参展企业和观众对展会基本功能的需求也是各不相同的，有的可能更在意贸易成交，有的可能更注重收集市场信息，一个展会有时很难同时兼顾贸易、展示、信息和发布这四项基本功能，并且，即使展会能同时提供这些功能，但往往也有强有弱，这时，相关活动就要能针对该弱项而策划，用相关活动来进一步丰富和完善该功能。

③ 活动必须有助于展会吸引更多的潜在客户。展会不能没有一定数量的参展企业和观

众，企业参展是展会存在的基础，观众参观是展会进一步发展的根本，展会相关活动的举办要对企业参展或观众参观形成一定的吸引力，用相关活动来促进展会进一步发展。

④ 活动必须有助于活跃展会现场气氛而不产生负面影响。表演、比赛等相关活动常常能产生十分热闹的气氛，能吸引大量的人群围观和参与，这对活跃展会现场气氛有一定的帮助，但是，如果其气氛过于热烈，到会的无效观众太多，就会对企业的展出产生不利影响，对观众参观产生干扰。展会相关活动要努力避免产生这种现象。

⑤ 活动本身要能产生较好的效果。活动本身要策划得当，组织有力，秩序井然，为人们所喜闻乐见，并产生良好效果。例如，专业研讨会要能紧紧抓住行业的热点，群英聚集，智慧激荡。如果活动本身都不能产生较好的效果，则活动的存在本身就是一个问题，更不用说借助于活动来促进展会的进一步发展了。值得一提的是，在有些展会构成里面，会议是主要的角色，展览只是为会议服务的一个配角，这时，对于展览和其他相关活动的策划就不能照套上述办法，其策划的定位就需要重新考虑了。

⑥ 活动要适量而不喧宾夺主。很多策划文案在策划活动的时候往往希望执行很多的活动，认为只有丰富多彩的活动才能够引起消费者的注意，其实不然，其一，容易造成主次不分。很多市场活动搞得很活跃，也有很多人参加，似乎反响非常热烈，但是在围观或者参加的人当中，有多少人是企业的目标消费群体，而且即使是目标消费群体，他们在参加完活动之后是否纷纷购买产品？目前一些策划者经常抱怨的一个问题就是围观者的参与道德问题，很多人经常是看完了热闹就走，或者是拿了公司发放的礼品就走了。其实这里的问题就在于活动的内容和主题不符合，所以很难达到预期效果，在目前的市场策划活动中，有一些活动既热闹，同时又能达到良好的效果，就是因为活动都是仅仅围绕主题进行的。其二，提高活动成本，执行不力。在一次策划中，如果加入了太多活动，不仅要投入更多的人力、物力和财力，直接导致活动成本的增加，而且还有一个问题就是容易导致操作人员执行不力，最终导致案子的失败。

⑦ 活动要具有良好的可执行性。一个合适的产品，一则良好的创意策划，再加上一支良好的执行队伍，才是成功的市场活动。而执行是否能成功，最直接和最根本地反映了策划案的可操作性。策划要做到具有良好的执行性，除了需要进行周密的思考外，详细的活动安排也是必不可少的。活动的时间和方式必须考虑执行地点和执行人员的情况进行仔细分析，在具体安排上应该尽量周全，另外，还应该考虑外部环境：如天气、民俗的影响。

【案例 7-1】 2007 年中国（广州）国际茶业博览会活动日程表

活动日程	活 动 主 题
11 月 22 日	2007 中国(广州)国际茶业博览会开幕式
	一品堂精品推介会
	“翰墨青华”——2007 名人名家书画展
	广东省第七届名优茶质量竞赛颁奖大会
	万人品茶 10:30～14:00
	紫砂壶制作现场演示 10:30～12:00

续表

活动日程	活动主题
11月22日	2008中国(澳门)国际茶业博览会新闻发布会
	2007广东省茶艺师职业技能大赛
	2008年第十五届上海国际茶文化节暨首届上海国际茶业交易会信息发布会
	紫砂壶制作现场演示14:00～16:00
	中国-越南茶业经贸合作座谈会
	2007中国(广州)国际茶业博览会欢迎晚宴
11月23日	万人品茶9:00～14:00
	2007广东省茶艺师职业技能大赛
	紫砂壶制作现场演示10:00～12:00
	2007中国壶艺鉴赏论坛
	2007中国茶业营销论坛
	紫砂壶制作现场演示14:00～16:00
11月24日	中国-意大利茶业经贸合作座谈会
	万人品茶9:00～14:00

资料来源：http://www.lcgc.cn/

7.3 展览会整体性营销策略

展览会整体性营销策略有哪些?

整体营销策略以1992年菲利普·科特勒提出的整体市场营销观念为理论基础。该观念认为，从长远利益出发，公司的市场营销活动应囊括构成其内部和外部环境的所有重要行为者，包括供应商、分销商、最终顾客、职员、财务公司、政府、同盟者、竞争者、传媒、一般大众等。

由于会展营销的特殊性，靠组织企业的力量很难独立完成，最需要将构成其内部和外部环境的所有重要行为者全部调动起来。

7.3.1 同业整体性营销策略

(1) 基本概念

同业整体性营销指会展核心企业将产业链上的其他企业（如展馆经营企业、展台设计企业、展台搭建企业、展品运输企业等）联合起来，共同开展营销工作。

同业整体营销是会展业整体营销中最基本的模式，是一种积极的行业自救行为，有助于遏止恶性竞争，有助于促进联合并把蛋糕做大。

(2) 常用策略

借助会展产业链实施整体营销的策略很多。如以企业类型划分的横向整体或纵向整体，以结合程度划分的松散整体或紧密整体，以组织形式划分的公司式整体或项目式整体等。鉴于我国会展业的发展历程和行业现状，目前操作性比较强的有三种：集团式、公司式、项目式。

① 集团式整体营销。指若干会展企业联合组建新的企业集团。为了承担2010年上海世博会的建设、经营和管理而成立的上海世博（集团）有限公司就是一个典型。公司由各具所长的上海东浩集团、上海文广集团、上海国资经营公司和中国贸促会上海分会组成。其中，贸促会的优势是拥有许多国际商业通道，这种通道将使世博集团的所有项目在市场推广方面受益。需要特别指出的是，不论是以打造航空母舰为目标的大企业之间的强强联合，还是以共抗风险为目标的小企业之间的扎木成排，走集团化的道路是当今世界会展业发展的三大趋势之首。

② 公司式整体营销。指在产业内部成立一种专门为会议或展览做营销工作的有偿服务的企业。法国国际专业展促进会就是这样的典型。该会由商会和政府发起，主要展览公司参加。其运作经费的一小部分来源于理事单位提供的年度补贴，绝大部分由参加促进会的展览公司按所需推广的展会数目及宣传工作量而缴纳。原则是平等自愿、多投资多受益。这种有偿服务支撑了面向全球开展的营销工作。与集团式相比，公司式将有力促进会展产业的专业化分工与合作，促进会展产业链的形成和完善。

③ 项目式整体营销。指不同的组展企业因为某个项目在承办城市、举办时间、目标顾客、目标市场、地理位置等方面有一定的联系，或者因为在某些方面可以形成一定的互补，从而在营销工作上进行的单项联合。与集团式和公司式相比，这种整体营销最为灵活，操作最为便利，还可以作为公司式和集团式的前期实验和必要过渡。

7.3.2 异业整体性营销策略

（1）基本概念

异业整体性营销指会展核心企业将其他行业的力量调动起来，巧妙地借助他们的力量，从某些角度推动自身营销工作的进展，收到事半功倍的效果。

异业整体性营销是会展业整体营销中具有创新意义的模式，既是基于行业特殊性的积极探索，也是对营销学基本理论的活用和补充。

（2）主要策略

主要策略是与旅游业、与参展方、与采购方的整体营销。

① 与旅游业的整体营销。在会展经济发达国家，会议业和展览业是两个独立的行业，会议业往往和旅游业归并在一起，统一管理、统一宣传促销。在我国，会议业则和展览业归并在一起。这样，会议业无形中就成为展览业和旅游业的一个中介，并以自身的整体营销实践为展览业和旅游业提供经验、做出示范。有了这种基础，就可以进行一些大胆的尝试。具体做法可以是会展营销带动旅游营销，也可以是旅游营销带动会展营销。预期是：好的商业会展项目可以增加城市的旅游吸引力，可以作为旅游的由头、项目、路线，可以部分满足游、购、娱三项旅游的基本需求，以致形成会展旅游；反过来，从产业共生的角度来看，有旅游价值的城市，旅游业同时可以作为会展业的基础，旅游资源也可望增加商业会展的吸引力。

【案例 7-2】 杭州旅游推介会

浙江省旅游局 2008 年 8 月 26 日消息，由杭州市副市长张建庭带队的杭州市旅游促销团，前往广州、深圳、哈尔滨、沈阳四地，为杭州旅游宣传。据了解，这是杭州 2008 年规模最大的一次国内旅游推介活动。

在旅游推介会上，杭州向各地旅行界人士展示了近几年来杭州旅游取得的新成果。国庆即将推出的三条运河水上黄金（资讯，行情）线、十大特色潜力行业、西湖新十景、《印象西湖》、西溪湿地等一大批旅游新看点，在这次推介会上逐一推出。同时，杭州也向各地的旅行商推出了西湖深度游、会议奖励旅游、西博会旅游等特色旅游产品。这样的推介形式，让旅行社和旅行社、景点和景点、会展业和会展业得到了充分的交流对接，效果出乎意料得好。

张建庭表示，奥运会已经结束，后奥运旅游效应将逐渐显现，此次的大型促销，就是为了抢占后奥运旅游效应的高地。

资料来源：http：//www.cxnews.cn

② 与参展方和采购方的整体营销。指与目标参展方和采购方及其所在行业的有关组织联合营销。其本质是组展企业与参展企业和采购企业之间的合作。有些参展企业希望自己的老客户来采购、有些采购企业希望在展会上看到特定的参展企业。对组展企业来说，这是非常宝贵的资源和信息，除了及时掌握并做好宣传之外，还应及时向参展方和采购方提供各种信息和宣传资料，并给予适当的经费支持。目标参展方和采购方及其所在行业的有关组织形式多样，如行业协会、行业学会、行业俱乐部、行业传媒等。这种联合在国外有不少成功的先例，值得我们好好研究和分析。

7.3.3 政企整体性营销策略

（1）基本概念

政企整体性营销指会展核心企业借助各级各类政府对会展业的总体宣传和推介，带动本公司和具体项目的市场拓展。

在会展业发达国家，政企整体性营销是比较普遍的经验和许多政府机构的自觉行为。在我国，是尚在摸索中的创新模式，需要政府和企业共同努力。从中国改革开放 20 多年的经济发展过程来看，任何一项产业在发展初期都离不开政府的扶持，我国会展业处在特殊的发展时期，更需要政府的关心和扶持。但要注意，在探索政企整体性营销的过程中，会展核心企业的努力非常重要。因为会展核心企业以自身的努力赢得政府的信任是前提条件。

（2）常用策略

我国现阶段可以探讨的策略主要有政府直接营销、城市营销、城市群营销等。

① 政府整体营销。指会展承办地或承办国的政府高官直接为某个会展项目作宣传促销。1851 年 5 月 1 日在英国伦敦举行的第一个真正意义上的世界性博览会，就是维多利亚女王通过外交途径直接向 10 个国家发出邀请，才使为期 161 天、630 万观众参与的世博会得以成功举办，并获得“经济、科技与文化界的奥林匹克盛会”的誉称。由此开始一直延续到今天，在展览业发达国家，政府主管部门都无一例外地担负着会展的部分营销工作（主要是宣

传和推广）。如法国的国际专业展促进会（Promo Salons）、意大利的工业展览委员会（CFI）和展览促进会（ASSOEXPO）、新加坡旅游局的展览会议署等。

② 城市整体营销。指政府把各种会展要素与承办城市的其他优势综合起来，以一个整体的概念向外宣传，以整个城市的形象和资源促进会展业。这比直接宣传或推广一个会展项目更加高明。因为，推广的内容更丰富、吸引力更大；推广的机会更多、受众面更宽；推广的时间更长、效果更好。之所以提出城市推广，是因为会展与城市本来就相依相生、不可分割。世界博览会与伦敦（1851）、大阪（1970）、汉城（1988）、上海（2010）就是很好的例子。一方面，会展业需要能够提供全方位支撑的城市；另一方面，城市又从会展业的发展中收到连带经济效益和社会效益。可以说，没有城市，会展业无以立足；没有会展，城市将大为失色。所以，两者的合作大有所为。

③ 城市群整体营销。指政府将各种会展要素与承办地及周边若干城市的其他优势捆绑在一起宣传或促销，这显然比单个城市的推广更加有效。这个方法的提出受到战略联盟理论和制造业大量实践的启发。20世纪中后期，随着全球企业由纵向分工逐渐改为横向分工，市场竞争也由单枪匹马演变为兵团挺进。对此，专门从事全球商业与伙伴研究的英国剑桥大学战略咨询公司董事长兼总裁詹姆斯·穆尔在《竞争的消灭》中指出：当今企业无论要扩大市场还是要开发市场，都必须与其他企业联手，形成以发展为导向的协作经济群体，共同分享市场，各得其所。这个道理同样适用于城市经济和城市建设。曾经引起和正在引起广泛重视的长三角、珠三角经济圈以及华北、华中、华南会展经济带就是很好的佐证。在充满不确定因素和危险对手的市场上，任何一家企业都不可能包打天下，任何一个城市也不可能一花独放。联合周边，优势互补，才能快速发展。

7.3.4 全球整体性营销策略

（1）基本概念

全球整体性营销指我国会展核心企业把中国之外的、有助于会展营销的全部力量联结成一个整体。这种模式仅适用于有竞争力的品牌项目和准备开拓海外市场的会展企业。

全球整体性营销是全球会展业日益受到重视的营销模式，是中国会展业走向国际化、品牌化必学必用的营销技巧。

（2）主要方法

主要方法有与海外同业与异业、与海外相关企业、与中间商等进行整体营销。

① 与海外同业与异业组织的整体营销。同业整体营销主要指借助全球会展业的行业学会、协会、联盟、研究会等组织开展营销活动。途径是会展核心企业积极主动靠拢这些组织。如国际大会和会议协会（ICCA）、国际博览联盟（UFI）、国际展览管理协会（IAEM）等。能够得到这些权威性组织的指导和推荐，无疑会有效提高国内会展企业的美誉度，增强会展项目的吸引力。对炎黄子孙来说，“近水楼台先得月”、“近朱者赤”之类的古训不能轻易忘却。异业整体营销包括与贸易促进部门、工商业组织、国际商业公司、专业媒体等联合开展营销活动。以国际商业公司为例，包括实力雄厚的管理咨询公司、公关公司、市场调查公司、营销咨询公司等。一般来说，这些公司都能以信息资源、客户资源、人力资源为新进入的会展项目提供强有力的营销支持。所以，欲走出国门的会展企业必须首先建立起全球范围内相关机构的支持团。

② 与海外相关企业的整体营销。指我国会展核心企业与国外同行的某些企业联合，赢

得营销支持。其联合方式多种多样，如资本合作和资源合作、全面合作和项目合作、短期合作和长期合作等。1975 年，慕尼黑国际博览集团为了抢先介入中国展览市场，首先与中方主展单位合作在北京举办德国技术展览会，后来又成立合资公司。等到政策放宽，再成立全资子公司。回首慕尼黑进入、开拓、抢占中国市场的历程，可以清楚地看到，合作是至关重要的一步棋。中国会展业走出国门，可以效法，也已经有了成功的实例。

【案例 7-3】

2003 年 11 月，广州光亚展览公司将“广州国际照明展”50%的股权转让给德国法兰克福展览公司，使次年的第九届展会形成 12 万海外专业买家保驾护航的盛大场面。在 12 万海外专业买家中，光亚自己的顾客资源只有 36900 多家，不到总数的 1/3，另外 76000 多家高素质的买家则是法兰克福展览公司的客户资源。合作不仅使展会水准一跃而上，而且规模也直线攀升到全球照明展第二。成效卓著，值得好好总结。

资料来源：http：//www.expo-china.com/

③ 与海外中间商的整体营销。会展业中间商队伍的构成比较复杂。有产业中间商、行业中间商、销售代理商等。产业中间商包括组展方、采购方、服务方的各类兼有营销职能的组织，这是会展业跨国营销的重要力量。一般来说，国际上会展产业的中间商都是集某国会展产业的力量、并为之提供营销服务的组织。行业中间商指在会展项目所属行业内兼有营销功能的组织。销售代理商包括国家代理和地区代理等。这些组织或个人对我国会展业的全球营销将有很大的帮助。我国会展业市场推广的整合是一个全新课题，从理论研究到规范实践再到全面提升，需要一个过程，可以打出去的品牌展会无须等待，可按靓女先嫁的思路借力拓展，既赢得时间，也为国内的整合积累一些经验。

7.4 展览会的营销过程

如何划分展览会的营销过程？

按照 20 世纪 50 年代中期基本定型的市场营销观念、菲利浦·科特勒教授 1986 年提出来的市场营销战略组合和 1994 年提出来的“顾客让渡价值”新概念等先进的营销理论，首先必须确定，展览会的营销过程是一个首尾贯穿的过程，即全程营销。

按照公共关系的四步工作法，可以将展览会的全程营销划分为调查、策划、实施、评估四个阶段。按照主要目标，可以将展览会的全程营销划分为招展招商、务展务商、守展守商三个阶段。按照中国人的传统经验和时间概念，则喜欢把展览会的全程营销划分为前期、当期、后期三个阶段。本节依据后者进行概括。

7.4.1 展览会的前期营销

（1）规划论证与申请立项阶段

① 市场调研与预测。运用各种定性与定量分析的方法，对展览市场进行调查研究。重点是预测目前和未来的需求及其前景、分析营销环境、研究购买行为、分析竞争对手、分析自身优势与不足，为决策提供详细、准确和新鲜的信息情报。

② 目标市场选择与定位。重点是市场细分、市场机会预测、目标市场选择、展会类型与主题确立、市场定位等。一般情况下主办者要根据本地或本区域的经济结构、产业结构、地理位置、交通状况和展览设施条件等特点，首先考虑本区域的优势产业和主导产业，其次考虑重点发展中的行业，再次考虑政府扶持的行业。

③ 可行性研究与立项申请。展会项目上马前，应该做市场调研，对其进行前期定位。首先，从地方产业环境、市场条件来看，这个项目能不能办？其次，从该展会项目对当地产业的指导意义如何着手进行分析。有了市场分析以后，才能来做正确的招展和招商工作，才能把招展和招商工作做好。

(2) 项目启动阶段

① 制定营销计划。展览会的市场营销计划一般应包括以下内容：营销现状分析；营销目标；营销组合策略；行动方案及营销费用预算；营销计划的执行与控制。

② 设计和建设营销网络。寻求支持单位。寻求对口的主管部门和单位是展览会成功的关键环节，其目标包括行业的政府主管部门、行业的权威协会、具有广泛影响力的行业媒体等。寻求合作单位。寻求的目标包括专业性、大众性、权威性的媒体支持单位，当地行业协会、主办单位的分支机构、行业权威机构、办展机构（公司）等合作招展（组团）单位。这样能提高展览会的影响力，加快信息的有效快速传递；借助这些资源，可以实现优势互补，加快资源整合，最大限度挖掘新客户，壮大参展队伍，最大限度地降低招展成本。

(3) 项目运作阶段

① 设计与制作宣传资料。宣传资料是客户了解展览会的第一步。需要根据展览会类别，传播对象类别进行展览会资料的设计制作。在设计过程中要考虑展览会各个阶段和不同任务的需求，制作相应宣传资料。这也是展览会过程中最大的消耗品。

② 实施前期营销计划。如开展推介活动、发布广告、举办新闻发布会、海外推广、网络推广、项目招展、项目招商、专业观众组织、贵宾邀请、赠票计划、配套服务等。

7.4.2 展览会的当期营销

(1) 实施当期营销计划

① 门票销售。大型综合性展览会因为包含对公众开放消费性质的展览，门票销售是重要的收入来源。门票的销售也是其营销环节的关键一环。一般来说，为吸引更多的参观者，经营者往往需要在大众媒体进行一定的宣传。同时还可围绕门票本身进行一定形式的营销，如做成纪念封形式、配合专门的纪念邮戳作为可收藏的纪念品、门票编号进行抽奖、在特定展位获得礼品等形式。

② 现场接待和服务。现场是展览会营销的重要窗口。经营者要精心组织和安排办卡、报到、入场、引导、金融、邮政、翻译、安保、保洁、快餐、茶点等现场接待工作，让参展商和采购商满意，并产生口碑营销的效果。对首要公众和重要嘉宾则应提供相应的特殊服务。

③ 促进洽谈。展览会开始之后，商务配对工作必须继续。需要借助各种现代化的报到系统和入场统计系统，对到场的采购商进行动态管理。如及时发现已有安排而没有如约到场

的采购商、及时发现预先没有登记预约的采购商，并马上协调参观路线和洽谈时间，尽力把商务配对工作做得更好。

④ 资料分送。这也是一项非常重要的工作，方便快捷无差错地分送是基本要求。注意要把下一届展览会的宣传材料同时送出。还要控制一般参观者凑热闹似地领取和随意丢弃，以维护展会形象并提高宣传资料的利用率。

(2) 修正和完善营销计划

① 调整修正实施方案。一项市场营销计划，无论制定得多么周密，总免不了与实际情况存在着差异；同时，随着时间的推移，环境的变化，实施过程中总会遇到一些新情况，这就要求营销人员随时调整实施方案、程序方法和策略等。这就是营销计划实施的动态性。

② 创新完善实施方案。营销计划实施过程中具体条件难以预料和控制，因此，实施过程不是简单地照章办事的过程。实施人员应根据整个方案的目标和原则，充分发挥自己的积极性、主动性和创造性，不断地对原计划进行艺术的丰富和再创造，不断发现和创造新的营销机会并有所作为，使之更加完善。

7.4.3 展览会的后期营销

(1) 总结评估

① 评估内容。展览会营销质量评估：如营销工作目标评估、展览宣传工作评估、营销人员评估、营销财务评估等。展览会营销效率评估：如展位类型评估、营销组团评估、营销代理评估、营销策略评估等。展览会营销成本评估：如营销成本效益比较评估、营销成本利润评估、营销成本项目评估、营销成本风险评估等。

② 评估步骤和方法。步骤为：收集相关的评估信息、成立营销评估工作小组、评估工作执行、评估工作总结。方法为：定量评估结合定性评估。注意评估过程中能使用数字表达的营销工作及效果的项目，应尽量用定量的方法进行评估。

③ 撰写营销评估报告。报告包括评估结果、结论和建议。一般来说，评估结果中应包含展览会营销效果、宣传推广费用、成本效益比等。要用简洁明晰的语言做出结论。针对结论，提出如何处理已存在的问题、可以采取哪些措施以获得更好的效果。

(2) 展后宣传

① 展后宣传的重要性。与展前宣传相比，很多经营者不重视展后宣传。其实，展览之后的宣传不仅仅是回顾性和跟踪性的报道，更是展览会整体宣传和全程营销的重要组成部分，不可或缺。展览之后的宣传可以获得比较突出的宣传效果，强化客户的印象。

② 宣传方法。正常情况下，展览会上的全部新闻稿要提供给合作媒体。如果展出效果较好，则可以举行记者招待会或发布新闻，将各种统计数据（如参观人数、专业含量、平均参观时间、展位布局、成交额、展商和观众的反馈意见等）提供给展览会和新闻界。其次是发布下届展会的主要信息。

(3) 信息反馈与收集

① 资料收集整理。在展会结束后，要安排专人对所有收集到的专业观众资料、论坛资料、参展商资料进行整理。还包括展览会总结资料中可以公开的部分。

② 资料制作分送。可以将所有的资料刻录成光盘，分别寄给参展单位和采购单位。也可以编辑成文字资料，通过电邮、传真等方式发送。这项工作比较烦琐，但是对于下一届展会将有很大的帮助。

③ 收集客户意见。分送资料的同时，给参展商和采购商附上展后意见调查表或征询表等，了解他们的满意程度，并根据反馈意见进行改进。在国内，这项服务似乎仍被忽略，应引起高度重视。

(4) 展后关系维系和发展

① 致谢。这是最通行的做法。展览会结束后，由经营者向参展商、采购商以及提供了帮助的单位和人员致谢。方法有信函致谢、电话致谢、登门致谢、宴请致谢、礼物致谢等。

② 拜访与面谈。展览会闭幕之后和离开展出地之前，应抓紧时间访问关键新客户或安排一些重要的面谈。这就是所谓展会期间做数量、展会之后做质量。

③ 发展客户关系。发展客户关系是不可间断的工作。包括巩固现有客户的关系和发展潜在客户的关系。不断加深与客户的相互了解，建立相互信任关系，将认识关系发展成伙伴关系和业务关系。

(5) 更新客户名单

客户是展览会生存发展的生命线。所以，展览会结束以后，要马上更新客户名单。并根据名单的变化，分析、发现和调整对客户工作的方向和投入，调整宣传、广告、公关等营销工作的重点和投入。经过一段时间的积累，形成相对完整的客户信息库。这将是公司宝贵的财富。

(6) 宣传推广新展会

以上工作完成之后，就可以乘着东风，转入下一届展览会的宣传推广。这样，展览会的营销工作就能够形成良性循环。

本章小结

展览会的工具性带来了目标市场定位的新思考。我们把以展览会为出发点的定位称为顺向定位，以参展产品为出发点的定位称为逆向定位或反向定位。两种定位可以交叉使用。展览会目标市场定位的主要作用是创造差异并吸引消费、形成区隔并占领市场。展览会目标市场定位信息的传递要简洁明了、贴近生活、观念先导。展览会经营主体目前运用最多的营销策略是邮寄分销、传真分销、品牌促销、电话推销、活动促销等。政企整体性营销指会展核心企业借助各级各类政府对会展业的总体宣传和推介，带动本公司和具体项目的市场拓展。

展览会整体性营销策略分为同业整体性营销、异业整体性营销、政企整体性营销、全球整体性营销。同业整体性营销指会展核心企业将产业链上的其他企业（如展馆经营企业、展台设计企业、展台搭建企业、展品运输企业等）联合起来，共同开展营销工作。异业整体性营销指会展核心企业将其他行业的力量调动起来，巧妙地借助他们的力量，从某些角度推动自身营销工作的进展，收到事半功倍的效果。全球整体性营销指我国会展核心企业把中国之外的、有助于会展营销的全部力量联结成一个整体。

展览会展前、展中、展后的工作过程，不仅体现了高度的计划性、连贯性、节奏性和规范性，还有较高的艺术性。展览会的营销人员必须按照这样的步骤、运用科学的理论和有效的方法处理和解决各种营销问题。

复习与思考

1. 为什么说展览会的目标市场定位具有特殊性？
2. 如何理解展览会的主体性营销策略？

3. 如何理解展览会的整体性营销策略？

4. 试概括调查、策划、实施、评估四个阶段中各有哪些主要的营销工作？

案例分析：2008中国义乌国际小商品博览会的市场营销策划与实施

【主办单位】

中华人民共和国商务部、浙江省人民政府、中国国际贸易促进委员会、中国轻工业联合会、中国商业联合会

【支持单位】

国家工商行政管理总局、中华全国工商业联合会、香港贸易发展局、大韩贸易投资振兴公社

【承办单位】

浙江省对外贸易经济合作厅、义乌市人民政府

【展务执行】

义乌中国小商品城展览有限公司

【举办地点】

义乌中国小商品城（梅湖）会展中心

【举办时间】

2008.10.21～25

【展会概况】

创办于1995年的义博会已连续举办了十三届，每年10月22～26日在浙江义乌举行，2002年升格为国际小商品博览会。义博会办展特色鲜明，国际化水平突出，信息功能强劲，服务体系完善，安全卫生保障到位，确立了品牌展会的地位，已成为目前国内最具规模、最有影响、最富成效的日用消费品展会，先后获得2002年度中国会展业十大新闻事件、2003年度中国十大新星展会、2004年度政府主导型中国最佳展会、2005年度中国管理水平最佳展览会、2006年度中国十大最具影响力品牌展会、2007年度中国（参展效果）展览会奖等荣誉和奖励。

2007盛况：展览面积100000平方米。国际标准展位：4500个。采购商110195人（其中境外客商17050人、国内客商93145人；其中亚洲64%、欧洲15%、非洲11%、南美洲6%、北美洲2%、大洋洲2%）。接待国外采购团队共22个。来自全国范围的政府参观考察团队有49个，共计736人次。展会交易成交额共108.9亿元，比上届增长15.3%，其中外贸成交额9.8亿美元，占总成交额的67.5%。

2008方案：组委会提供的2008义博会总体方案表明，今年义博会将以“全球采购、义乌风向”为主题，全面展示小商品最新发展成果和趋势，构筑形象宣传、经贸洽谈、品牌培育、信息交流的平台，推动小商品产业优化升级，增强展会经贸性、专业性、外向性，服务国际性商贸城市建设。

【展会营销】

2008义博会筹备工作从上届闭幕后开始启动，5月初文博会结束后全面展开。义博会展览招商部拟订了详细的营销计划。本届展会力争在扩大采购商数量、优化参展商结构方面有所突破。目前营销工作正全面有序地展开。并呈现出以下特点。

一是展会定位鲜明。本届义博会定位更加科学，确定以“全球采购、义乌风向”为今年

的办展主题，突出以定期展览配合常年市场的营销模式和发展定位。义博会展会设置贸易展览、会议论坛、文化活动三大板块，坚持以客商为中心，突出经贸功能，注重展会实效。二是展期调整合理。针对各方面形势变化，将今年的展期调整到了10月21～25日，更有利于对接广交会，更符合大部分参展商的要求。三是展区布局科学。2008义博会重新对参展行业类别进行了细分，并制定了《义博会小商品分类指南》，严格实行划行归市，细分15大行业9大展区。目前已确定有韩国、日本、巴西、俄罗斯、中国台湾等12个国家及地区展团在国际展区参展。四是全面投入。义博会组委会办公室、综合业务、展览招商、外联、宣传、安保、环卫等部等分头开展推广工作。充分利用各种客商资源和途径向国内外寄发义博会邀请函，并利用多种媒体广泛宣传推介义博会。五是招展招商力度加大。创新招展招商方式，通过小分队、召开发布会、与企业座谈、走访政府部门和企业、与商协会和专业机构合作、发展商业组团代理、发放资料、发布广告等各种形式，多渠道、全方位开展招展招商，取得良好效果。六是重新制定了义博会招商奖励办法，在对境外商务采购团奖励标准提高一倍的基础上，还出台了其他奖励政策。

义博会的市场推广工作赢得了义乌市委市政府的大力支持。义乌市委市政府先后派人赴福建、江西、江苏、广东、湖南等国内重点地区和重要生产基地，印度等境外地区开展招展招商。并先后参加北京国际五金工具展、春季广交会、哈洽会、亚洲户外用品展等20多个境内外展会招商。

义博会的市场推广工作还赢得了中央各部委的大力支持。商务部200多个驻外机构，正在各自的驻在国帮忙宣传义博会、组织客商参展参会。外交部专门给义博会开通了“绿色通道”，外商凭义博会邀请函，可以顺利获得签证。向100多个大使发函，邀请他们参加义博会。共发放宣传资料23.2万份；向146个驻外大使馆、217个驻外经商处、60个驻外国际商会、50个香港相关行业工商组织发送宣传资料32157份，商务请柬4557份；向商务部各驻外经商机构寄送邀请协助招商的函810份；通过客商数据库发送电子邀请函6万份。

2008义博会将设置国际标准展位4500个，参展企业2500家左右；到会专业观众11万人以上，其中外商1.7万人以上，客商国别地区达130个以上；境外贸易团队80个以上，其中参会采购洽谈的跨国零售集团10家以上。目前，营销业绩正在朝着这些目标靠近，有望刷新中国第三大出口商品展/亚洲主要消费品展的以往记录。

附：参展企业优惠政策

① 列入“商务部重点培育和发展的出口名牌”、拥有国家驰名商标、中国名牌产品和“国家免检产品”参展展位费优惠30％。

② 列入“省重点培育和发展的出口名牌”、拥有省级著名商标、省名牌产品参展展位费优惠10％。

③ 拥有地（市）级知名商标的参展企业，展位费优惠5％。

④ 政府、协会等团体组织的境外参展企业，展位费优惠20％。

⑤ 西部地区（四川、重庆、贵州、云南、西藏、青海、陕西、甘肃、宁夏、新疆、广西、内蒙古）12个省份的参展企业展位费优惠20％。

资料来源：http：//www.ywnews.cn/、http：//www.sina.com.cn、http：//www.expo-china.com/

讨论题

1. 该展览会策划使用的主体性营销策略有哪些？

2. 举例说明该展览会策划使用的整体性营销策略有哪些？

3. 针对展会情况，你还能提出哪些营销策略方面的建议？

参考文献

[1] [美] 菲利普·科特勒. 营销管理：分析、计划、执行和控制. 上海：上海人民出版社，2000.
[2] 威廉·D，皮若特. 营销精要. 北京：北京大学出版社，2002.
[3] 乔尼·约翰逊. 全球营销. 北京：中国财政经济出版社，2004.
[4] 华谦生. 会展策划与营销. 广州：广东经济出版社，2004.
[5] 胡平. 会展营销. 上海：复旦大学出版社，2005.
[6] 张玉明. 市场营销学. 北京：中国科学技术出版社，2000.

8　展览中心营销

学习目标

学完本章，你应该能够：

1. 了解展览中心的市场定位；
2. 掌握展览中心的营销策略；
3. 熟悉展览中心的主要营销手段。

基本概念

展览中心　营销环境　目标市场　市场定位

8.1　展览中心营销机会分析

如何确定展览中心的市场定位?

展览中心是举办展览的场所，它是展览活动得以举办所必备的硬件措施。作为展会展示和交易的平台，它是连接主办方、参展商、买家、供应服务商的枢纽，又是沟通政府、社会和企业的桥梁，是会展经济发展的载体。

在过去我国的计划经济体制下，展览场馆基本上属于一种公益设施，主要责任和义务是承担中小型公益性展览会，如成果展、画展、教育展等。经济的发展催生了越来越多商业性质的贸易、交流展览会，在市场经济体制向纵深发展的同时，展览中心产权市场化改革也在同步进行。

目前，我国的展览中心依然大都实行政府投资、政府拥有产权、国有企业经营的管理模式，而近年来开始有民间资本以及外资通过独资、合资、股份制等形式参与展览中心的建设与经营，我国的展览中心正逐渐由一种公益设施变为市场中自主经营、自负盈亏的市场主体。发展的需要要求展览中心主动选择市场化发展的道路，为了提高展览中心的经济效益、占有更多的市场份额，展览中心需要以市场为导向，通过成功的营销向客户创造、推广、传递展览中心的产品和服务，以获取更大效益。

展览中心的经营者必须首先明确的是，营销不仅仅是一个部门管理有限的任务：管理广告、寄发邮件、人员促销等，营销的目的也不仅止于“销售展览场地面积”，营销必须是展览中心各部门共同的事业，它驱动着展览中心的远景、使命和战略计划。为此，营销者需寻找目标市场，以目标客户的需求为中心建立营销计划、改善产品和服务、采取有效的市场营销组合，通过满足市场需求来创造价值。

展览中心营销面临的第一个任务就是根据自身在市场上的核心能力和经验，确定长期的机会。为此，营销人员需要通过调研来获得关于市场营销环境的重要信息，这些信息既包括宏观市场环境，如影响展览中心发展的经济、政策、文化力量等，也包括影响展览中心的微观环境，如自身状况、竞争者、客户、各种公众等，营销者需要在把握以上信息的基础上结合自身的情况来确定营销机会，选择和瞄准目标市场。

8.1.1 市场营销环境分析

展览中心的营销环境是指制约展览中心服务市场能力的各种外部力量的总和。其中，宏观环境是指那些可带来市场机会和环境威胁的社会力量。展览中心与它的目标客户、竞争者和公众，都在宏观环境力量的趋势中运作，它创造机会，也带来威胁，这些力量是不可控制的，但营销人员必须监测和对此做出反应。

对于展览中心营销来说，主要的宏观环境包括：经济环境、地理环境、市场竞争环境等。

(1) 经济环境

会展业以及展览中心的发展受宏观经济状况的影响，而对于具体某个会展中心来说，它所在地区的产业结构状况、所在城市的经济水平和基础设施状况对展览中心能否成功经营展会业务有着相当大的影响。

产业结构是会展业发展的基础，成功的展览会需要依托办展地区的优势产业，因此对于展览场地的提供者来说，了解所在地区的产业发展状况、结合优势做文章是极其重要的。

如果一个地区拥有具有发展潜力的优势产业，该地区举办这类产业展览会的机会和切入点就多，展览中心将会获得更多相应的机会。

例如深圳作为沿海开放城市，高新技术产业发达，深圳会展中心在这一背景下成为“中国国际高新技术成果交易会”的举办场所，具有鲜明特色的高新技术产业自然促成了高交会的火爆，也使深圳会展中心受益。

一些中小城市也有同样的机会，如中国小商品城会展中心坐落在以小商品贸易而闻名的义乌，该中心围绕义乌市场和优势行业，积极开发高质量的展览项目，成为“中国义乌国际小商品博览会”的承办单位，并以“义博会”为龙头，打造区域会展品牌，与有办展实力和经验的办展机构建立了相对稳定的合作。

(2) 地理环境

展览中心的发展受地理环境的影响，因为场馆在气候、地理位置和运输上的差异对展览会广揽客户、节省成本都有着重要的作用。另一方面，特殊地域风情形成独特的人文风情，对举办展览活动具有不可替代的人文优势。展览中心应在分析地理人文环境的基础上，充分利用地域特征，扬长避短，找准定位，进行特色化、差异化经营。

如北方城市哈尔滨气候高寒，不适合举办展览的寒冷期长达半年，而在这种限制展览中心发展的地理环境背后，仍然有一些优势可以挖掘：哈尔滨对内是各省进入俄罗斯的重要桥梁，是黑河、绥芬河、珲春、满洲里 4 个沿边开放城市的连接点；对外是日本、韩国进入俄罗斯的重要通道之一。作为省会城市，哈尔滨辐射面大、带动功能强，能为举办国际性展览提供便利的地理条件。因此，当地的会展中心可考虑在制定营销战略时突出场馆的对俄特色，积极争取承办对俄以及对东欧国家的专业展会。此外，寒冷的气候条件本身也可以被转化为特色和优势，在哈尔滨国际会展中心举办的哈尔滨国际冰雪节正是借助了冰雪文化、冰雪旅游来做文章。在冰雪节期间，哈尔滨国际会展中心成功举办了旅游文化交流和旅游商品展、友好城市及招商引资经济协作展、冬季服装服饰展等多个专题展览，成功地把展览的淡季转化成了旺季，取得了良好的效益。

(3) 市场竞争环境

处在不同地区、不同城市的展览中心，面对的竞争状况可能完全不同，在制定营销计划之前，展览中心需要对市场竞争环境有充分的了解。

展览中心的整体分布状况是考量市场环境时首先要了解的问题。总的来说，目前我国展览场馆的地区分布颇不均衡，截至2006年底，东部沿海地区的10个省市（包括北京、河北、天津、山东、上海、浙江、江苏、广东、福建、海南），共有展览场馆102家，占全国展览场馆总数的60%，其中仅上海和浙江地区就有场馆38个，广东省展览场馆也达到27家。相比之下中部、西北、西南部地区，展览中心数量较少。

由于展览中心的等级性、专业性及其对经济发展的依赖性，一些城市的展览中心对次一级城市的展览中心有抑制作用，如北京作为国际级会展中心，其展览场馆会对天津、石家庄、大连等其他环渤海城市的场馆产生抑制作用，而上海展览的展览场馆又会对南京、杭州等城市的场馆产生抑制作用。以核心会展中心城市为圆心向外，展会的级别可能越来越低、规模越来越小。

从展览中心经营的角度看，在一般省市内部属于典型的寡头垄断市场，在某些省市则形成垄断市场。如在深圳，专业展览场馆只有深圳会展中心一家，该展览中心在深圳会展界的地位是任何场馆都无法比拟的。而在会展重镇广州，主要展览场馆有8个，展览面积40多万平方米，但除广交会展馆和锦汉展览中心外，其他展馆的排期并不是很密集。又如上海，截至2006年底，上海近300个展览会的90%以上是集中在五大展览馆内举行的，上海展览中心、上海国际展览中心、上海新国际博览中心、上海光大会展中心和世贸商城五大场馆构成了区域内的寡头竞争格局。

会展中心营销者需要对市场竞争态势有充分了解，进而明确自身在市场中的位置，这样才能在竞争中找准定位，扬长避短，制定有针对性的营销计划。

【案例 8-1】 展览馆差异化竞争

上海东亚展览馆于2002年5月正式对外启用，与其他专业展馆有所区别，它是由上海东亚体育文化中心将原来的运动员训练场馆改建而成的。展馆成立五年来，从最初的一年承办一两个展会发展到如今每年承接20多场展会，其间的大跨度让人不敢小觑。

成功从来不会是唾手可得的，东亚展览馆的成绩单来自于自身的清晰定位。场馆是改建而来，在硬件上存在不足，但展馆地处上海市人气极旺的黄金地段，城市公交和轨道交通网络密集，由此，展馆在展会的选择上基本都以贴近市民生活消费的各类特色展示会为主要对象。

以2007年5月举行的上海动漫展会为例，不同于以往的动漫Fans聚会，本次大会为广大动漫爱好者创造了一个面对面、真正的“C” to “C” 动漫聚会。这也是国内首次举行大规模邀请动漫才艺青少年唱主角、婉拒商业摊位的动漫展。而动漫展的实际人流也让其居各类展览活动之首，在展会进行期间，东亚展览馆以先进的服务设施和到位的服务水平，在让展会“人满为患”时依然做到井然有序，彰显了东亚服务团队的专业品牌形象。

动漫展结束不久，展览馆就承接了上海民族民间艺术博览会，展会以“中国元素，海上聚宝”为主题，展示项目非常丰富，包括上海非物质文化遗产保护成果展示，全国民族民间艺术品、手工艺品、私人收藏精品的展示等。不少上海“老字号”、上海民间文化精品得以展出，此外展会开辟了“创意廊”、“体验馆”等专区，同时通过民博会，将“一周办展向全年延伸、一处办展向全市扩展”。在有关区县和街道文化馆（中心）、专题博物馆、私人收藏馆、社区活动中心、部分大专院校开设民博会分会场。为期5天的展览向人们充分展示上海民族民间艺术的博大精深，对普通老百姓尤其是周边居民的巨大吸引力是不言而喻的。

东亚展览馆利用自身的地理位置和配套设施进行差异化经营，走亲民化路线，以承接内容与周边环境密切相扣为特色，凭借适中的价格、优质的服务和完善领先的服务，赢得了展览会主办单位、参展商的好评和周围老百姓的认可与接纳。

资料来源：从百姓中来，到百姓中去——东亚展览馆走亲民路线. 中国会展. 2007（12）

8.1.2 展览中心内部环境分析

每个展览中心自身的情况都不尽相同，展览中心必须检视自己的内部条件，识别自身的竞争优势和劣势，根据自身的资源和经营条件来分析自己的市场机会。展览中心的内部情况包括以下内容。

（1）硬件

展览中心的建筑和设施状况是最重要的硬件条件。一般来说，展览中心可供展览的面积、配套设施、场馆所在地的交通条件都会对客户产生影响。

面积庞大的展览中心一般有比较大的影响力，更容易吸引影响力强的展览会。此外，展厅的高度、地面条件、出入口、通道的宽度等问题影响到是否能满足特定客户的个性化需求。展览中心需要在分析自身技术参数上来考虑最适合举办展览的类型，锁定适合自己的展览，在此基础上进行营销活动。

同时，相关的配套设施也会影响到客户的选择。先进的设施能保证展览中心的顺利运行，也是为客户提供专业服务的基础。照明及控制系统、自动化控制系统、通信设备及网络设备、安全监控系统、门禁及安检设备系统、消防及应急设备系统、安防应急系统及解决方案等共同构筑了展览中心的智能化体系，而一个配套设施智能化高的场馆才能满足高要求的客户。

（2）人员及服务

展览中心的服务是场馆正常运行的基础。在场馆硬件设施之外，服务的项目和服务水平是展览中心竞争力的重要构成要素，因此展览中心需要对自身能提供服务的项目和水平有清晰的判断。

在一个展览进行前后，展览中心所需要提供的服务项目很多，如布展、展览和撤展等事物的组织管理，信息和商务服务，展览期间的现场管理、安全管理，展览期间的餐饮、住宿、旅游等服务等。能否提供全面、达标甚至针对不同客户个性化的服务影响到客户对展览中心的选择。

人员是展览中心最基本的资源，也是各项服务的提供者。场馆工作人员的素质，即他们的服务技能、专业知识、外语水平、礼节礼貌等影响展览中心所能提供服务的水平，因此展览中心营销者在制定营销计划时，还需考虑自身的人员配置是否已经达到了场馆服务标准的要求。

（3）经验及形象

展览中心的经验指展览中心曾经举办过何种类型、何种规模和层次的展览活动。以往举办展览活动的经验能证明展览中心场地设施的可靠程度以及服务承接能力。展览中心的形象指的是展览中心在社会公众以及客户心目中相对稳定的地位和整体印象，具体表现为人们对展览中心场馆或组织的看法、评价。形象是展览中心的无形资产，是展览中心在以往的经营管理活动中积累而成的，它可能是一种有利资源，也可能是负资产。

在制定营销计划前，展览中心需要根据以往的情况分析和明确以下问题：展览中心近几年每年承办展览活动数量的多少；展览主办单位的性质如何，是专业展览机构举办，还是企业、行业协会或政府有关部门牵头举办；展览主办者来自本地还是外地；展览活动的规模有多大；展览活动举办的淡季和旺季各是什么时间；展览活动的主题集中在哪些方面、展览中心的对外形象如何等。

通过问题的分析，展览中心营销者可以明确什么样的展览具有可持续发展能力，需要进一步维持与组展者的合作关系；什么样题材的展览自己本身有条件承办，可以尽量去争取；各类组展者对自己有何种印象、是否有一定的知名度和美誉度，需要在哪些方面改进等问题。对这些问题清楚的认识有助于展览中心营销者发现自身优势、发掘潜力，制定有竞争性的营销计划。

8.1.3 客户及其购买行为分析

各类展览会的组织者是展览中心场地的直接租用者，因此组展者是展览中心的主要客户，是展览中心营销所要针对的主要对象。

展览中心需要通过对组展者的分析了解一些重要的信息，包括有多少组展者、他们是谁、他们所组织展览的性质、他们能接受何种价格、他们对不同展览中心的印象等。

展览中心面对的主要客户常常是受过良好训练、信息灵通的专业化组展者，而且他们对评价有竞争力的报价十分内行。组展者得到场地使用权后，还面临着把租赁来的地块分别销售给不同参展商的问题，他们购买场地是为了最终能够再销售，购买目的是为了盈利，这使得展览会的组织者往往在展会场地的选择上慎之又慎。因此，展览中心营销者必须了解组展者选择场馆时的需要，并说明自身的产品如何能够帮助组展者达到已经确定的办展目标。

总的来说，组展者关心的问题包括：展会的举办地是否与展览的题材和定位相符合、展览活动的效益、展览中心的排期、信誉、基础设施状况、展览中心是否便于向参展商和专业观众营销等。

（1）展览活动的效益

无论是商业性的还是非商业性的展览活动，组展者都希望展览活动能获得一定的收益。以商业性展览为例，组展企业从展览中心购买场地使用权，再把场地划分为若干区域售卖给参展商，参展商支付的款项是组展企业最重要的收入来源，因此成本预算是组展者在场地选择时主要考虑的问题。

在考虑成本时，要考虑客户怎么样以最低成本获得最大收益，怎么样在付出与获得之间达到一个合理的动态平衡，而不是单单考虑自己场地出租的成本，因为在展览中，较低的场地展位价格不一定是受欢迎的，客户可能会因此怀疑展览的举办效果。此外，组展者不仅会对应自己展览活动的预期时间和展览中心的排期，也会考虑展览中心以及同区域近期举办展会的情况，因为同一区域甚至同一场馆是否安排有类似的大型展也会影响到展览活动的效益。

（2）展览中心基础设施

组展者在选择展览场所时，必须考虑展览中心的设施是否适合举办特定的展览活动。如一些大型机械展需要有非常大的展览空间，只有能提供这种空间的展览中心才会进入组展者的考虑范围。

在基础设施方面，组展者关心的信息还包括：展览厅的总面积、高度、水电气设施设备、通信系统、展览中心及周边配套服务设施等，此外，展览中心能提供哪些展会服务、这些服务的整体水平也会影响组展者的选址决策。

（3）向参展商和专业观众的营销

是否有足够多、足够好的参展商参展，是一个展览活动成功与否的关键，因此组展者在选择场地时会考虑的另一个重要问题是，某个展览中心能否吸引到展览想要的参展商和观众。

在向参展商和专业观众营销的方面，组展者关心的问题是展览中心所在区域是否聚集了想要的参展商和观众，或者展览中心所在地是否有一定吸引力、是否交通方便容易到达。如是一个消费类型的展会，在选址上可能要求地理位置上的接近和便捷；又如某个会展中心可能因为其所在城市的独特文化或旅游景点而具有吸引力。旅游城市额外的吸引力有助于尽可能多地招徕观展者，参展商也愿意去这些地方，许多参展商还有可能带上客户前往，这样既能参加展览，又能在当地休闲旅游。

在组展者之外，参展商是展览场地的间接租用者，并和观众一同享有展览中心所提供的各种服务，只有参展商和观众满意，展览会才能不断扩大，组展者才能再次进行招展，展览中心的经营才能得以延续。因而在组展者之外，参展商和观众也是展览中心的营销对象。

了解客户的需要是开展营销活动的前提，对各个层面的客户有了清晰的认识，展览中心才能有针对性地改善自身的条件和服务，制定有针对性、可实施的营销方案。

【案例 8-2】 展览场馆选择

展馆要想吸引展览项目，了解展览组织者的需求则是关键。那么，展览公司到底是如何在同一城市的多个展馆中作出选择的呢？每年要在亚洲各地举办 20 多个展览会的香港雅式展览公司董事长朱裕伦有他的看法：展馆的选择对参展商及买家信心起着关键作用，是展览公司成功办展的重要因素之一。在展馆选择上，展览公司会考虑以下因素。

① 展馆形象。对国际展览主办单位来说，展馆租金虽然重要，但通常不是最重要的一环，展馆形象对办展览十分重要。若较差的展馆，所节省的费用根本不可补偿因参展商对展馆缺乏信心而少订摊位或不参与的损失。

② 展馆的性质是否合适。如举办机械展，应选择一些地面有足够承重力、有方便大型机械进出口运输设施的展馆。

③ 展馆最好能细分出较小的展厅。这可减少场地空置的风险及控制空调费用成本。

④ 展馆最好是有相应原配套设施，如会议室、餐厅、银行、商务中心等。如香港会议展览中心配套设施所占的面积就是展览面积的三倍。另外，在展馆的附近建有星级酒店就更好，酒店的设施可弥补展馆设施的不足。

⑤ 展场最好有提供电话、供水供气的地下槽位。现在的展览公司甚至要求有光纤设备以方便接通互联网。

⑥ 展馆最好是没有任何侵害参展商权益的规定。如：一些展馆会禁止参展商携带任何食物及饮品进馆，参展商须在馆中付出高昂的售价购买。有些展馆更要求收取不合理的超时加班费或强迫参展商聘用展馆指定的承办商。

⑦ 展馆最好是实行价格单轨制，对国内展商和海外展商收取相同费用。

⑧ 展馆最好给定期的品牌展览以馆期的保证。

⑨ 展馆业主或管理公司要有公平、公开的规则去处理同类展览的馆期。

⑩ 展馆的位置必须交通便利，如地铁可直达。

⑪ 展馆的职员要有良好的培训及拥有良好的服务态度。

资料来源：http://www.cce365.com

8.1.4 确定目标市场

确定目标市场是指展览中心经过比较、选择，决定作为服务对象的会展市场。一个展览中心不可能为所有的展览活动提供场地，展览的性质各不相同，组展者的身份以及各自的要求也不同。目标市场战略可以通过STP，即市场细分（segmenting）、市场选择（targeting）、市场定位（positioning）来进行。

（1）市场细分

细分市场并不能被创造，营销者的任务是辨别细分市场，即通过分辨市场上有相似需求的客户，把一个大的展览市场划分为若干主要的细分市场。展览中心进行市场细分的作用表现在如下几方面。

① 有利于展览中心展开有针对性的营销活动。不同客户对展览场地和服务的需求都不一样。在对市场细分的基础上，展览中心能创造出针对目标受众的更适合他们的产品、服务和价格。

② 有利于展览中心了解竞争者。在没有进行市场细分之前，所有可能承办展览的场所都是展览市场竞争中的一员，营销者很难了解这个竞争环境中所有的竞争主体。而在细分市场中，谁是竞争对手一目了然，营销者也就能够更清楚地分析出在相同细分市场中竞争者的情况。

③ 有利于展览中心选择更好的传播渠道和销售渠道。在不同的细分市场中，不同性质客户的信息接收渠道不同，他们购买的方式也不相同，如专业组展者和政府或行业协会的组展者有很大差别，只有区分出差别并有针对性地展开工作，展览中心营销才能取得好的效果。

展览市场作为一个特殊产品市场，其市场细分是根据展览会主办者、参展者及观众性质的不同，他们对展览活动要求和购买方式的差异，展览规模大小的不同等因素来进行的。根据这些因素可把总体展览市场划分为若干个可识别的个体，其中每一个特点相同的群体叫做一个细分市场。

如根据展览主办者的性质和展览内容可分为商业性展览市场和公益性展览市场；根据展会项目主办者来源的地理位置，可分为本地、国内其他地区、国外三个市场。市场细分的划分方式不是唯一的，而是可以交叉的，不同划分方式可组合成多种子市场。

（2）市场选择

展览中心一旦确定了市场细分，就要依次评价各种细分市场和决定为哪些个细分市场服务。

在评估各种不同的细分市场时，营销者必须考虑两个重要因素：细分市场结构的吸引力，以展览中心的目标和资源。

① 细分市场的吸引力。展览中心必须首先明确潜在的细分市场是否对自己有吸引力，例如细分市场的大小、盈利率、风险状况等。

② 自身资源与目标。展览中心还必须考虑对细分市场的投入与自身的资源条件、经营目标是否一致。如果展览中心在某个细分市场缺乏能提供优质价值的竞争能力时，该细分市场就该放弃。或者，某些细分市场虽然有较大吸引力，但不符合展览中心的长远目标，因此不得不放弃。

在确定目标市场时，展览中心要决定是集中力量在单一细分市场还是兼顾多个细分市场，亦或完全覆盖市场。

（3）市场定位

展览中心在市场中发现不同的需要和不同的群体，并把某些需要和群体作为目标市场，而后，对自己的市场供应产品和服务进行定位。定位，就是对展览中心的供应品和形象进行设计，它的目的是使得目标客户能够识别出展览中心独特的产品、服务和形象，进而在目标客户心目中占有一个独特的位置。它简单明了地阐述了为什么目标市场会选择该展览中心作为展览活动的场地。表 8-1 是国外几家知名展览中心的市场定位。

表 8-1　展览中心对目标客户的定位

展览中心名称	展览中心定位
荷兰阿姆斯特丹 RAI 展览中心	人性化——高质量的硬件设施和舒适的展览环境
韩国汉城会展中心	多功能——文化、娱乐、休闲便利设施一应俱全，如同商业城或游乐园，也是著名旅游目的地
新加坡国际会展中心	豪华高效——全新加坡最大的宴会厨房，周边遍布五星级酒店、零售店和餐馆，毗邻国际级表演艺术中心和中央商业区，距机场仅 20 分钟车程

注：资料来源于杰夫．全球最佳会展中心．中国会展．2004（17）。

如果一个展览中心能提供的产品和服务与其他展览中心的产品或服务雷同，它将难以在竞争中获胜，因此展览中心定位的关键是要突出展览中心的设施及服务与市场上同类场馆的差异。展览中心可以通过不同的市场定位来显示自身的优势。

展览中心可以采取的定位战略包括如下几种。

① 特色定位——强调展览中心自己的特色，如它的规模、历史、办展经验等。

② 功能定位——主要突出展览场馆特有的各项功能。

③ 组展者类型定位——根据不同的组展者类型进行划分。

④ 利益定位——强调展览中心能给组展者带来的具有一定优势的利益与品质。

8.2 展览中心的营销策略

展览中心的营销策略有哪些?

在市场营销组合观念中，4P 分别是产品（product）、价格（price）、渠道（place）、促销（promotion），它们是市场营销过程中可以控制的因素，也是企业进行市场营销活动的主要手段，对它们的具体运用，形成了企业的市场营销战略。

展览中心在细分市场的基础上确定市场目标和市场定位后，还需要根据目标顾客的特点和顾客价值这些营销战略要素来策划 4P。成功和完整的营销活动，意味着展览中心需要以适当的产品或服务、适当的价格、适当的渠道和适当的传播推广手段，将适当的产品和服务投放到特定的目标市场。

展览中心不仅提供有形的产品，更重要的是它还需要提供举办展览所必需的服务，这种特性决定了展览中心营销的 4P 所包含的具体内容与其他行业营销存在很大差别。

8.2.1 展览中心产品策略

（1）展览中心产品的概念

产品是展览中心提供给市场以满足需要的东西。展览中心提供以其设备为基础的服务，这种服务依托于展览中心的建筑、展览区域、配套设施这些实体产品，此外展览中心还直接给客户提供展览的相关服务、体验、信息等。

（2）展览中心产品的层次

展览中心在计划市场供应品时，需要充分考虑客户的需求。从客户价值出发，展览中心所能提供的产品可以包括四个层次。

① 核心产品。核心产品是产品最基本的层次，是客户真正购买的基本服务或利益。如在旅馆，夜宿者真正要购买的是“休息和睡眠”；对于钻头，购买人真正想买的是“孔”。在展览中心，购买者真正购买的是“举办展览”。

② 基础产品。基础产品由核心产品利益转化而来，是产品的第二个层次，即核心产品的基本表现形式。展览中心需要提供举办展览所必备的设施，如展厅、水电照明系统等。

③ 期望产品。期望产品是产品的第三个层次，是客户购买产品时通常希望和默认的一组属性和条件。如组展者希望展览中心交通便利、利于到达，设施和服务完善，能全面满足组织展览的各项要求。

④ 附加产品。附加产品是产品层级中的第四层，是营销者为客户增加的服务和利益。在展览场馆竞争日益激烈的情况下，附加产品带来的差异化能给顾客带来好感，展览中心凭借其特有的额外服务和利益，使自己与竞争对手区别，从而在对客户的竞争中脱颖而出。展览中心可以从自身的资源优势出发，进行产品创新。成功的展览中心在他们的供应品中增加了额外的利益，不仅使客户满意，而且超出期望值的部分会让客户产生惊喜和愉悦。

（3）展览中心产品的品牌决策

品牌是产品战略中的一个重要课题。展览中心的产品实际上是一种服务性的产品，而服务是无形的。与有形产品不同，服务在被购买前是看不见成效的，为了减少不确定性，购买者会寻求服务质量的标志或证据，而良好的品牌形象和品牌联想正可以为购买者提供购买的理由。因此，作为提供特殊产品的主体，建立品牌、积累品牌资产是展览中心成功和持久经营的必要条件，关于展览中心品牌竞争的战略，我们将在后面的章节来讨论。

8.2.2 展览中心价格策略

在营销组合中，只有价格是能产生收入的因素，产品、渠道、促销这些因素都表现为成本。虽然在客户选择展览中心的行为中，非价格因素已经相对变得更重要了，然而价格仍然是决定展览中心市场份额和盈利率的最重要因素之一。

（1）影响定价的因素

展览中心在制定其价格时，必须考虑诸多因素。这些因素主要包括以下内容。

① 展览中心的成本状况。在展览中心的经营成本中，作为主要收入的场地租金，应该能够满足展览中心正常运转的需要，包括定期支付的员工劳务，以及运营产生的水、电、物业等消耗成本。同时，展览中心的投资成本，包括场馆建设费用支出时拟定的回收期、经营设施的购置、经营场所的装修和维护等，这些也是有可能要考虑到的定价因素。合理的展览中心出租价格需要吸引一定数量和层次的客户，从而使经营利润稳定或能按期实现投资回收。

② 市场需求状况及水平。任何展览中心的市场运作，都要在得到客户认可后才能实现利润及经营目标。展览中心的主要客户组展者在很多情况下还要完成所购场地向参展商的再销售，因此他们对所购买场地的价格格外敏感，展览中心进行定价时必须考虑客户的需求状况及支付能力。

③ 市场价格和竞争者价格。展览中心一般要以市场价格作为中线来确定其场馆价格高于或低于市场价格的幅度，并随着市场价格的波动做出相应的调整。在多数情况下，场馆不管其成本的高低，都要按照市场价格销售。当场馆具有特色或拥有良好的品牌资产时，场馆的价格可高于市场价格。而如果销售价格高于市场价格过多，会影响销售，相反如低于市场价格销售，会引发场馆之间恶性的降价竞争，这些都对场馆的经营不利。此外，市场竞争状况也直接影响展览中心的定价，展览中心在定价时还要关注竞争者的价格。

（2）展览中心制定价格的步骤

在制定价格时，营销者可以参考以下步骤。

① 选择定价目标。不同的展览中心在特定阶段追求不同的目标，这些目标包括：维持生存、使当期利益最大化、获得租售业绩的成长、实现产品质量的领先等。在进行定价决策时，需要考虑到展览中心在总体经营战略上的需要，根据目标定位来制定价格。

② 确定需求。营销者要了解价格变动和最终需求水平的关系。在正常情况下，需求和价格是反向关系，也就是说价格越高，需求越低。展览中心要在指定价格前估计在一定价格上展览中心可能的销售量。

③ 估计成本。包括场馆运营成本和有可能要考虑的前期投资成本回收计划。

④ 分析竞争者的成本、价格和提供物。考虑制定等于、高于或低于竞争者的价格，需要对比竞争者的提供物来做出判断。

⑤ 选择定价方法。展览中心在定价时需要灵活选择营销中常用的定价方法，如成本定价法、目标收益定价法、客户认知价值定价法、产品价值定价法、集团定价法等。

⑥ 确定最终价格。最终价格也不是一成不变的，展览中心还应根据展览季节、不同的

展览主办方等实际情况调整价格。

在制定价格时，展览中心要尽可能提供更灵活、更多元化的优惠计划和场地租用选择，以迎合不同类型的活动需要。

【案例 8-3】 香港会展中心 2008 年市场策略

2008 年 2 月、5 月、6 月、7 月、8 月及 12 月期间在香港会展中心举行的展览会，均可享有高达 30%的租金折扣优惠。

为吸引更多首次或再次举办的展览活动，回馈优惠计划将于 2008 年延续推行。凡首次举办的展览活动，占地面积达 2000 平方米或以上，其主办机构可与会展中心签订合约，承诺以每年或每两年一次的形式连续举办活动三次，即可获取租金折扣优惠，包括首次折扣优惠 40%、第二次 20%及第三次 10%。

所有符合上述条件的展览活动，主办机构承诺与会展中心签订为期两年的合约，并已为该两年的展览活动缴交场地按金的，即可在该两年享有 45%的租金折扣优惠。

大型展览租用额外展览场地，可享有特别回馈优惠。凡占地面积超过 29281 平方米的大型展览活动，在租用额外的展览场地时，该额外场地的租金首两年可享有 35%的租金折扣优惠。展览主办机构可随着展览规模扩大而相应递增场地面积。

资料来源：http://www. hkcec. com. hk

8.2.3 展览中心的渠道策略

展览中心的营销渠道是指把展览中心的产品销售给目标客户的个人或组织，就是通常所说的中间商。

展览中心营销渠道的特点比较突出，由于展览中心经营者面对的客户（主要是组展者）相对集中，特别是对那些已经承办过许多展览的展览中心来说，他们已经建立了比较完整的客户数据库，而且很多品牌展会已经固定在某些展览中心举办。在这种情况下，展览中心通常需要设立专门机构和人员，直接加强与客户的交流和沟通，维持与老客户的关系，在此基础上实现直接的销售。

8.2.4 展览中心的推广策略

如前所述，展览中心的主要客户是展览活动的组织者，因而展览中心营销推广的对象相对单一。但为了吸引更多、更高层次的展览项目，并在参展商及各类观众心目中树立良好的形象，展览中心需要开展一些卓有成效的营销推广活动，主要方式包括以下内容。

① 通过展览行业的专业媒体（杂志、通讯等）发布展览中心信息，向展览会的组织者宣传自身良好的办展环境；通过一定的媒体广告来提高知名度、提升展览中心的形象。

② 关注展览行业的发展状况特别是各展览组织者的组展计划，主动联系相关公司或项目负责人进行沟通。

③ 参加会展业界人士的各种聚会活动，积极在各种场合中推介自己的场馆。

④ 通过电话、电子邮件、公共关系等手段，与客户保持经常的联系。

⑤ 专门策划一些活动，用以维系和提升与客户之间的合作关系，与国内外展览公司、相关协会建立密切联系，延揽客户资源。如举办推广会、推出老客户优惠计划、举办客户答

谢会、联谊会等。

⑥ 处理好与政府的关系，取得政府的支持。

8.3 展览中心营销的主要手段

展览中心营销有哪些主要的手段？

(1) 参与城市整体营销

城市是人类社会经济生活相对集中的自然和地理单元，现代会展活动的开展都是以城市为依托的，对于大型展览会的组织者来说，先要选择展览在哪个城市举办，然后才考虑具体的场馆。因此，展览场馆营销不能脱离展览中心所在的城市，而要与城市整体促销一并进行。

城市整体促销，就是整合城市的相关资源，进行统一设计和精心策划，并通过旅游节庆、文艺演出、媒体广告等途径，宣传城市的理念、精神风貌、社会状况、自然资源和旅游资源等，从而树立城市形象，增强城市对国内外各种资源的吸引力，加大城市对其他地区的辐射力和影响力。

每个成功的跨区域展览活动都是一次城市促销的重大活动，都是宣传城市、提高城市知名度和美誉度的机会，展览活动的成功举办不但能够吸引国内外客商与本地企业开展经济贸易活动，还能塑造和推广地区会展业的整体形象。城市整体营销和单个展览场馆的营销，是相辅相成的，展览中心营销者要考虑借助所在城市的力量，同时呼吁所在城市城府加大对会展经济的支持力度和服务工作，利用所在城市的优质资源来争取更多的展览项目。

(2) 与旅游企业或管理部门合作

展览活动和旅游活动存在许多共性，这决定了展览中心可以和旅游部门协作，即使展览中心单独开展营销推广活动，也应将展览活动与城市及周边的旅游景点和旅游接待设施结合起来。展览中心与旅游企业或管理部门的合作也是建立在两者共同利益基础上的。毋庸置疑，展览活动能带来大规模的人员流动，参展商、与会者和观众食住、游览、购物、娱乐等活动构成一个规模庞大的旅游市场，而展览目的地的旅游服务也是展览中心所能提供给客户的各项服务中相对重要的一个项目。

展览中心与旅游企业或部门合作的最终目的是为展览会提供完善的配套服务，这一点国内展览场馆需要向展览业发达的各个国家学习。国外在开展展览活动的整体营销时，会展部门和旅游业往往能够精诚合作，如汉城会展中心 COEX 的闻名遐迩，不仅仅由于它的会展设施，也在于它的多功能性。COEX 的地下设有水族馆和购物城，水族馆里有 500 多种海洋生物，而购物城包括购物区、饮食街、书店和电影院等，另外还有夜总会、音响店和卡通商品店。这里不仅有世界各国风味餐厅，而且还有大型书店、时装城、游戏世界和超大屏幕电影院等文化、娱乐、休闲便利设施。甚至在 COEX 的地下还建有泡菜博物馆，展示韩国的各种泡菜，供人参观品尝。在几乎所有关于汉城的旅游指南上，COEX 都是被重点推荐的旅游目的地。

展览中心应根据会展旅游的特点，与旅游部门以及组展企业联手，制定相应的旅游产品和旅游项目，吸引潜在的展览客户。

(3) 开展网络营销

在网络时代，人们关于展览中心的大量信息是通过互联网这一新媒介获得的。通过互联网，展览中心可以展示自己的外观和内部形象、展示以往的成就、宣传自己的理念、发布各种信息。通过网络，展览中心不仅能为客户提供及时的服务，还能利用网络的交互性对客户的需求做出专门的响应，因此展览中心应该充分利用互联网进行营销。

首先，每个展览中心都应该建立自己的网站。需要注意的是，建立网站不是简单地“搭建”，展览中心的网站应该内容简洁、信息完善、及时更新，这样才能为展览会组织者、参展商、观众等不同对象提供他们想要的信息。例如，面向展会组织者，网站上应该提供详细的场馆技术参数、地理位置、交通方式、配套服务项目等各种信息。此外，以往举办展览会活动的情况和场馆展览活动的排期也是展览组织者非常关注的问题，这些都应该在网站中有所体现。

其次，展览中心应主动协助组展者建设专门的展览会网站，并在展览中心网站上为组展者及其展会建立链接，在为参展商和观众提供方便的同时，相互促进网站点击率的提高。

此外，展览中心应充分运用互联网的特性，建立现代化的客户关系管理系统，完善客户数据库，利用互联网与各类客户进行互动式交流，与客户建立起一对一的垂直接触关系。

(4) 实施品牌战略

“品牌”(brand) 一词来源于古挪威语的“brandr”，意思是“打上烙印”，起到“识别”作用。关于品牌的定义有许多种说法，美国市场营销协会认为，品牌是一种名称、术语、标记、符号或图案，或是它们的相互组合运用，可以用以识别某个消费者或某群消费者的产品或服务，并使之与竞争对手的产品或服务区别开来。其实在名字和标志之外，品牌表达着关于产品或服务的属性、利益、价值、文化等各种复杂的含义，品牌的本质是营销者许诺向客户持续传递的特性、利益和服务，是一个关于产品和服务保证的合同。

品牌是一个企业重要的资产，对展览中心这种提供服务性产品的组织来说尤为重要，良好的品牌形象和品牌联想对展览中心吸引展览组织者和品牌展览有着特殊的意义。展览中心打造有竞争力的品牌，应该从下述几个方面努力。

1) 树立服务理念　展览中心是一个综合服务平台。依托展览中心的建筑、配套设施这些硬件，展览中心为展览活动提供必需的物质条件，此外，展览中心还要提供与展览相关的各种展前、展中、展后服务，服务对象不仅包括组展者，还包括参展商和观众。在各个场馆硬件与大环境大致相当的条件下，展览中心要打造品牌、增强竞争力，惟有以服务取胜。

场馆需要在深入了解和掌握客户需求的基础上提供全面的服务，这样才能满足各类客户要求并争取超过客户希望。展览中心应建立专门的客户服务中心，推出客户需要的服务项目。如今很多场馆都建立了能为主办单位、参展商和观众提供“一站式”展览服务的机构。如深圳高新技术成果交易会展览中心，它的“一站式”服务，是将商务、海关、工程、货物运输等机构一揽子集中了起来，为主办机构、参展商在展览各个阶段提供所需要的一切服务，客户在需要时可以自行选择服务项目，这使得参展者、买家以及展览承办者减少了工作环节和负担。南京国际展览中心的“一站式”服务体现在他们会全程跟踪、协调、落实展览组织机构的各项需求：展前，为主办、承办机构提供包括政府的有关政策规定、批文申报、市场分析等内容的立项咨询；在项目确立和签订租赁场馆合同之后，展览服务部组成项目团队主动介入，提供主办、承办机构和参展商所需要的全方位服务，并协助进行展览调查；展后，展览中心还向组织者提供第一手的参展商满意度等调查资料，以利于展览会的发展。

好的服务可以创造品牌经验，而经验正是建立品牌的根本。为了在每个与顾客接触的点上创造肯定的体验，展览中心还必须加强全体人员的服务思想、服务意识，为此展览中心需要通过培训、激励等方式加强服务人员的服务意识和质量意识，提高服务人员的专业技能，增强服务的能力、技巧，提高效率。展览中心需要建立一系列行为规范，包括员工行为规范、员工礼仪规范、办展办会的服务手册、企业经营运作各项规章制度（包括财务、人事、业务公关、广告宣传）等一系列规划，引导、约束员工的各种行为，凝聚企业精神，为创造客户满意的服务提供保证。

展览中心还应积极创造条件提供增值服务，主动加强与主办商、供应商的互利合作，全力配合组展者做大展会规模，提升展览品牌，帮助企业扩大影响，维护参展商和观众的切身利益。

【案例 8-4】 泰国 IMPACT 会展中心的一站式服务

对于组展机构办展及吸引和留住高素质展商来讲，展馆的服务水准始终是重中之重。展馆欲在竞争中脱颖而出，硬件和软件是不可忽视的两个方面。

IMPACT 从成立之初就设立了“合作共赢”的远景目标，致力于为所有客户及合作伙伴提供基于互相信任、战略联盟以及解决方案的系统化增值服务。该远景目标的核心在于，IMPACT 不将自己视为单纯的服务商或供应商，而定位于客户的“战略合作伙伴”，通过紧密配合，最终达到令展览获得成功目的。IMPACT 所提供的方案包括场地规划咨询、项目管理运作、餐饮服务、旅行机票、物流、销售推广等。此外，IMPACT 也通过与组展商成立合资企业，来更好地实施对展事的管理。

IMPACT 努力做到各主办方所推出的展会内容及主题互不重叠，对于内容和主题相类似的展会，IMPACT 规定有三个月的间隔期。对初次举办展览的组展机构，IMPACT 为其提供必要的市场营销支持，协助其更快地走向盈利，令这些组展商将 IMPACT 作为其举办展事的首选场所。

在提供客户创新性解决方案方面，IMPACT 也有许多成功的经验。IMPACT 始终坚持“一站式服务”的理念。对于组展机构，IMPACT 可以为其提供场地规划；如果客户需要专业的展台设计，IMPACT 有这方面的人员帮助客户实施这方面的工作。“一站式服务”是以服务流程或内容的集成而为客户搭建的便捷服务平台，能减少客户因分开购买而追加的时间和金钱成本。

资料来源：童国颜．一站式服务＋创新定位——访泰国 IMPACT 会展中心总经理黎运豪．中国会展．2007（12）

2）维护办展环境　我国展览业的现状是展会过多过滥，而且同一时期、同一地点相同的展会非常多。如东莞 2008 年 4 月份举行的国际造纸工业展览会，与 11 月举办的国际造纸技术设备展览会有同质化嫌疑，两展览分别是由两家不同的组展商组织，但举办地点相同。

同质的展览形成了恶性竞争，恶性竞争的背后是展览场馆的效益下滑和亏损。缺少行业约束机制是造成展会过多过滥的主要原因，只要交钱就可以参展，结果鱼龙混杂，影响了展会的整体质量。国外展会业内有“前后 4 个月不能办同类展会”的行规，展馆不能租给两个时间相近的同类展会，但我国目前没有明确的约束，损害了一些展会的信誉。

一个品牌展览中心应主动确立展览“秩序”，加入到规范会展市场、维护办展环境的行列中来，否则会展资源将被低层次的竞争消耗掉，不利于会展业整体布局，客户的利益受到影响时，展览中心的长期利益和形象也将受到影响。

3）培育忠诚客户、扶植品牌展会　展览中心不仅要创建品牌，更加重要的是要努力保持客户对品牌的忠诚，只有这样才能长久地保持竞争优势。重视和培育忠诚客户对展览中心来说有着重要的意义，包括以下内容。

① 减少营销成本。维持一个顾客比获得一个新顾客的成本要少得多。潜在的新顾客通常缺乏改变原来场馆选择的动机，因此，要接触到他们需要付出昂贵的代价。所以忽视老顾客而重视新顾客的做法是欠考虑的。对于老顾客来说，只要他们没有什么不满意的地方，要维持他们并不太困难。

② 获得高回报、增加市场份额。忠诚的客户使展览中心获得更多的利润，从短期看是因为他们长期稳定地与场馆合作，租赁场地和使用服务，从长期看忠诚客户带来的良好的口碑有更多的作用。

③ 吸引新顾客。新客户在为自己的展览选择场所时，往往要了解场馆以往服务其他组展者的情况，老顾客的存在起到为新顾客提供担保的作用。

基于此，展览中心有必要在提供各项服务、提高服务水平的同时，注意客户关系的维持，结合区域市场需求和地方产业资源，发挥场馆自身资源优势，联合行业和社会资源，积极培育、自办、联合办展会项目，形成稳定的展会资源，有计划、有针对性地培养忠诚客户群体。

此外，展览中心也有必要对客户进行甄别取舍。有的处于未饱和状态的展览场馆，不惜招揽一些资质、信誉、经验、操办手法都较为低劣的企业来办展，长期下去，势必会严重影响展览中心的声誉，不利于场馆长期地发展。

因地制宜培育名牌、规模展会，同时争取到能扎根在本展览场馆、有持久生命力的展览项目，展览中心才能逐步做大规模，建立和维护品牌。

本章小结

展览中心营销不是简单地“销售展览场地面积”，营销是展览中心各部门共同的事业，它驱动着展览中心的远景、使命和战略计划。为此，营销者需寻找目标市场，以目标客户的需求为中心建立营销计划、改善产品和服务、采取有效的市场营销组合，通过满足市场需求来创造价值。

展览中心需要根据自身在市场上的经验和核心能力，确定长期的机会。为此，营销人员需要通过调研来获得关于市场营销环境的重要信息，这些信息既包括宏观市场环境，如影响展览中心发展的经济、政策、文化力量等，也包括影响展览中心的微观环境，如自身状况、竞争者、客户、各种公众等，营销者需要在把握以上信息的基础上结合自身的情况来确定营销机会，选择和瞄准目标市场。

确定目标市场是指展览中心经过比较、选择，决定作为服务对象的会展市场。一个展览中心不可能为所有的展览活动提供场地，因为展览的性质各不相同，组展者的身份以及各自的要求也不同。目标市场战略可以通过STP，即市场细分、市场选择、市场定位来进行。

展览中心在细分市场的基础上确定市场目标和市场定位后，还需要根据目标顾客的特点和顾客价值这些营销战略要素来策划4P。成功和完整的营销活动，意味着展览中心需要以适当的产品或服务、适当的价格、适当的渠道和适当的传播推广手段，将适当的产品和服务投放到特定的目标市场。

展览中心营销的主要手段包括：参与城市整体营销，利用所在城市的优质资源来争取更多的展览项目；与旅游企业或管理部门合作，制定相应的旅游产品和旅游项目，吸引潜在的展览客户；开展网络营销，为客户提供全面的信息，进行客户关系管理；实施品牌战略，提高服务水平，维护办展环境，因地制宜培育名牌、规模展会，依靠品牌为营销活动的顺利进行打下基础。

复习与思考

1. 展览中心在进行定位时，需要综合考虑哪些因素？
2. 展览中心的主要客户是谁？他们的购买行为有怎样的特点？
3. 展览中心营销组合所包含的内容有哪些？如何理解展览中心的产品？
4. 展览中心营销有哪些主要的手段？
5. 结合实例，谈谈展览中心的品牌建设。

案例分析：上海展馆的市场定位和经营模式分析

1. 上海新国际博览中心

上海新国际博览中心由上海浦东土地（控股）公司和德国汉诺威展览公司、杜塞尔多夫展览公司和慕尼黑国际展览公司共同投资建成，每个展厅规模为70米×166米，全部竣工后拥有200000平方米室内展览面积和50000平方米室外展览面积。

新国际博览中心一向重视客户关系管理，一方面，实施定期的客户满意度调查，以便更好地满足客户的需求。另一方面，定期举办客户服务的管理培训，以改进员工的服务意识和技能。

新国际博览中心建成后，就在中国市场取得了令人欣喜的增长，在此举办的许多展览和非展览活动在中国乃至整个亚太地区都堪称一流，如华交会、工博会、体博会、汽车展、CeBIT亚洲信息展等。此外，新博览中心也积极涉足海外市场，积极推动亚洲其他两个一流会展中心——新达新加坡国际会议与博览中心和日本会展中心的战略联盟，这使上海新国际博览中心能够有机会吸收合作伙伴的资源来增强其新的竞争力，提升品牌形象，提升客户服务价值，加强合作交流，从而吸引更多的国际展会进入亚洲。

2. 上海光大会展中心

上海光大会展中心的基础设施包括展馆、酒店和会议室。展馆面积是35000平方米，酒店有800套客房，还有上万平方米的会议厅。综合配合的一条龙服务，大大方便了客户。

作为上海的主要展馆，上海光大会展中心举办的展览有自己的特点——一般选择3万平方米以下的展览，主要面向外地的展会（充分利用会议厅和酒店）。北京和香港的展览是主要的客户，为此会展中心每年在京、港举行各种大型活动，包括推广会、客户联谊会等，与国内外展览公司、相关协会建立密切联系，延揽客户资源。

上海光大会展中心极其重视包括主办方、展商、观众在内的客户。会展中心一般会在展览现场发放对客户的征询意见表，了解客户的需求与建议。每年年底，会展中心还会对客户进行回访，通过座谈会等形式进行业务切磋，总结场馆、酒店等各方面的问题，以便改进未来的工作。

上海光大会展中心举办的品牌展数量众多，如美博会、文博会等，为支持品牌展的建设，会展中心采取了一些相应的措施：优先安排场地——与主办方协商，预留特定时段，保证品牌展的连续性；提供服务上的便利和支持——外地来沪办展，会展中心会在批报、消防、治安许可、交通疏导、保安等方面予以帮助；还有一些运作细节上的考虑，比如有些展馆通常是晚上进馆，而这里可以24小时进馆。

引进新展会也是保证场馆运营可持续性的重要环节。在选择新展会时，展馆会事先进行目标客户分析，争取实现效益最大化。因为不是所有的展会都适合场馆，会展中心的做法是：优先培育孵化小于1万平方米的品牌展会，这些展会可以有3～4年的培育期。这项工作的效果很明显，许多展会已经由5000平方米发展为几万平方米。

3. 上海展览中心

上海展览中心是上海最早建立的展馆，有过它的辉煌时期。随着各个新馆的出现，上海展览中心的压力越来越大。展览中心在2001年做了适时的调整，在硬件和策略上都有了变化：用近3个亿进行了大修改造，使设备设施的功能档次得到重新定位；在经营策略上实行南展北会的经营格局；在经营方向上，逐步从以展览一业为主转变为展览、会议和物业三者并举。

上海展览中心的优势是地理位置和名牌优势的结合。业务定位是关注两万平方米左右的展会，发展小型展览，争取中型展览，放弃大型展览。业务重点是选择与老百姓密切相关的消费类展览，其自己主办的假日楼市展在上海也有相当的知名度。

在业务开发上，展览中心有自办展，也接办一些外地的土特产展销会、农副产品博览会等，同时也会举办一些精品展，如埃及国宝展、香港珠宝展。在展览业务发展上，展览中心有所选择，并不是随意把档期排满。

4. 上海国际展览中心

上海国际展览中心是国内第一个中外合资展馆，同时也是第一个通过ISO 9000认证的展馆。内部实行“一站式服务”，一个窗口解决所有问题，只要找到营运部，找到项目经理就能了解整个办展的进程。

1997年起，上海国际展览中心在出租场地的基础上，增加了自办展览这块业务并一直遵循这样的原则：大客户做的展览自己不做，以避免冲突；通过自办展积累经验，把更好的服务呈现给展览客户。

上海国际展览中心的市场定位明确——1万平方米左右的展会。这种展会在服务、体制、经验上都能体现出上海国际展览中心的优势。

上海国际展览中心重视员工素质的提高，规定40岁以下的员工都要进行业务学习，由展览中心报销全部费用。

5. 上海东亚展览馆

上海东亚展览馆与上海其他专业展馆有所区别，它是由运动员训练馆改建而成的，位于上海体育场和上海体育馆之间，尽管在硬件上有些不足，但也具备得天独厚的优势：展馆层高12米，气势不凡，室内面积4500平方米，可以分割成三个大展厅、两个小展厅，中间有移动的隔离装置，另外水电配套和无线上网等功能齐全。展馆正门的火炬广场面积有4000余平方米，可配合展会举办各种配套活动。由于东亚展览馆地处成熟的徐家汇商业圈内，地理位置十分优越，地铁、轻轨、高架和百余条公交线构成了密如蛛网并且十分便捷的立体化交通网络。因此，上海东亚展览馆特别适合举办面积适中的贴近市民生活消费和时装类的展览会。

展馆的定位是举办跟市民生活消费相关的展览，如二手房展、餐饮博览会、教育展、动漫展等，此外展馆也举办一些中小型的专业站，如劳防用品展、国际轮胎展等。场馆每年还承接多场体育赛事和文艺演出活动。

上海东亚展览馆非常重视对参展商提供终端服务，严格管理和细致服务使得展览馆的业务有了长足发展，很多参展商表示，尽管上海东亚展览馆在硬件上没有大的优势，但它的服务是一流的。

上海东亚展览馆在选择合作伙伴和展览项目时很慎重，要先看其公司的资质和行业内的信誉度。重视社会效益，注意扶持有社会效益的展览会，也是上海东亚展览馆的特色之一。

资料来源：郑建瑜．会展场馆管理．旅游教育出版社．2007

讨论题

1. 上海各展览场馆是如何结合自身情况进行市场定位的，定位的标准是什么？
2. 从上海各场馆经营的实例中，你得到了什么启示？

参考文献

[1] 过聚荣．2006～2007年：中国会展经济发展报告．北京：社会科学文献出版社，2007.

[2] 陈建斌．会展中心的区位选择与发展对策．重庆工商大学学报，2004，(3)．

[3] 杰夫．全球最佳会展中心．中国会展，2004，(17)．

[4] 郑建瑜．会展场馆管理．北京：旅游教育出版社，2007.

[5] 童国颜．一站式服务＋创新定位——访泰国 IMPACT 会展中心总经理黎运豪．中国会展，2007，(12)．

[6] 曾华．会展场馆管理．北京：机械工业出版社，2007.

[7] 王春雷．会展市场营销．北京：旅游教育出版社，2007.

[8] http：//www.cce365.com

[9] http：//www.hkcec.com.hk

9 会议营销

学习目标

学完本章，你应该能够：

1. 了解会议的主要类型及特点；
2. 掌握会议的目标市场选择原则；
3. 熟悉会议营销策略；
4. 了解会议营销过程。

基本概念

会议　会议营销　会议目标　会议产品营销渠道

9.1　会议的目标市场选择

会议的目标市场定位是什么?

目标市场定位是指企业根据客户偏好、资源优势和竞争态势，确定本企业产品及服务在目标市场上应占有的竞争地位。其实质是企业针对目标客户心目中的某一特殊偏爱，设计独特、鲜明的营销组合，以形成本企业产品的竞争优势。正确选择目标市场是企业制定市场营销计划的基础和前提。

对于会议市场来说，确定其目标市场是个十分复杂的课题，其中的原因除了会议市场本身竞争激烈之外，最重要的问题在于会议类型的复杂多样，不同类型的会议在筹办策划、举行服务、营销策略等方面都不尽相同，企业只有在把握各种类型会议的特征的基础上，才能正确寻找到其目标市场，并为之提供有针对性的产品和服务，实现有效经营。

9.1.1　会议的认识

会议是人们为了解决某个共同的问题或出于不同的目的聚集在一起进行讨论、交流的活动，它往往伴随着一定规模的人员流动和消费。会议是会展业的重要组成部分，其广泛的影响、高额的利润和巨大的潜力，引起了越来越多的国家和地区的注意。

在英文中，会议都称为 meeting，但实际上虽然各种会议有其共同点，但又不完全一样。根据不同的标准，可以将会议划分成许多类型，了解各类会议，对于我们开拓会议市场，有的放矢地做好会议的策划、销售和服务工作，是十分重要和迫切的。在众多的分类方法中，以主办单位为标准划分会议类型更具现实意义。明确是谁在主办会议及其办会的目的，了解他们对会议承接方有什么要求，有利于会议公司准确选择目标市场。以此为标准，可以将会议划分为公司类会议、协会类会议和政府与非政府类会议三种，协会类会议和公司类会议是会议市场的主力军，是各会议公司重点吸引和争夺的目标市场，该市场最有利可图，对它们的竞争也最为激烈。

（1）公司会议

为了企业自身的发展，应对日趋激烈的竞争，计划和协调企业的发展目标、策略及各类指标等，各类公司每年都要举行各种会议。所以目前公司会议市场比其他任何会议市场都发展迅猛（表 9-1）。

表 9-1　中国公司会议类型及特征

会议类型	计划安排的会议平均数	平均出席人数	平均天数	平均筹会时间/个月
管理层会议	5	34	2.3	3.5
奖励会议	3	81	5.1	8.2
培训研讨会议	7.6	38	2.9	3.7
地区性销售会议	4	47	2.5	3.8
全国性销售会议	1.9	141	3.5	6.8
专业/技术会议	5	79	2.6	5.3
新产品发布会	3.6	57	2.0	3.7
股东大会	1.6	95	1.6	5.2
其他会议	7.3	227	3.1	9.1

注：资料来源于中国国际贸易促进委员会．中国会展经济发展报告 2004．经济日报出版社．2005。

① 会议类型。常见的类型有销售会议、技术会议、新产品发布/推介会、管理会议、培训会议、股东会议和奖励会议等，其中销售会议是公司会议市场中最重要的部分。

② 会议周期。除了上市公司的股东大会和一般性的公司奖励会议是定期召开的以外，其他的公司会议都是根据市场形势变化的需要而临时召开的，因为市场千变万化，如果不抓住时机，就会被市场所淘汰，所以，公司的会议是以不定期的会议为主。

③ 会议地点。公司会议在选择地点时主要考虑的因素是会议的时效性和成本，因为公司是以盈利为目的的。只有奖励会议才考虑娱乐性和舒适性。与此同时，公司会议在选择会议地点时还会适当兼顾会议设施、安全和服务等方面的因素。根据有关部门的调查，目前中国公司会议的举办地点多选择市区城市饭店、郊区饭店、风景疗养区饭店和会议中心等场所。

④ 会议会期。公司会议的会期一般较短，少则半天，多也不会超过 3 天。因为公司会议都是应急会议，会议的决定需要尽快在公司中执行，同时要接受市场的考验，所以，公司会议旨在速战速决，以适应市场的瞬息万变。

⑤ 会议组织者和与会者。从公司会议的组织者来看，行政管理人员、销售部门的市场人员、会展策划人员和广告公关人员是公司会议的主要组织者。根据有关部门的调查，目前中国的公司会议由行政管理人员组织和策划的占 51%，由销售部门的市场人员组织和策划的占 25%，由会展策划人员组织和策划的占 10%，由广告公关人员组织和策划的占 6%，由人事培训人员组织和策划的占 5%，其他人员组织和策划的只

占 3%。

(2) 协会会议

协会是会议市场上最主要的客源，根据 2006 年美国会议市场调查报告显示，2005 年协会共举办年会 12700 个，共有约 1790 万人参会，协会还举办其他类型的会议 210600 个，共有约 3800 万参会代表。

① 会议类型。协会类会议主要的会议类型有年会、专门会议、研讨会和专题讨论会、董事会和委员会会议等。

② 会议周期。中国大多数的协会会议是每年举办一次，部分协会是一年两次或两年一次。地区性的协会一般是一年召开 2～3 次的小会。根据有关部门的调查，中国大多数协会会议选择在春季的 4 月、5 月、6 月和秋季的 9 月、10 月、11 月举行。

③ 会议地点。中国协会会议时间和地点都是由上一次会议确定的，会议地点不一定总是在一个地方。会议地点选择的主要依据是：一是会议规模。根据团体的大小，会议的复杂程度，事物本身性质复杂程度以及会员的多少。二是会议场所条件。会议场所、设施和服务水准都是选址的重要因素。三是地点周边地区的旅游景点和娱乐设施状况。人们在会议期间是需要旅游和娱乐的，因此，会议周边地区旅游景点的吸引力和娱乐设施条件都是会议选址的重要参考依据，如是否有高尔夫球场、网球场等。从目前中国协会会议地点选择的分布来看，市区和郊区饭店是大多数协会会议的首选。

④ 会议会期。目前，中国的协会会议会期平均为 3～5 天。其中，讨论会和委员会会议一般为 1～2 天；小型地方性协会会议一般为 2～3 天；含有展览会的会议一般不超过 3 天。在时间安排上一般是从周日或周一开始，周四或周五结束。根据相关统计，会期为 2 天的占到 18%，3 天的占到 39%，4 天的占到 24%，5 天的占到 14%。

⑤ 会议组织者与与会者。从会议的组织者来看，全国性协会组织所举办的会议一般是由专职的协会秘书长或常务副秘书长具体负责会议的筹备与召开，而小型协会组织所举行的会议，由于这类协会通常挂在某个行业或科研机构下，一般不设专职的管理者，所以这些会议一般是由挂靠单位的管理人员或专家具体负责会议的筹备与召开。从与会者来看，协会年会的与会者一般是由协会的全体会员组成的，而讨论会则聘请了一些专家和学者，而协会管理者会议仅限于协会理事单位及其相关的管理人员参加，其规模和范围就比年会小许多了。

(3) 政府与非政府类会议

① 会议类型。政府与非政府类会议按照会议的性质大致可以分为政府例会、政府特别会议，以及非政府组织的会议。这些会议的共同特点是非盈利性。

② 会议周期。对政府例会来说，大多数的政府例会是一年一次，如，中央和地方政府的“两会”一年一次，政府换届选举大会一般是四年一次。而政府特别会议则没有周期可言，一般要根据时局的变化而不定期地召开和举行。而非政府类大会有的是定期召开的，如工会组织的例会和换届选举大会，而有的是不定期召开的，如绿色环保组织随时召开的大会。

③ 会议地点。政府例会一般在政府礼堂举行，中国每年春季召开的“两会”都在北京人民大会堂召开，而地方性的“两会”也各自在地方政府礼堂召开。政府的特别会议一般在各个单位礼堂召开，或者在事发地点的政府礼堂召开，而非政府会议的地点选择则灵活得多，根据会议需要，举办方可以选择宾馆和饭店，也可以选择非政府组织总部，还可以选择

风景旅游区。

④ 会议会期。中国政府的例会会期相对长一些，北京“两会”的会期长达15天左右，而地方政府举行的“两会”也长达10天左右。政府的特别会议一般会期较短，具体会期要看会议具体的议程而定，与例会相比，特别会议的会期要短许多。非政府类会议的会期更短，因为这些非政府组织除了会议讨论的问题集中，从而节省时间以外，财政预算的紧张也是会期较短的重要原因之一。

⑤ 会议组织者与与会者。从政府类会议来看，政府例会由专门的政府组织具体负责会议的筹备与召开，而参与者大多为政府代表，因此人数众多。政府特别会议是由政府相关部门为解决某一具体问题而召开的小规模会议，一般由分管具体工作的部门领导具体负责会议的筹备与召开，从参加人数来看，政府例会的参加人数要比政府特别会议多得多。从非政府类会议来看，非政府类会议一般由非政府组织具体负责会议的筹备与召开，而参与者大多为非政府组织的成员或会员，他们具有相同的志向与爱好，因此，会议参与者的规模是有限的。

9.1.2 会议营销的认识

会议营销，从会议举办地的角度，是指本地理想的办会环境传达给外界，以吸引广大会议主办单位和会议组织者，从而为本地赢得更多的会议。会议产业的发展究其原因，除了政府和相关协会大力支持、企业经营理念超前、产业市场化程度高等因素外，还有一点不容忽视就是会议公司，包括政府在营销推广方面做了大量卓有成效的工作。

与展览会营销相比，会议营销相对简单，这是由举办会议活动的客观要求所决定的。例如，会议营销主要面对与会者，而展览会营销要面向参展商、专业观众甚至政府；会议对举办地的制造业发展水平要求并不高，但展览会往往要依托当地的产业特别是制造业。单单就一次会议而言，营销工作的核心部分是“突出参加这次会议能给与会者带来什么利益”，这种利益的范围相当广泛，可能是解决某个实际问题，声明本组织在某一问题上的观点和立场，或享受培训机会等。当然，若营销主体是某个会议举办地，营销的内容还要包括良好的自然环境、便利的交通条件等。

对成功会议典型要素进行剖析，我们也可以发现，其中构成要素非常复杂，如会议策划、会议营销、会议组织和管理等都可能是会议成功的重要原因。据《成功的会议》杂志对661名业务经理所做的一项问卷调查显示，会议成功与失败的原因有多种，其中核心要素是会议主题，它决定了其他要素的选择。会议主题是会议目标的正确表达，也恰恰是会议营销的最主要卖点，会议的潜在参与者通过它就可了解会议的大体内容。要取得会议营销的成功，就要认识会议主题。一个好的主题，就像产品的核心利益点，会吸引众多的消费者。对主题的研究是获得寻找目标市场和提供有针对性的产品和服务的经验的途径。

那么，如何找准并确定一个好的会议主题呢？下面提供一些选择会议主题的思路。

(1) 以社会热点问题和事件为主题

社会热点问题和事件是社会大众都关心和谈论的，甚至是与其有着切身利益关系的，人们都想对相关的问题和事件了解得更多，一些大众媒体也都会对此争相报道。这时如果召集问题或事件的相关人员进行深度访谈或讨论，并将内容、结果及时告知大众，将会引起社会轰动效应，会议无疑已成功一半。

【案例 9-1】 会议门票供不应求

广州消息：美签署中国入世协议后，与世贸相关的问题迅即成为社会热点话题。这两天在羊城举行的“‘入世’与中国经济发展战略专题报告会”，800元一张的门票被争购一空。

当地传媒报道了中国“入世”首席谈判代表龙永图将率部分谈判代表和世贸组织研究专家到穗作专题报告的消息后，羊城即掀起了“购票热”，无数来自全省各地的电话，不断打入此次报告会的筹备单位广东省政府办公厅行政管理学会，传真也雪片般飞来，全都是一个要求：希望参加这次高层次的报告会。因要票的单位和人太多，远远超出了省府礼堂1000多人的容量，广东省政府办公厅当即决定将会场移至能容纳3000人的中山纪念堂。但是，即便如此，所有的门票全部售罄，而仍然还有许多人围在售票处希望能买到入场票。

资料来源：广州日报，2003年4月7日

(2) 以社会上存在争议的问题为主题

以社会大众、某些群体所争议或存在争议的问题为会议主题，同样可以引起人们的关注，而且存在的争议，也正是会议所要宣传的卖点。讨论争议，解决争议，请问题或事件的当事人或此方面的权威人士就此发表看法，对于一直关心此问题或事件的群体是一个极具吸引力的事情，必将引起他们极大的兴趣和注意力。

【案例 9-2】 足球沈阳峰会

针对中国足球界存在的黑哨、假球现象，中国足协展开了声势浩大的打假行动，各俱乐部也纷纷对此做出相应举措，国内球迷高度关注。如第八届中国足球甲级俱乐部总经理峰会除了讨论当年中超联赛的各项议程外，各俱乐部老总还将签署一份公平竞赛保证书，中国足协决定在“沈阳峰会”上增加一项议题——让各俱乐部老总，做出书面保证，不打默契球，保证比赛的纯洁性。中国足协还起草了一份保证书，要求各俱乐部老总在上面签字。中国足协就此事举办了讨论会，邀请足球界甚至体育界名人就关于打假、如何打假等问题展开讨论。

这个研讨会在球迷中间引起了巨大的反响，国内数以亿计的球迷都关心足协是否真的要杀一儆百，报纸、电视、广播、网络等媒体也都对此做出相应的报道，这样无形中扩大了会议的影响面和影响力，使会议取得的成果更加显著。

资料来源：据金陵晚报，2003年11月8日资料整理而得

(3) 以行业内共同关心的或有争议的问题为主题

一个行业所共同关心的问题包括这个行业的动态、发展、问题、竞争、人员等方面，特别是在经济领域，行业内一个简单的问题或事件往往能引起整个行业的反响或震动。而就这些问题召集业内人士举行高峰论坛或研讨会，讨论行业发展的前景、发展中的动力或阻力，解决企业间平等竞争、价格战等问题，商定行业通则、经营规范等，就往往能吸引众多的目光，特别是在社会大众较为关心、联系比较密切的行业，这样的会议经常能够令全国人民所瞩目。

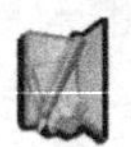

【案例 9-3】 北京家电节空调高峰论坛

2003 年春夏之交，北京家电节空调高峰论坛在国美总部召开，主要议题是“2003 年，中国空调往何处去”。与会人员认为，2003 年空调竞争态势再次成为关注焦点。经过 3 年的价格拼杀，空调一线阵营已经不再坚持价格坚守态度，转而反守为攻，价格直逼二三线品牌，开始行业洗牌动作，而众多二三线品牌也意识到 2003 年为空调分水岭，决意进一步巩固地位。此外，许多不知名的小品牌仍然希望从中分一杯羹。空调战国，硝烟弥漫。

同时，国美作为主办方之一，在会上表示，2003 年国美将致力于厂商共同营销：①厂商对接，脱离中间环节，使采购价格更具竞争优势；②厂商联手信息互补，资源共享，推动市场发展；③规模产生效益，实现厂商双赢，通过包销、定制、买断、集中采购等手段，降低成本，通过规模效应，真正实现厂商的双赢；④审明自己三赢的经营理念。即消费者是最大的底家，其次才是厂家跟商家。可以看出，国美通过举办这次空调高峰论坛，一方面研究了中国空调发展的新趋势、新走向，明确了在空调生产与营销方面的发展方向，另一方面，国美也告知了消费者，国美一直以消费者的利益为企业最高利益，通过层层把关，国美所销售的空调全部是质量过硬的产品。国美此次行动可以说是一举两得，一是和空调生产厂家结成了战略同盟，可以以更低的价格、更高的质量来采购，二是树立了自己虽然价格低，但是产品质量好的企业形象。

资料来源：http://finance.sina.com.cn/

（4）以新产品、新技术的出现为主题

企业在新产品上市或是产品性能有重大改进等事件发生时，往往要召开新闻发布会，或是召集有关方面专家、媒体记者等进行产品论证会和产品功能研讨会，以期通过权威认证获得消费者的认可，起到教育消费者、促进销售的作用。

【案例 9-4】 美国福特汽车公司销售商会议

美国福特汽车公司曾在美国拉斯维加斯大型的会议中心花几百万美元，运用不同手段进行产品介绍，举行了有实况转播的百老汇式的舞台剧演出。这次活动进行了好几天的排练，并从全国各地租了两星期的包机，演出可与任何百老汇演出相比。引起公众和媒体的高度关注。会议的目的达到了，会议获得成功，当然其付出的代价也是高昂和值得的。

销售商会议除了销售人员参加外，也吸引着公司的高层管理人员、持股人和新闻界参加。企业通过新闻发布会等形式，可以有效地告知消费者有关新产品的信息、资讯，起到一般广告所无法达到的效果。

资料来源：金辉．会展概论．上海人民出版社．2004

9.1.3 会议的目标市场选择

如前所述，不同类型的会议所涉及的营销对象和营销重点是有所不同的。会议营销是对特定群体开展的传播。会议营销重要的对象包括政府、公众、媒体、赞助商等，一般认为会议产品的“买家”是与会者，他们是会议产品营销最重要的对象。除此之外，会议营销对象还包括政府、公众、媒体等。尤其重要的是，对于为数不少的营利性会议，对赞助商的营销是非常重要的。对于赞助商们来说，要购买的其实是会议活动这样一个重大事件所附带的新闻价值。这和与会者对会议产品的认知可是有着很大的不同。另外，会议组织方邀请演讲人或嘉宾的行为也可以视作一种会议营销工作，虽然看起来似乎是会议方面向他们“购买”，但是要吸引他们来出席会议，向他们展开营销、充分展示一个会议产品能给他们带来的利益也是十分必要的。较强的针对性是会议营销重要的特色之一。

围绕会议要达到的目的或要实现的目标，首先就要对会议的目标市场进行有效的选择，从而做到“有的放矢”。会议营销企业选择目标市场时应遵循以下几个原则。

① 目标市场必须与企业的经营目标和企业形象相符合。如北京五洲大酒店在长期的经营中逐步探索发展合理的会展项目组合。目前，项目以国际组织会议、国内政府会议、各种行业协会会议为主，辅以公司会议、消费品展示会，以及其他文体活动项目。

② 目标市场必须与企业所拥有的资源相匹配。企业拥有的自然条件成为选择目标市场的重要依据。目标市场的选择应该能使企业充分地发挥自身的优势，充分利用自身资源，扬长避短，突出自己的特色，方能使营销获得成功。

③ 对目标市场进行详细的营销调研和科学的市场细分。如各国政府的会议业务是经常易被忽视的细分市场，与其他会议细分市场相比，政府会议市场盈利微薄。但是这一细分市场却是会议业务的主要来源，特别是政府机构与企业、商务团体的交流，更是经常通过召开各种规模、形式的会议进行的。我们很难对来自政府机构的此类会议业务进行概括，因为这类业务变化差异很大，从中央政府部门到地方政府部门，会议的规模、范围、档次、内容差别都相当大。如果出席会议的成员是政府的雇员，那么了解雇员每天出差补助有多少，对于开拓这一会议市场是有帮助的。另外，了解政府部门有关举办会议的廉政规定，对于做好这一市场的营销工作也是有益的。如果饭店提供的会议综合报价（包括住宿、餐费和会务费）在政府部门会议预算之内的话，那将有助于吸引这一细分市场。

9.2 会议的营销策略

会议的营销策略有哪些?

在了解了会议市场的基本类型和目标市场之后，会议公司还需要采用合适的营销策略来影响人们参加会议的决策和行为。不同定位的会议有着不同的营销策略。会议组织者要尽可能地把会议相关信息以各种途径和方式向所有相关的受众传递的过程，目的是吸引更多的客户参加会议。

9.2.1 产品策略

市场营销固然有许多知识、技巧，但所有的知识、技巧都必须围绕产品来应用，都必须以产品为依托和载体。所以，有人把产品称为营销的原点，把花大力气抓好产品称为回归营销的原点。这很有道理，因为企业在制定营销组合的时候，首先必须决定发展什么样的产品来满足目标市场需求。产品策略将对此问题进行研究和回答。同时，产品策略对价格策略、渠道策略、促销策略的制定有重要的影响，好的产品加上合理的价格、科学的渠道、艺术的促销，才是成功的策略组合，才能收到锦上添花的效果。

(1) 会议产品

作为一种服务性产品，会议产品具有典型的无形性和综合性，这决定了会议产品营销必然是一个资源综合利用的过程。正如我们在上节所介绍的，一次成功的会议，诚然恰当的主题是会议的核心，但同时会议中的软硬件条件也是会议产品的重要构成部分。如人力与现场布置也是影响会议营销效果的重要因素。举办一次会议，往往需要大量的人手。组织者需要根据与会者的特点、会议性质及功能的差异，拟订人力资源需求计划，然后经由具有此方面经历及专长的人力资源专员筛选出合适的人员，并运用标准作业流程、工作说明书等对其进行专业化的训练，以使临时人力在会议现场能够提供明确而且贴心的服务(图 9-1)。

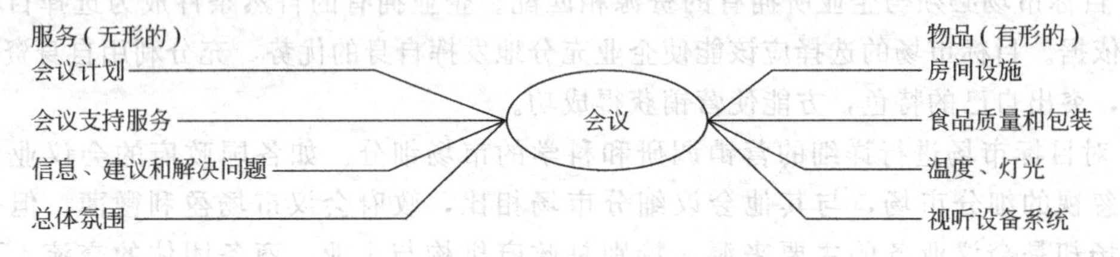

图 9-1　会议产品的物品和服务组成

此外，会场的设计规划及布置等硬件设施也会直接影响会议的品质。毋庸置疑，专业的规划设计不仅使会议进行得流畅，而且富有创意、功能性和整体视觉一致性；恰当的布置更能得到与会者对会议及主办单位的好评。

(2) 会议产品策略的选择

正是基于会议产品典型的无形性这种综合性特点，我们提出对会议制定产品策略时，必须兼顾以下几个方面。

① 服务策略。服务是会议主要竞争力要素之一，直接影响到与会者对会议的印象和满意度。一个满意的顾客可以为企业带来许多顾客，而一个不满意的顾客将会带走无数个顾客。因此，制定会议产品策略首先必须考虑服务要素。对会议营销机构来说，首先需要思考这样的问题：顾客期望得到什么样的服务，而员工能够提供什么样的服务？

② 质量策略。质量策略涉及对产品质量标准做出决策并采取措施使员工的表现和设施的性能保持一定的水准。由于质量管理对所提供的产品和服务的质量创造信誉十分关键，因而质量管理正在成为一种越来越重要的管理职能。质量策略鼓励企业树立正面形象，而优质的信誉是减轻消费者心中风险意识的重要条件。如果会议营销机构是以提供比其竞争对手更高水平的服务质量为本，它获得成功的可能性就更大。

③ 品牌策略。品牌与消费者的高满意度联系在一起，它可以提高产品的形象，增加产品的价值，也可以使顾客持续不断地购买该品牌的产品，从而产生对品牌最大限度的忠诚，并降低对价格的敏感程度。

【案例 9-5】 “2006 中国高校-大型企业合作论坛”

2006 年 6 月 13 日，经教育部批准，由教育部科技发展中心主办，“2006 中国高校-大型企业合作论坛”在北京隆重召开。本次论坛是以教育部高等教育司、教育部科学技术司、教育部国际合作与交流司以及中国企业联合会为支持单位的一次我国高等学校与国内大型企业、国外在华投资大企业（简称大型企业）在产学研等方面交流与合作的重要活动。

本次论坛旨在进一步推动我国高等学校与大型企业开展科技与人才培养合作，全面提升产学研结合的范围、力度和层次，全面总结我国高等学校与大型企业在创新人才培养、联合研究开发、技术转移等方面的合作成果，交流推广成功的合作模式和经验，研讨合作过程中出现的热，点问题，从而进一步推进高等学校参与企业自主创新和创新人才培养的深度和广度，充分发挥高等学校在国家技术创新体系中的重要作用，为国家经济和社会发展做出更大贡献，并推动高等学校向高水平研究型大学和世界一流大学迈进的步伐。

开幕式及高峰论坛由教育部部长赵沁平主持，在随后举行的高峰论坛上，国家知识产权局局长田力普就“高校与企业合作过程中的知识产权保护问题”发表了主题演讲。中国石油化工集团公司、西安交通大学、金川集团、美国德州仪器公司、宝山钢铁股份公司、西门子（中国）自动化与驱动组织发展部、浙江大学、兖矿集团、中国传媒大学和中央电视台体育中心等单位的主要负责人还分别从国内大型企业、跨国企业、高等学校等不同角度阐述了高校与企业发挥人才优势、科技优势、产业优势从而提升各自综合竞争力的实例。本次论坛期间还在会场外设置了展览，展示高校与企业在科技创新、人才培养等方面的合作成果。

为配合论坛的召开，组委会还出版了《中国高校与大型企业合作典型案例集》，并在高峰论坛上揭晓了中国高校与大型企业合作“科技创新十大案例”和“人才培养十大案例”。来自 100 余所高校的校领导、有关部门负责人，60 余家大型企业和跨国企业有关方面负责人共计 400 余人出席了论坛的有关活动。举办如此规模和层次的高校与企业合作论坛在国内尚属首次。此次论坛的成功举办将进一步推动我国高等学校与大型企业开展科技与人才培养合作，提升产学研结合的范围、力度和层次，以促进高等学校在国家技术创新体系发挥更重要的作用。

资料来源：http://business. sohu. com/

9. 2. 2 会议产品价格策略

会议产品的价格是营销组合中最复杂的一个因素，需要考虑多方面因素，采取一系列措施。一个合理的定价策略不仅要考虑目标群体的接受程度、有利于销售推进、组织者也要补偿成本和获取利润外，还要充分考虑到市场环境的激烈程度。

(1) 影响会议产品定价的因素

1）会议目标 会议目标是会议的意图和会议成功举行的意义、影响以及所期望得到的效应等。影响会议产品定价的首要和支配性因素就是关于会议形象和会议定位的战略性决策，以及关于主办方发展和投资回报方面的决策，这些决策确定了 3～5 年或更长时期进行市场营销运作的背景，而且有效地确定了比较现实的产品价格变动的上限和下限。比如，确定此次会议的目标是通过销售会议来取得收入使得投资回报率最大，还是想要争取更多的参会人数，扩大知名度，这些都会影响会议产品的定价。

2）会议成本　成本是任何企业定价都必须首先考虑的重要因素。会议的成本主要有：会议固定支出和可变支出。

① 会议固定支出（*FC*）。会议固定支出主要包括初期申办费用、市场宣传费、考察活动相关费用、征文和注册通知书的印刷和邮寄费用、特邀报告人的参会费和会议机构的有关活动费用、会场和设备的租金、基本办公费用、会议工作人员的劳务费用。

• 申办费用。主要是指在申办和“竞标”会议时所支出的费用。目前我国在申办国际会议时的费用大部分来自行政事业费，因而在编制会议预算时经常不将这笔费用计入会议的总支出中。

• 公关宣传费用。为扩大会议的影响力，吸引更多的代表前来参加会议，为开拓市场而进行的公关宣传活动是不可缺少的。

• 办公费用。整个会议筹备期间要支出大量的办公费用。如购置办公设备的费用、租用办公室的费用、交通费、通信费、文具费、复印费、招待费以及财务管理费等。

• 人工费用。是指会议工作人员的工资、奖金和其他福利费用。包括专职工作人员的工资、兼职人员劳务费、会议期间工作人员的交通和通信补助、同声传译员的费用等。

• 会议机构的活动费用。整个会议的筹备期间，会议的各委员会和秘书处要定期开会，如程序委员会的论文审稿会等。

• 征文通知书费用。在会议筹办的初期，会议组织者为了加大会议的影响，邀请到更多的会议代表，会印刷大量的征文通知书。

• 考察活动费用。主要包括旅费、住宿费、餐费、交通费等。

• 特邀报告人的参会费用。作为会议邀请报告人参加会议是免费的，他们除了不用交纳会议注册费，会议还要承担他们的其他参会成本，如旅费、住宿费、餐费、交通费以及报告费等。

• 会场和设备租金。通常租用会场和设备的成本是相对比较高的，特别是举办高档会议时，需要使用大量的视听设备，这就极大地增加了会议的支出。

② 会议可变支出（*VC*）。会议可变支出是指随着会议代表的数量变化而改变的成本支出。对于大多数的会议来说，会议的可变支出是随着会议代表人数的增加而增加的。

• 餐饮费。餐饮费是可变支出中比例最大的一笔成本，一般能占到会议总支出的25%左右。餐饮费通常包括宴会、招待会、茶歇等。

• 印刷费。印刷费的支出是仅次于餐饮费支出的另一项主要支出，其中论文集的印刷费比较高。

• 邮寄费。包括论文录用通知书邮寄费、注册通知书邮寄费、签证邀请信邮寄费等。

• 代表用品费用。直接发给代表的用品是最直观的可变支出。其中主要包括名卡成本、请柬和各种票证成本、文具成本、资料成本等。

3）目标市场　定价过程中很重要的一点是分析目标群体的价格敏感度，也就是分析会议价格对不同目标市场的弹性如何。例如，公司类会议的与会者平均消费相对较高，原因是公司替与会者付费，可以将成本打入公司的营销或培训预算里，他们对价格便不是太敏感；协会会议的与会者一般是自愿参会的，往往由自己承担费用。因此，协会会议组织者要想增加与会人数，就必须尽量降低参加会议的费用。例外的情况是，与会者若是作为某团体的代表或陪同前来时，会议费用往往可以报销，他们对价格便不是那么敏感。

4）竞争因素　竞争严格地限制了企业的定价策略。竞争的压力迫使会议公司根据竞争对手的价格不断调整产品价格。特别在产品设计难以超越同质化现象的情况下，价格变得相当敏感。

（2）会议产品定价的方法

① 成本加成定价法。这是最基本的定价方法。在估算了项目总成本后，再加上一个期望获利的标准比率即可。通常这种加价法用于一些直接成本比较透明、服务要求不太高的会议，甚至如果所设计的会议产品竞争激烈，或目标客户的需求改变时，这个会议产品就要把维持生存作为主要目标，甚至于以低于成本的价格以维持机构的生存，争取新的商机。

② 目标收益定价法。举办者试图确定项目能带来它所追求的目标投资效益。这种定价法通常取决于价格弹性和竞争者的价格，并就这些因素对期望利润做出测算。如南方人才市场的人才交流会的举办就是采用了这种策略，从而令许多同类别的交流会难以直接竞争。

③ 认知价值定价法。越来越多的会议把价格的确定建立在目标群体对会议价值的认知基础上。这种价值认知包括了对会议的预期期望、服务的保障、品牌的价值、会议举办者的信誉声望等。认知价值定价法要求会议组织者能够向客户提供或向潜在顾客展现比竞争者更高的价值。例如，曾在广州颇有影响的“白领世界招聘会”，号称华南地区最贵也是最好的招聘会。它首次将招聘会放到五星级的花园酒店内容纳上千人的国际会议中心举行，工作人员的服务也经过专门培训，结果反响非常好。

④ 差别定价法。这种定价法是指会议产品在定价时因人而异，根据不同的参会人员给予不同的价格。如 VIP 贵客，由于接待规格高，享受的服务多，价格较高；而普通参会人员由于接待标准相对较低，享受的服务少，价格较低。

（3）会议产品价格策略的选择

定价策略实质上是实现定价目标的思路和措施。定价策略按不同的划分方法可以分为多种类型。按产品进入市场的前后阶段划分，可以分成初期定价策略和后期价格调整策略；按产品生命周期的不同阶段分成新产品定价策略、成长期定价策略、成熟期定价策略、衰退期定价策略等。具体到某一种产品策略，应将定价策略与具体价格水平联系起来。定价目标和策略着重解决定价的思路问题，而定价方法则是对产品价格水平的具体确定，是对定价目标和策略的具体化。

选择定价方法只是确定产品价格水平的方法。但产品销售的具体价格需要根据营销的需要来确定，另外，产品的最终具体价格也往往因销售量、时间、地点甚至对象不同而有所区别。

9.2.3　会议产品渠道策略

会议产品营销渠道是将特定的会议产品向目标客户准确地传达价值信息并实现销售的途径和网络，是实现会议项目整体目标的重要策略之一。会议产品的核心特征是服务和价值概念，因此要成功地通过对这些价值特征的传递来实现营销的目标，渠道策略和渠道成员的选择显得非常重要。

（1）主要的销售方式

① 直接销售。是指会议组织机构直接将会议产品销售给最终客户，其主要方式有上门

推销、项目说明会、直邮、电话营销、电视营销、网上销售等。在树立会议形象、提升人们对会议的认知、激发目标社区对会议的关注等方面，没有什么比直接邮寄更有效了。而且，如果客户名录准确无误的话，直接邮寄的成本相对较低。会议组织者的一项重要工作就是建立和维护客户数据库。其中，对名录的维护（添加新名录或删除已经不存在的客户，以确保邮寄名录的准确性）。

② 通过会议的行业协会。每一次的会议都会牵涉某个行业，如中国家具展就是面对家具行业，包装印刷设备展要面对的是包装印刷行业，著名的广交会属于经贸系统等。因此，在举办会议时，举办者常常会联合行业协会，以发挥行业协会在目标群体中固有的资源关系，在实际当中，行业协会通常作为会议的主办方与会议公司开展合作的。它们是会议营销中需要充分利用的渠道，通过专业协会的组织体系和关系网络来拓展会议销售，针对性很强，一般能收到直接的效果。

③ 通过会议目的地的营销组织。各地各国的情况因地域的不同而不同。由于会议产品的营销需要更直接地传达到目标群体，当地营销组织的功能体现将显得非常重要。因为它不仅能够把特定的会议活动融入到整体目的地中进行宣传，而且能令会议的相关安排，包括设施的安排、现场的布局等都能够既快又好地落实。因此，在通过会议目的地的营销组织开展营销时，常常会在当地营销组织内设置会议联络处，而这一点对于国际性会议的营销尤为重要。因而，会议组织者应该与会议和观光局等旅游组织建立良好的合作关系，比如在宣传材料中附带介绍当地独特的旅游景点或民俗文化等，这样可以增强会议对部分与会者的吸引力。

④ 通过代理商和中介机构。这里的代理商和中介机构是指那些既是提供者又是购买者的不同组织，它们代表客户行使购买职能，同时它们又起着中介人的作用，可以通过协议来帮助策划和运作会议。例如，专业会议组织者（PCO）和目的地管理公司（DMC）等组织都可以利用自己的关系网推进会议销售，会议组织者只要选准合作机构，往往能收到较好的效果。

⑤ 其他。在会议产品构成中，可能由于内容和项目的组成在不同领域有着不同的作用，因此还可以联合各种可以联合的力量开展渠道传播。如在每年一度的美容博览会所开办的专业论坛上，一方面有专业管理咨询机构参加提供专业讲座，另一方面又有品牌商现场作产品信息发布等。这种情况就是专业管理咨询机构期望借助专业会议希望向这个行业提供服务的推介会。

【案例 9-6】 专业会议组织（PCO）

专业会议组织者又称专业会展组织者或活动管理公司，简称 PCO。专业会议组织者 PCO 的主要职能有：评估和推荐会议举办地点，帮助策划会议及相关社会活动项目，为与会者预定住宿和旅行机票，策划与会议同时举办的展览和展示会，编制预算和处理会议的全部财务问题等。

专业会议组织者 PCO 是会议的专业经营和代理机构，公司具有丰富的会议的举办经验和最先进的会议举办技术，公司一般参与客户的招投标竞争活动，通过竞争接受客户的委托。根据客户的要求提供会议的“一条龙”服务，与此同时，委托单位要向专业会议组织者 PCO 缴纳一定的费用。目前，专业会议组织者 PCO 所提供的服务内容多种多样，内容极为丰富，除了一些基本的服务以外，有的专业会议组织者 PCO 公司还提供一些能够满足客户需要的一些特殊服务。

资料来源：施昌奎．会展经济：运营管理模式．中国经济出版社．2006

（2）会议产品渠道策略的选择

归纳起来，通常会议市场的销售方式就两种，即直接销售方式和中间商销售方式。直接销售是指不经过任何中间媒介而直接向最终客户提供会议产品和服务的销售过程，当会议规模相对较小，且会议消费者来源地区相对集中时，多采用直接销售方式。会议市场直销方式的优势表现为：能为客户提供真正个性化的产品与服务，能在同客户接触过程中直接了解客户的需要，了解客户对竞争对手产品及服务的意见，同时对销售过程可以保持较好的控制。中间商销售是指通过中间媒介销售会议产品与服务的销售过程。当会议规模相对较大，且会议消费者来源地区相对分散时，多采用中间商销售方式。会议市场销售中间商的作用是：沟通会议企业与客户的关系，及时汇总客户的意见和建议，调查市场，收集反馈信息；参与会议市场经营活动如市场调研、市场预测、促销活动等，与会议企业共同开发市场，参与销售，扩大客源；组合会议产品，向参加会议的人提供包括食宿、交通、购物在内的相关服务，与会议产品形成系列，满足会议消费者的不同需求；简化会议主办方与消费者接触的程序，降低交通成本等。

9.2.4 会议产品促销策略

促销是营销活动的一个重要组成部分，会议产品大多有项目周期短、持续时间不长的特征，因此，会议产品的促销策略有别于其他常规产品的促销策略。常用的促销手段有广告宣传、公共关系、邮寄和网络促销等。每种促销工具都有各自独有的特性和成本，会议营销人员在组合使用它们时一定要了解这些特性。作为会议组织和统筹者，需要不断探索这些相关促销工具的有效应用和有机组合，以期获得更高的效率。

（1）广告宣传

广告宣传是借助媒体开展的一种高度公开的、普及性的信息传播的方式。对于会议产品的形象而言，如果是持续性和周期性长的会议，广告宣传可以建立会议产品的长期形象；而对于阶段性和周期性短的会议，广告宣传在广泛传递、直观传达会议产品的信息方面起着有效的作用。通常一个会议要在召开之前3～8个月开始广告宣传。根据传达内容和方式的不同，在广告宣传上需要特别考虑选用媒体的特点和特征，以甄别应用广告的具体途径。

1）选择合适的媒体　除了会议活动本身，公司知名度的提高甚至人际关系的建立等都可以借助合适的媒体来实现。但制定会议营销的媒体策略时，首先要求营销者对目标地区的各种媒体进行调查，因为每种媒体的市场定位和传播效果不同，对会议的宣传功能也存在明显差异。

① 印刷出版物主要包括商业出版物、行业与消费者杂志和期刊、内部和外部时事通讯、商业周刊、报纸、国家/地区级的购物指南、接待处和客户服务中心的宣传单、联盟企业和相关行业的出版物、学校和高校出版物、旅行和航空出版物。

② 电子媒体主要有五种类型，即广播、电视、电报、传真和互联网。此外，对每种媒体的覆盖范围进行深入分析是非常必要的。大型国际会议一般将目标锁定为国家级的报纸、电视和广播，因为这些媒体的覆盖范围很广；小型会议则通常会选择地方性的报纸、广播、电视或当地购物指南。究竟选择哪种媒体方式，主要取决于会议自身的特点、目标细分市场的收益和促销预算。

2）吸引媒体注意　首先，为了达到吸引媒体的目的，会议营销人员应当了解和识别那些在会议活动中能够给整个社区带来正面影响的因素，如举行一个独特的新产品推介会、开展一次社区服务活动，或由公司资助或投资一项能够引起当地新闻媒体关注的市政设施等。第二，广告宣传资料设计精美。好的广告应该能满足下列原则性要求：

① 标题要有冲击力，能够吸引人们的注意力；

② 强调能够给与会者带来新的独特利益；

③ 广告内容应该能够反映会议的主题和形象；

④ 针对特定的细分市场，在广告信息中强调他们的需求，不管他们是总裁、经理人员、高尔夫球爱好者还是学校的老师；

⑤ 对各种奇闻轶事保持足够的敏感；

⑥ 通过行业领袖人物、专业权威或社会名流吸引人们参加；

⑦ 提供电话、传真、电子邮件和网址，便于受众反馈信息。

(2) 公共关系

公共关系在会议产品的传播中起着关键的作用。应该说，会议本身就是公关手段之一。会议组织通过信息传播手段，建立良好的公共关系，使会议组织者有个良好的社会关系环境，树立良好的形象。公共关系是一项长期战略，是一种自觉的行动。通过公共关系的建设，令目标群体容易接收、接受会议信息，提高他们对会议参与的兴趣，调动相关机构对参与会议的热情和态度，建立与维护客户关系。会议的公共关系主要方向是：政府的支持，协会的配合，公众的认同，媒体的协作。

(3) 网络促销

互联网能使会议机构通过网络来直接全面地传达会议的资讯，创立自己的高品质形象。利用互联网可以运用多维的、立体的展示和介绍。并且可以通过设置和开放一个设定的平台，形成一个声像结合、互动响应的广告传播通道。这个平台由于是自身具有的宣传工具，因而可以充分发挥它的宣传作用。此外，还可以与相关网站链接，加大在相关网站（如特定的协会组织网址、举办地新闻信息网等）的宣传力度，或采取在线报名注册来为与会者提供便利。会议产品的促销也要和其他产品一样，要不断寻求和创造差异化，以创新营销思想，采用整合营销策略。包括在过程中设计热点新闻或关注事件，使之更具轰动效应，令媒体积极参与传播，扩大会议影响。

9.3 会议的营销过程

会议营销可以划分哪些步骤？

对于会议营销机构而言，营销是企业不断调整自身系统以适应需求变化的动态过程，在这一过程中企业内部的各职能部门需要充分协调，任何一个环节衔接不上都会影响整个市场营销活动的效果。尽管会展营销活动具有自身的许多特点，但其基本原理与一般意义上的产品营销是一致的。一般说来，会议营销可以划分为五个步骤。

(1) 会议市场调研

市场调研与预测市场调研是现代市场营销活动的起点，它能为企业营销目标、营销方式及营销内容的确立与选择提供依据；市场预测是会展企业在大量实地调研基础上所做出的理性决策，它能为企业的产品和服务设计或改进指明方向。总之，在瞬息万变的市场中，如果没有科学的市场调研和预测作先导，会议营销机构的市场营销活动就难以达到预期的目标。

收集市场信息：为了使会议的内容有的放矢，要多方收集市场信息，对该行业做深入的研究，努力抓住行业热点问题，为下一步确定会议主题提供详实的背景资料和参考依据。可采用调查问卷、人员拜访、组织讨论会等收集信息。

以一次商务会议为例，主办者需要将市场调研的重点放在以下四个方面：

① 市场前景分析（如政策可行性、市场规模及类型等）；

② 同类会议的竞争能力分析；

③ 本次会议的优势条件分析；

④ 潜在客户需求调查。

(2) 目标市场定位

任何一家会展企业即使是实力雄厚的企业都不可能凭借自身的力量满足整个市场的所有需求，而应该采取一定的策略（即市场细分及选择），先从整体市场中选定一个或几个细分市场作为目标市场，并制定相应的产品计划和营销策略，以发挥自己的经营优势。这就是现代市场营销理论中的核心——目标市场营销。必须指出的是，会议或展览会的目标市场定位比一般产品复杂得多，层次也要高级得多。主办者在进行市场细分时，至少要考虑下列四种因素。

① 会议的类型。主办者首先要明确自己所主办的是什么类型的会议，因为不同的会议在具体操作模式上有很大区别。各种会议在营销对象和工作重点上也大不一样。

② 地理细分。由于不同地区的与会者有着不同的需求特征及营销反映，所以地理变量经常被作为划分会议市场的依据。

③ 行为细分。行为细分是指根据与会者的动机、购买时机、购买状态或对会议的态度等，将市场划分为具有不同特征的子市场。其中，参会动机被许多市场营销人员认为是进行市场细分的最佳起点。

(3) 制定市场营销计划

营销计划是市场营销管理过程最重要的成果，它是具体落实会展企业营销战略的主要依据。制定一份可行的营销计划书需要在充分掌握现有相关资料的基础上来进行，如宏观政策环境、企业经营实力、市场竞争状况、顾客满意程度等。对于会议营销机构而言，一份市场营销计划一般应包括以下内容：

① 市场营销现状分析；

② 企业（或具体的会议）SWOT 分析；

③ 营销目标的确立；

④ 市场营销组合策略；

⑤ 具体的行动方案及营销费用预算；

⑥ 营销计划的执行与控制。

(4) 实施营销计划

不管营销计划制定得有多么科学，归根结底还是要落实到具体的部门和人员。会展企业或组织首先应根据自身实际和营销计划的要求，设计出合理的营销组织机构，并明确各相关部门和人员的职责和任务。其次，还应对计划的完成情况及具体营销活动实行严格监控，以确保预期目标的实现。其中，市场营销控制主要包括年/月度营销计划控制、企业获利能力控制、效率控制和营销战略控制。在实施和控制营销计划时，会议营销企业必须达到下述标准：

① 根据企业实际情况或产品特点，设立合理的营销组织，并明确规定所有人员的任务和权力，充分发挥每个营销人员的积极性；

② 本着“时时监控、及时改进”的要求，检查实际业绩和计划目标之间存在的偏差，并果断采取改进措施，以保证营销计划的顺利完成；

③ 运用获利能力控制来测定不同销售区域、不同客户群体、不同销售渠道的营利能力，并为决策人员调整营销组合策略提供有用的信息；

④ 效率控制主要指对广告、人员推销、促销手段及分销渠道的效率控制，目的是确保营销组合要素的功能执行的有效性；

⑤ 在实行营销战略控制时，会展企业不要局限于评价某一个问题，而是对企业或产品的营销环境、目标、组织、程序及方法等全部活动进行系统性的评价。

(5) 营销效果评估

营销效果评估是会议营销工作的一个重要环节，事实上，它由营销效果的事前测试和事后评估两部分构成。其中，事前测试包括集中征求或随意采访与会者对各种营销活动的意见、小范围内的营销效果对比试验（最常用的方法是提供价格折扣、广告宣传）等，事后评估是衡量营销活动是否达到预期目标的惟一途径。在开展营销效果评估时，活动的主办者应重点解决以下问题：

① 营销活动带来了预期的思想变化吗？

② 比较营销计划执行前后及其过程中销售额，与会者数量的变动情况；

③ 营销活动改变了目标市场的行为吗（如提前注册参加会议、主动配合主办者的工作等）？

④ 调查与会者对本次会议宣传推广工作的意见和建议；

⑤ 营销计划有助于改进本企业的产品或服务吗？

本章小结

会议是人们为了解决某个共同的问题或出于不同的目的聚集在一起进行讨论、交流的活动，它往往伴随着一定规模的人员流动和消费。以主办单位为标准划分会议类型更具现实意义。以谁在主办会议及其办会的目的为标准，可以将会议划分为公司类会议、协会类会议和政府与非政府类会议三种。会议营销是指本地理想的办会环境传达给外界，以吸引广大会议主办单位和会议组织者，从而为本地赢得更多的会议。会议营销重要的对象包括政府、公众、媒体、赞助商等，一般认为会议产品的“买家”是与会者，他们是会议产品营销最重要的对象。除此之外，会议营销对象还包括政府、公众、媒体等。尤其重要的是，对于为数不少的营利性会议，对赞助商的营销是非常重要的。会议类型的复杂多样和筹办工作的高度专业性决定了会议营销过程将充满变化。

虽然会议营销中的许多原理都是相似的，但不同类型的会议在具体操作时又存在明显的差异，要充分利用这些差异进行成功的会议营销活动。会议产品的价格是营销组合中最复杂的一个因素，需要考虑多方面因素，采取一系列措施。会议目标是会议的意图和会议成功举行的意义、影响以及所期望得到的效应等。会议产品营销渠道是将特定的会议产品向目标客户准确地传达价值信息并实现销售的途径和网络，是实现会议项目整体目标的重要策略之一。通常会议市场的销售方式就两种，即直接销售方式和中间商销售方式。会议产品常用的促销手段有广告宣传、公共关系、邮寄和网络促销等。一般说来，会议营销可以划分为五个步骤：会议市场调研、目标市场定位、制定市场营销计划、实施营销计划、营销效果评估。

复习与思考

1. 协会会议和公司会议各有何特点？营销人员应如何根据这些特点分别做好其市场开发工作？
2. 会议主题的选择应该从哪些方面考虑？
3. 会议产品在选择销售渠道时的注意事项有哪些？

案例分析：五洲大酒店服务流程

五洲大酒店是一个典型的会议型酒店，基于这一特点，五洲大酒店国际会议中心设立了以销售部牵头、由项目经理一揽子服务到底的流程服务方式，取得了相对好的效果。

在这种服务模式中，销售部起到了很关键的承上启下的作用。销售部了解了会议客人的需求以后，把客人的各项服务分解，然后发到相关的会议服务部门、会场的设备服务部门，包括会议期间需要的商务部门、酒店的前台、客户服务、餐饮、安保服务部门等。在这个过程中总经理统一牵头，执掌全面的工作，责成质检部门进行全面的质量管理监督。客人离店的时候要填一个“满意度调查表”。这个满意度调查的结果最后要反馈到总经理和酒店的例会上，或者是在总经理办公会上，对一些问题进行分析。

作为销售部来讲，下达任务单之后要继续负责和客户的联系工作，在会议结束之后要对会议客人进行回访，让他变成回头客，这是五洲大酒店目前正在实行的方式。这里谈到了任务单，所谓的任务单，酒店认为它是组织流程的实施载体。对客户服务的所有细节必须通过任务单具体下发实施，必须要准确及时，因为相关部门需要这个单子明确任务。单子的主要内容有几个方面：首先是会议项目的名称、规模、人数以及注册时间、举办的日期、时间等；其次是客人的各种要求，包括对客房的要求，对会议餐、宴会、服务标准的要求，对会议厅室的布置及使用时间的要求，对会议的标识、使用设备的要求，还有对于会间茶歇服务、会议厅室的台型变更的要求等。有一些会议经常会有高层领导或者 VIP 客人出席，任务单中还要包括对于他们的服务要求。还有综合环境的布置，比如鲜花、绿植的摆放等要求。在实施组织流程过程中，签订会议合同是很关键的一个环节。在签订合同时要依法合规，确保会议展览不违反国家的法律法规。再就是责任界定要清晰，保障企业利益不受损失。这是酒店近年来在工作当中的经验总结，追求让会议客人满意的服务组织流程。

一是规范化、专业化、人性化、个性化的服务。所谓规范、专业，各个酒店都在努力做，真正要下工夫的是人性化和个性化。这时候要看五洲大酒店的经验，包括五洲大酒店销售人员的经验。2002 年，五洲大酒店接待了一个世界银行的会，在考察会场的时候，发现国际会议中心的灯光比较眩目，就根据要求对灯光进行了调整。所谓人性化，由于现在生活水平提高了，“三高”人群比较多，酒店就出台了无糖席等。

二是要采用创新的、独特的服务给会议客人留下深刻的印象。这在酒店经营当中要时刻不忘，充分考虑。比如，在服务中给相应的会议挂一条欢迎横幅，这样的话客人会感觉很舒服。另外，酒店还会推出一些特色的晚宴，比如酒店前有一个大草坪，有一些大的国际会议，酒店会在大草坪上推出晚宴，客人的印象往往很深。2000 年，酒店接待了“世界计算机大会”，直到前两天和参加那次会议的代表接触，他们对当年的闭幕式还记忆犹新。很多外宾很喜欢这种形式。会场如果需要会议设备，有的设备酒店里可能没有，酒店要和社会上的服务部门建立相应的联系，由他们提供一些跟国际上接轨的会议设备。1999 年的时候接待的“万国邮联大会”，对方要求即席发言、即席表决，代表发言时，影像还要打在屏幕上。

酒店联络到社会上提供此项服务的会议设备公司，满足了客人的需求。会议结束时，很多会议代表为此纷纷写下了很好的评语。

总之，检验会议酒店组织流程的最终标准有三个方面：一是要让会议客人满意；二是要让会议组织者轻松；三是会议酒店要盈利。

资料来源：http://www.meetingschina.com

讨论题

1. 五洲大酒店的经验对会议公司进行成功的会议营销有哪些启示？

2. 面对目前激烈的行业竞争，作为会议公司来说，如何整合多营销策略对不同类型的会议进行有效营销？

参考文献

[1] 金辉. 会展概论. 上海：上海人民出版社，2004.
[2] 王春雷. 会展市场营销. 上海：上海人民出版社，2004.
[3] 施昌奎. 会展经济：运营、管理、模式. 北京：中国经济出版社，2006.
[4] 刘有千. 会议营销与服务. 北京：中国劳动社会保障出版社，2007.

10　会议中心营销

学习目标

学完本章，你应该能够：

1. 了解会议中心的产品特点及影响因素；
2. 熟悉会议中心的定价策略；
3. 掌握会议中心的营销方法。

基本概念

会议中心　定价策略　人员推销　公关宣传

10.1　会议中心产品特点及影响因素

会议中心产品有何特点？

为了满足人们对会议设施的需要，会议中心在20世纪70年代迅速发展起来。所谓会议中心，是指专门提供会议用设备和辅助功能的设施。会议中心能提供多种休闲设施及相关配套服务，平均接待20～50人的会议。尽管各个会议中心在范围和目标市场上不尽相同，但仍然可以大致分为以下基本类型：

① 完全会议中心，其特点是本身可以提供住宿、会议室、会议设备和餐饮场所；

② 度假式会议中心，除提供正常的会议设备外，还配置了多种娱乐设施；

③ 附属式会议中心，一般与另一个实体相连接，如某个酒店或度假村的副楼或个别楼层等；

④ 无住宿式会议中心，没有客房服务。

10.1.1　会议中心的产品特点

(1) 有形产品和无形服务的结合

在会议中心中，会议室、多功能厅、各种设备都是有形产品，但客户在会议场所的各种活动都离不开工作人员提供的服务。从这个意义上来讲，无形服务比有形服务更重要，且无形产品的不稳定性和质量标准的非量化性都加大了质量控制的难度，也对会议中心的员工素质提出了更高的要求。

(2) 不可储存性

会议中心产品不能像工业产品那样储存起来，日后再卖，而是一天不租出去，就不能创造价值。因此，销售人员应尽力去推销会议设施和服务，以提高会议中心的利用率。

(3) 不可专利性

会议中心不可能为自己设计的会议场地、服务方式、会议设备申请专利，这种不可专利性所带来的直接后果便是某一新产品如果能创造良好的经济效益，其他会议中心很快就会模仿。

（4）品牌忠诚度低

由于产品的不可专利性，会议中心的竞相模仿、产品雷同现象比较严重，因而对于一般会议策划人而言，不大可能只认定某个会议中心。更何况，人们开会时普遍存在一种求异的心理，毕竟，换一个地方、换一个新的环境常能给人以愉快的满足。这就决定了会议中心的品牌忠诚度相对较低。

（5）对信息的依赖性强

会议中心的主要客户大部分来自本地，还有相当一部分来源于外地甚至外国，他们往往人生地疏，需要通过大众媒体了解会议中心的具体情况和市场口碑。因此，会议中心营销人员必须做好信息的传递工作，同时，力争为每位参会者留下美好的回忆，以塑造和推广良好的企业形象。

10.1.2 会议中心的影响因素

（1）会议设施的硬件

在实际工作中，大多数会议策划人都从外观来获得对会议场所的第一印象，因此，外观经常在会议中心促销中起到很大作用。显而易见，具有外表优美、功能合理的会议室比平庸无华的会议设施具有优势。估量会议中心硬件设施的方法有以下几种。

① 对入口、周围区域以及外部施工质量进行严格的评价，找出需要改进的地方。分析会议中心的整体外观怎样？与周边环境是否和谐？外围的照明和安全如何？

② 对会议室和设施逐一进行考察，室内是否洁净？设备是否保养完好？公共区域的条件如何，是否洁净宜人、照明良好？

③ 会议中心假定自己是会议策划人，分析能为客户提供哪些条件？是独具吸引力的地理位置、便捷的交通、训练有素的员工，是空间充足、结构合理的会议室以及现代化的视听设备，还是使与会人员感觉舒适的照明及安全的环境？

④ 会议中心应当对自己的会议设施以及本地供货商进行评估。常用的做法是准备一套现有的会议设备清单，列出设备的种类、数量以及各类设备的具体位置，这类明细表既可以作为向会议策划人销售时的工具，又可以被用作企业的存货单。

（2）地理位置

会议中心的位置是否靠近主要公路或机场？附近有没有历史文化遗迹、著名景观或大型游乐场？有没有每年一度的旅游节庆活动？如果会议中心离机场比较远，而且不在高速公路旁边，再加上天气状况不好，可能会严重影响会议策划人对会议地点的选择结果。

（3）声誉和服务质量

除了要估量硬件设施以外，还包括对诸多无形因素的考虑，如会议中心的声誉、专业化服务水平等。其中，声誉与服务质量是相辅相成的，前者是结果，后者是基础。良好的企业声誉和上乘的服务质量能有效增强会议中心的吸引力，这是由会议业的服务性质所决定的。

**【案例 10-1】 上海国际会议中心**

上海国际会议中心地处陆家嘴金融贸易中心，毗邻东方明珠电视塔，与外滩万国建筑群隔江相望，交通设施方便快捷，地理位置得天独厚，于 1999 年 8 月落成并正式对外营业。总建筑面积 11 万平方米，作为上海标志性新景观，被评为建国五十年十大经典建筑之一。

上海国际会议中心素以举办大型国际会议、商务论坛而蜚声海内外。位于酒店 7 楼的上海厅可同时容纳 3000 人会议，是目前国内最大的无柱型多功能厅，28 个大小不等、风格迥异的多功能会议厅，均备有最先进的高科技影音系统及同声传译设备，无与伦比的会议场馆与专业化的会务服务都将展示您每次跨越成功的风采。内设五星级的东方滨江大酒店，拥有 260 间景观豪华客房、风格迥异的餐厅设施以及丰富多样的娱乐与健身设施。

上海国际会议中心出色地完成了“财富”全球论坛、APEC 领导人峰会及系列会议、第 35 届亚洲发展银行年会、APEC 第五次电信部长会议、联合国亚太经社会第 60 届会议、全球扶贫大会、世界工程师大会、第 24 届世界港口大会、第 22 届世界法律大会、第 28 届世界软件工程大会、上海合作组织成员国元首理事会会议以及非洲开发银行集团理事会年会等国内外重要会议及政要接待任务，受到各方赞誉。

资料来源：http://www.shicc.net/

10.1.3 会议中心品质的提升

（1）设施

目前许多会议中心正热衷于投入资金开发一些有特色的硬件设施，以期形成新的竞争优势。在技术上进行投资，其重点是将目标对准顾客希望从新技术中得到的利益。会议中心必须紧跟现代生活方式发展的潮流，例如，在国外，SPA 设施正变得越来越重要，面部护理早已不再是女性的专属，而是高层经理人为辩论或演讲做准备、增加自信、确保平衡冷静的过程之一；还有无烟卧室、符合人体工程学的“智能”座椅等，也成为满足与会代表所必需的投资，因为它们可以帮助与会者保持清醒的头脑；还有不少会议中心注意到需要改善设施以满足残障人的需要，譬如修建无障碍通道等。

（2）服务

了解会议客人的真实需要并提供相应的服务是做好会议接待工作的基础，因而对会议服务进行科学的设计和创新是一项十分重要的工作。美国著名营销学家肖斯丹克（G. Lynn Shostack）认为，新的服务体系开发应具备客观、精确、实事求是和便于操作 4 个方面的特点。对于新服务的开发，通常包括以下步骤：制定或检查企业的商业策略；确定新服务的开发策略；根据企业的新策略来筛选新服务构想方案；分析盈利可能性与方案可行性；测试新服务与其他营销因素的配合程度；正式推出新服务；评估市场反应。

（3）管理

采用新的激励手段，调动服务人员的积极性，主动为顾客提供优质服务；通过制度创新，加强对设备的维护、保养工作，加强安全、卫生方面的管理等。

（4）形象

此外，会议中心还需要用实际行动体现强烈的环保或公众意识，从而在公众心目中形成良好的形象。例如，对会议中心进行生态化布置和设计；大力倡导绿色营销理念，更加强调自身的生态特色和环保理念，以迎合客户和大众的环保需求心理；强化环境保护意识，更加注重节能降耗和三废处理等。

【案例 10-2】 会议特色服务

1. 会议设施

六声道同声翻译系统；

7700 流明及 4500 流明投影仪；

多制式录像机；

PHILIPS 全数字化会议系统；

PHILIPS 视频系统；

纸架、白板；

移动舞台；

电脑控制灯光系统；

幻灯机、激光笔；

红外无线接受耳机；

HI-FI 音响系统；

宽带上网接口；

立式讲台；

嵌入式移动屏幕。

2. 会议茶歇

六款特色小点心、原味酸奶、草莓味酸奶、咖啡、茶。

3. 会议餐饮

四大名菜正餐、自助海鲜火锅晚餐、川式风味菜肴、海鲜风味大餐。

特色餐饮：池畔（海边）烧烤晚餐，欣赏海上日落、听海浪潮声；或是在幽雅宁静的泳池旁，品尝大厨为您精心准备的各种自助烧烤及中西式特色美食。

4. 会议特色活动

歌舞可配合会议代表设计娱乐游戏，邀请各位嘉宾观看极具地方浓郁特色的海南少数民族风情歌舞表演。

燃放烟花，远离都市的喧哗，尽情地享受海边烟花燃放的快乐。小型焰火几元至几十元即可，价格低廉适合儿童、家庭消费；同时也配有大型礼花（5～10 分钟，约 8000～15000 元）适合公司、会议，在晚宴时候燃放，将活动推向高潮。

5. 会议集体合影服务

不仅能为您提供一流的会议设施及服务，同时也提供会议集体合影拍照服务。由来自三亚海洋之星婚纱摄影的专职摄影师为您量身拍摄，让会议之旅留下精彩瞬间。

资料来源：http://www.iapccsanya.com/

10.2 会议中心的定价策略

会议中心如何进行定价?

(1) 定价目标

在进行定价之前，会议中心应首先明确定价目标，因为不同的定价目标所涉及的具体定价方法是不一样的。常见的会议中心定价目标有以下几种。

1) 利润导向　即会议中心定价时以下列一些因素为标准：最大利润、乐观利润、满意利润、最佳资金流动、扩大总利润、目标利润率、快速收回投资等。若要以获得最大利润为目标，就应采用目标收益率定价法对成本和需求量进行分析，计算销售量在何种水平时获取的利润最大。

2) 销售导向　包括最大销售额、满意销售额、维持或争取市场份额、吸引主要的早期使用者、市场渗透率等。

3) 竞争导向　可分为与竞争对手的价格区别开或一致两种基本类型。

4) 成本导向　即以盈亏平衡点目标为基础，来制定至少可以收回成本的价格。成本是制定价格的基础，举办会议的成本主要有以下几种。

① 固定成本。会场租赁费、设施（家具、视听设备、灯光等）租赁费、视听设施专业服务费、会场布置支出（鲜花、横幅等制造会议气氛的费用）、市场推广费（宣传手册、组织记者招待会等）、行政管理费，其他如租车接送费用、代办旅游费用等。

② 变动成本。因与会人数变动而变动，包括餐饮费、住宿费、娱乐费、会议装备、文件费等。

还有一些附加费用。例如有些会议需要增设一些娱乐、联欢活动服务，除了租界场地和设施外，可能还要为其策划一个程序，列节目单，聘请主持人和演员等。有的还要准备奖品，并帮助分发，这些都要发生费用。这些费用中有些可以由会议组织者自己向各个服务提供者支付，也可以向会议服务者支付，由会议中心提供一条龙服务，即会议组织者或主办者可以将会议的全部会务工作委托给会议中心。

(2) 影响价格的因素

会议中心的定价受社会经济形势、国家政策法令等宏观因素和设施条件、服务水平等微观因素影响。在经济繁荣和建设时期和对外经济交流频繁的地区，市场对会议设施及服务的需求量就大，其价格容易上涨，反之则下降。但一般情况下，会议中心的定价策略受自身的影响更大，主要影响因素包括以下几个。

① 差异化程度。那些拥有市场上独一无二的会议设施的会议中心，在定价时有很大的自由支配权；反之，如果会议设施及服务与竞争对手越相似或者越容易被仿制，定价自由度就越小。在硬件方面星级越高，价格也就随之提高；软件方面主要是本身的声誉、品牌。

② 产品声誉。会议中心的声誉越高，定价时就越有支配权，甚至可以制定适当高一点的价格。对于高层次的会议，价格可以适当调低。这是因为一方面这类会议规格高，另一方面是成功举办高层会议是会议中心产品高质量的标志，具有重要的广告效应，是会议中心创品牌的重要途径，这显然是不能用会议收费水平计算的。

③ 标准化程度。标准化程度越高的会议中心，价格变动的可能性一般较小；反之，价

格波动的可能性往往较大。

④ 产品的季节性。通常情况是旺季时价格高，淡季时则价格低。

⑤ 场地规模。小规模的会议中心往往不能依据自己的成本及预期利润自主定价，而是依据同等级酒店的同类产品价格定价。

⑥ 竞争格局。如果会议中心在竞争中处于优势，则可以采取适当提价的策略，反之，则应采取低价策略。

(3) 定价策略

即会议中心为了在目标市场上实现自己的定价目标而使用的策略。在实际经营中，会议中心应根据某一种或几种定价方法，为产品确定一个基本价格幅度，并对可能的价格变化做出预计，从而构建一个合理、灵活的价格体系。

1) 心理定价策略　对于会议中心而言，心理定价策略是指以客户的心理因素作为定价的依据，制定出合乎其心理状况的价格，以引导客户的购买行为。主要包括尾数定价、整数定价、分级定价、声望定价和招徕定价等。

① 尾数定价策略。会议中心为了迎合客户求廉的心理，给产品制定一个以空头数结尾的非整数价格，如1888元、99.88元等。尾数定价可以给客户留下价格低的印象，并能使客户对定价的认真负责产生信任感。

② 整数定价策略。会议中心把产品价格定为一个整数，不带尾数，以满足一些特殊层次客户的心理需要。其基本方法是价格尽量往上靠，以凑足位数，譬如，如果价格在9888元，不如直接定为10000元。

③ 分级定价策略。会议中心有时将产品按档次分级，每个级别定一个价格，以满足不同消费层次的客户要求。档次高的，可满足高级别客户的优越感；档次低的，可满足低消费客户的求廉心理。

④ 声望定价策略。会议中心凭借自身在公众心目中的良好信誉及客户对名牌产品"价高质必优"的心理，以较高的价格吸引客户购买。采用这种定价法需要做详细的市场调查，除了要考虑客户能接受的最低、最高价格限度外，尤为重要的是，产品的价格必须与质量相吻合，这样才能符合会议中心的声誉，不损害客户的利益。

⑤ 招徕定价策略。会议中心暂时把少数几种产品降价，以招徕生意，其目的是把客户吸引到会议中心来，在消费这些低价产品时购买其他产品。但采用这种定价法必须要注意：会议中心的规模一定要大；选择降价的产品品种和数量要适当；削价必须能真正吸引客户。

2) 折扣与让价策略　所谓折扣，即企业按原定价格少收一定比例的货款，让价则是在原定价格中少收一定的数量，二者实质上是一样的，都属于减价策略。会议中心的折扣与让价策略主要包括数量折扣、季节差价和"打包"定价。

① 数量折扣。这里包括单项服务的数量和服务种类的数量，前者如会议室租用的数量和时间，后者指各种配套服务的项目。客户需要的服务（包括服务设施）达到一定数量时给予一定的折扣。

数量的计算可以是一次性的，也可以是累计的。后者指一年内某个客户几次购买本会议中心的服务，如某公司一年里在会议中心举行几次会议（包括新产品发布会、协作企业联谊会、年终企业总结联欢会等）。累计数量可以更大一些，因为增加回头客，培养长期客户。

② 季节差价。会议市场的供求双方都有明显的淡旺季，而且这两方面的淡旺季往往是直接冲突的。宾馆、酒店业不仅为会议服务，而且为旅游服务。旅游有明显的季节性。旅游旺季，对客方需求增加，宾馆、酒店房源相对减少。但此时往往有可能是会议旺季，因为许

多会议希望与旅游结合起来，这使得这些会议场所经营单位的淡旺季矛盾加剧。旺季时客房爆满，资源不够，疲于应付，高度紧张还可能出现差错；淡季时则生意清淡，资源闲置，浪费。因此应实现旺季高价、淡季低价的方法，调节需求，求得均衡发展，避免浪费。

③“打包”定价。所谓“打包”定价，就是不对各项费用分别计价，而是给出一个综合价格。所谓综合就是将价格的多种因素一并加以考虑。如果会议租用的客房比较多，不仅房价可以低一点，而一些零星的服务，如停车、联系旅游等可以免费，或者如果会议时间比较长，会议室和客房租用比较多，则娱乐可以不收费，或半价收费等。“打包”就是灵活地定价，将数量折扣、季节差价以及各种优惠都计算在里面，同时充分考虑销售的扩大。

【案例 10-3】 特别优惠会议包价

① 全天会议室租金；

② 免费提供会议布置及会议用品（矿泉水、纸、笔、糖果、签到台、讲台及免费鲜花布置）；

③ 上、下午各一次茶歇（咖啡、红茶、2 种糕点、水果）；

④ 中西自助午餐或盒式套餐（含软饮一杯，可乐、雪碧或果汁）；

⑤ 基本会议及视听设备［多媒体投影仪及屏幕、话筒（有线、无线各 2 支）、白板、挂纸板、笔、激光笔］；

⑥ 提供免费停车位（2～10 个，根据会议人数而定）；

⑦ 专业服务人员随时提供服务。

上述包价最低保证人数 20 人起；会议包价上海厅、国际厅、华夏厅不适用；长江、世纪、浦江、黄河厅会议包价 120 人起；明珠厅 150 人起。

价格有效期：2008 年 3 月 4 日～2008 年 12 月 31 日。

备注：有 10 间客房以上需求的会议可享受此特别优惠价；

若无客房需求，会议包价价格则为每位人民币 460＋15％服务费；

此外，另加人民币 100 元＋15％/位，可同时享受具有老上海风情的 color1930 夜总会自助晚餐及爵士表演。

资料来源：http://www. shicc. net/

10.3　会议中心营销的主要方法

会议中心营销的主要方法有哪些？

（1）人员推销

人员推销是会议中心推广重要的手段之一。它是指会议中心派专人向潜在的会议服务需要者推销自己的服务。企业或组织机构将要举办会议的信息一旦传出，它们立即会成为一些酒店、宾馆以及专业会议服务公司追逐的对象。但这种促销方法远远得不够，因为此时竞争非常激烈，有时甚至到白热化程度。除非你有非常突出的优势，否则难以成功。“机会总是惠顾有准备的人”。因此，人员推销工作重点在平时。

销售人员应该定期或不定期地走访客户，如一些公司、协会、学会，向他们详细介绍自己的组织会议的能力和设施。如果对方有时间的话，可以向其展示已成功举办会议的图片、委托举办会议的著名企业和机构。有条件的话还可以通过幻灯、电视片作介绍。了解对方需要组织的会议属于什么类型，有什么特点，举办日期、规模、会议室设置、食宿、交通等方面有什么要求。必要时可以根据自己的经验向客户提出一些合理化建议。会议举办者各异，因此会议的规模、样式不同，有的会议有配套的宴会、娱乐，那就可能还需要根据要求，为其量身定做。

如果客户认为有必要，应该陪他们到会议场所进行实地考察，这对于有意前来举办会议的客户，通常是必不可少的。但销售人员应尽量争取潜在客户平时前来参观、考察，为未来机会的出现打下基础。考察期间销售人员需要做好三个方面工作：首先带客户实地参观会议场所，介绍有关设施，对灯光、视听、背景等应做具体演示；其次向客户介绍会议进行的程序和提供的相关服务；最后征询客户的特殊要求。在面对面的销售过程中，应注意以下几点。

① 善于察言观色。在推销过程中，营销人员要细心观察客户的表情及反应，借机引出和加强客户感兴趣的话题，对客户不感兴趣的话题应及时转移，做到适可而止，并且不可太过强烈地表达出急于成交的心态。

② 充分展示信息。在与客户面谈时，应准备好会议中心的会议设施或各种宣传资料、照片、幻灯片甚至电视宣传片等，抓住时机向客户展示，以弥补在现场以外有形证据展示不足的缺陷。

③ 强调接待会议的经验。不失时机地向客户介绍本会议中心曾举行过的有代表意义的会议，如果条件允许，可向客户展示举行这些会议的照片和到会的重要人物名录等，这些都可强化客户对会议中心成功接待会议的信心。

④ 抓住时机提出成交。人员推销的最终目的是为了成交，要善于根据洽谈对象的言行和问题来判断结束推销的机会。此外，在人员推销中，客户通常会在最后成交前提出要前往实地考察，应通知相关部门，认真做好接待工作。

⑤ 连续促销。在与客户签订合同之后，会议中心除了要认真履行合同条款之外，还应该继续保持与客户的联系，一方面解决客户提出的新问题，另一方面与客户建立起非业务关系，为企业未来的关系营销奠定基础。

人员推销对于会议而言，重点是培育长期客户，而不应该着眼于即时的促销，这一点是非常重要的。通过人员推销，会议中心应该和客户建立起良好的协作关系。

【案例 10-4】 会议投标

投标编号	00000066
举办城市	北京市
餐标	300 元/天/人
预计人数	50 人
会期	3 天
普标/（元/间）	400
豪标/（元/间）	480
普套/（元/间）	600
豪套/（元/间）	2944

续表

豪单/（元/间）	400
会场租金总计/元	18000
综合服务费/（元/人）	无
菜谱	早餐中西式自助。 凉菜：1. 炝瓜条；2. 韩国泡菜；3. 西芹腐竹；4. 酱牛肉；5. 西式蔬菜沙拉；6. 凉拌海带丝。 调味料：1. 辣椒酱；2. 腐乳；3. 醋。 热菜：早餐 1. 煎香肠；2. 培根炒时蔬；3. 法式煎面包；4. 煎荷包蛋；5. 煮鸡蛋；6. 清炒菜心；7. 什锦炒饭；8. 炒米粉。 汤粥类：1. 紫菜蛋花汤；2. 白粥；3. 绿豆粥；4. 热牛奶；5. 豆浆。 主食：1. 油条；2. 馒头；3. 花卷；4. 肉笼。 其他：1. 果盘；2. 华邦果汁（两款）；3. 酸奶；4. 咖啡；5. 茶（立顿）。 午餐中西式自助 80 元/位。 凉菜：1. 陈皮带鱼；2. 水晶羊糕；3. 糟雪豆荚；4. 风味辣菜；5. 法式鸡丝沙拉；6. 意大利玉米沙拉；7. 酸奶海鲜沙拉；8. 什锦蔬菜沙拉。 热菜：1. 风味羊腿肉；2. 清蒸鲈鱼；3. 花枝凤尾虾；4. 私家菜肉包；5. 罐闷牛肉；6. 英式西梅炆猪柳；7. 苏伊式炒鸡片；8. 茄汁菜花；9. 夏威夷比撒；10. 蟹柳炒菜胆。 主食：1. 蒸玉米；2. 锅贴；3. 如意卷；4. 小馒头；5. 芹菜包；6. 糊塌子；7. 炒饭；8. 意大利面。 汤粥类：1. 冬瓜盅；2. 摇柱三丝羹。 现场制作：川味麻辣面。 西式甜品：1. 鲜果蛋糕；2. 黑森林蛋糕；3. 什锦果冻。 其他：1. 果盘；2. 华邦果汁三种；3. 立顿红茶；4. 咖啡。 晚餐中西式自助 80 元/位。 凉菜：1. 麻辣兔丁；2. 罗汉肚；3. 兰花豆干；4. 冰暴凉瓜；5. 北极虾沙拉；6. 香草烤牛柳；7. 甘蓝苹果沙拉；8. 青瓜圣女果。 热菜：1. 芝麻鱼条；2. 八宝酱炒年糕；3. 马蹄炆羊腩；4. 西兰花炒牛仔骨；5. 布衣鸡拉包；6. 香橙扒鸭胸；7. 芝士煎猪排；8. 培根盖菜胆；9. 日式炸鲜鱿鱼；10. 小塘菜扒猴头菇。 主食：1. 蒸芋头；2. 荞麦窝头；3. 双椒卷；4. 紫米糕；5. 贴饼子；6. 葱油卷；7. 什锦炒饭；8. 西式螺丝面。 汤粥类：1. 酸辣汤；2. 天麻乳鸽王；3. 绿豆粥；4. 黑米粥。 现场制作：酸辣粉。 西式甜品：1. 美式小方饼；2. 水果蛋糕；3. 瑞士卷。 其他：1. 果盘；2. 华邦果汁三种；3. 立顿红茶；4. 咖啡。
备注	北京南粤苑宾馆是一家四星级涉外饭店，中央政府定点采购单位，地处南三环玉泉营立交桥西南侧，交通便利，内部环境幽雅，设施先进，功能齐全，这里是您商务、会议、住宿、餐饮、健身、娱乐的理想选择。宾馆配有高中档客房 198 套，商住两用公寓 36 套，并配备多媒体电视，无线局域网已全部覆盖本宾馆，让您随时享受到网络和电影点播给您带来的便捷和快乐。 宾馆设有 15 间大小会议室，配备一流的图文影像设备，其中拥有先进的同声传译设备的报告厅，不仅能接待国际会议，而且还能举办大型宴会、酒会等商务活动。 宾馆设有两个中餐厅及一个西餐厅，为您提供新派港式粤菜、上海本邦菜、精品川菜及各国精品西餐零点、主题自助餐、茶艺表演等，是您繁忙工作之余与朋友小聚的理想休闲场所。 北京市丰台区南三环西路 86 号 邮编：100070 销售：武经理 手机：134××××0109 电话：5805×××× 传真：8368×××× 网址：www.nyyhotel.com.cn

资料来源：http://www.meetingec.com/

（2）邮寄宣传材料

会议中心需要制作一些会议服务宣传资料，常见的有宣传单、小册子、VCD，将这些资料直接寄给那些潜在的会议组织者，这也是会议中心日常所要做的推广工作。客户收到这些宣传资料，阅读和分析后对这些发出资料的会议中心就会有所了解，一旦有需要时，进行邮寄宣传的会议中心就会进入他们的选择范围。

宣传资料应该对自己的服务作详细的介绍，主要内容包括：

① 会场设施的完备和先进；

② 所能提供服务的周到、细致（基本项目和配套服务）；

③ 以往成功的范例；

④ 便捷的交通和相关旅游的信息；

⑤ 会议服务的创新和将给受服务者带来的实惠。

宣传材料的制作文字叙述应详细，对自己的服务作全面的介绍，但不应过于烦琐，因为这样会占用对方过多时间，引起对方反感。

文字宣传应有鼓动性，以引起对方的兴趣。语言要真诚，使人感觉可信。切不可过度渲染，更不能有不实之词，否则一旦做不到，不仅将永远失去客户，还有可能陷入无法解决的纠纷。宣传资料应该制作精美，附一些图表和照片，这样不仅便于对方理解，而且有渲染力。

（3）广告

广告也是会议中心推广的有效途径，即会议中心通过大众媒体，宣传自己的服务产品。广告的内容与邮寄宣传资料的内容相似，只是应该更紧凑一些，因为广告的版面有限。

广告的媒体是众多的，但会议中心的广告需有明确的针对性，它既不是一般消费品，又不是生产资料。广告的效果主要取决于信息能否有效到达相关的受众。可供选择的广告媒体有很多种，如电视、报纸、杂志、互联网等，但无论采取什么媒体，做广告都应该注意以下方面。

① 在选择广告媒体时，应详细了解所选媒体的覆盖范围及目标受众，同时要明确自身的目标市场定位。只有找到三者之间的结合点，才能使广告产生实效。

② 应充分展示会议中心的各大小会议室、足够的客房、丰富的娱乐设施、优质的服务等会议组织者较为关注的因素，以达到向其传递有用信息的目的。

（4）参加相关展览

随着会议服务业的发展，国内外经常会举办一些推介会议服务的展览，有时和展览业推广一起，这是会议中心宣传、推广自己的好机会。展览会推广的好处在于所谓的“店多成市”。展览会会吸引众多的潜在会议客户前来参加，这就为会议中心接触、了解、认识客户提供了最广泛的机会。展览会将会议服务和被服务商汇集在一起，为会议创造一个有形的市场。

展览会上不仅可以结识各种各样的会议服务需求者，还可以获取会议市场供求的最新动态，包括国内外会议业发展的最新信息。供应方面，能够了解同类采用的最新设施和最新服务方式，需求方面，可以更多地掌握会议服务需求者需求的最新变化。了解市场发展企业方能够“与时俱进”，不断提高自己的会议服务水平，以使自己保持竞争的优势。

【案例 10-5】 2009 年 7 月国家会议中心盛大开幕

气势宏伟的国家会议中心位于北京奥林匹克公园中心区，紧邻鸟巢、水立方和国家体育馆，总用地面积约 12.22 公顷，总建筑面积约为 53 万平方米。其中会议中心主体建筑面积 27 万平方米，主体建筑地下 2 层，地上 8 层，高 42 米，长 398 米，宽 148 米，是整个奥运建筑项目中单体建筑面积最大的；配套设施建筑面积约 26 万平方米，包括 2 座酒店、2 栋写字楼、商业等建筑。

2008 年奥运会期间，国家会议中心四层 6400 平方米的大会议厅作为一个临时比赛场馆，奥运会击剑比赛的预赛、复赛和决赛，现代五项的击剑、射击项目的比赛都在这里举行。一层 2.4 万平方米的展厅和地下空间作为赛时的国际广播中心（IBC）和主新闻中心（MPC）使用。残奥会期间，一层 4800 平方米的大宴会厅举行轮椅击剑和硬地滚球比赛。配套酒店供注册媒体记者使用。

奥运会后，国家会议中心进行局部改造。改造完成后，于 2009 年 7 月 1 日正式开幕，届时，作为中国最大、最新、地理位置优越、周边配套完善的会议中心，国家会议中心将成为具有世界一流水平，能够满足大型会议、展览、多种公共活动和酒店客房需要的大型会展中心。

国家会议中心外形美观，它的立面设计取自中国古代建筑屋檐的曲线概念，对传统的建筑形式赋予现代的演绎，同时又象征一座桥梁，与奥运公园的其他建筑遥相呼应，体现人文、信息的沟通和交流，跨向未来。

国家会议中心有大小不等的会议室近 100 个，配备了最先进的会议视听设备，能最大限度地满足从 20 人到 6000 人不同规模的会议、宴会、演出、新品发布、公司活动等多功能服务需求。其中最大的会议室 6400 平方米，可容纳 6000 人，大宴会厅 4860 平方米，可接待 3500 人的宴会。其中展厅 2.4 万平方米，净高 10 米，仅仅 3 根立柱，可灵活分割成四个独立的展厅。

国家会议中心地处京城北四环，亚奥商圈的核心，距首都机场 26 公里，驱车仅需 30 分钟，交通极其便利。由国家会议中心到天安门、颐和园、长城、十三陵观光游览或到东三环商务区、北京站、中关村也非常快捷。连接市中心、火车站和机场的地铁奥运支线在国家会议中心设有车站，更有多条公交线路经过国家会议中心。

国家会议中心另一重要配套设施，是拥有 443 间客房的豪华四星级酒店——国家会议中心大酒店，连廊步行仅需三分钟，足不出户即可往来会展区与酒店客房。

除了宴会、茶歇等餐饮美食外，国家会议中心也提供广告发布、制作、设备租赁等服务。地下的大型购物中心与地铁车站相通。周围 1 公里内有 3 家五星酒店、7 家四星酒店、10 余家家三星酒店和公寓，客房数可达到 5000 余间，可以充分满足大型国际会议的住宿需求。另外，周围购物、娱乐、餐饮、会展服务设施应有尽有。

“绿色奥运、科技奥运、人文奥运”是北京 2008 年奥运会的三大基本理念，奥运村工程集中体现了“三大理念”，而国家会议中心不但外观优美，而且作为奥运工程最大的单体建筑，为配合“绿色奥运”的理念和要求，在设计、建设方面取得了令人满意的效果。绝妙的绿色与环境设计、中央吸尘系统、北京第一例真空垃圾收集系统、自然通风设计、大量新型建筑材料的使用……都为中国绿色会展中心树立了典范。

如，6 万平方米的屋顶巧妙地收集起雨水，再从处理系统流出时，直接灌溉室外下沉花园里的植物，继而帮助降低地面温度；独特的室外“下沉式花园”设计，可以为国家会议中心每年省电 38 万度。

国家会议中心隶属中国知名的大型地产综合运营企业北京北辰实业股份有限公司。作为国际大会及会议协会（ICCA）会员，国家会议中心集智能化的设计、优秀的管理、专业的服务水准于一身，将成为中国第一个真正意义上的绿色会议中心，跻身亚洲一流、世界领先，开创中国会展业的新纪元。

资料来源：http://www.cnccchina.com/

（5）营业推广

会议中心营业推广主要针对最终消费者即客户和中间商，由于二者之间的需求有一定的差异性，前者关心自身的消费利益，而后者关心自身的经济利益，营业推广的方法在两类市场上也不尽相同。

① 价格优惠。当价格是激发客户购买行为的主要因素时，使用价格优惠往往能收到理想的效果。目前各个会议中心均在淡季或特殊时期推出优惠价格项目，以期招徕业务。

② 退款和折让。给予未得到满意的客户全部或部分退款和折让，是使客户对会议中心质量充满信心的一种保证，同时也是吸引新客户的有利条件。

③ 优先照顾。会议中心对重要客户、会议中心俱乐部成员、长期客户等特殊客户群体提供特殊服务，如优先预订权、特别礼品和支票兑换现金的特权等，能培养这些客户对本会议中心的消费忠诚度。

④ 红利。为了刺激中间商的销售积极性，会议中心有时采取销售分红的形式，使之共享一定比例的红利，从而将自身经营状况与中间商的利益紧密地联系在一起。

⑤ 鼓励重复购买。这是对经常租用会议中心或有长期业务关系的客户所给予的各种优惠和激励形式，其目的是提高客户对会议中心的忠诚度。

⑥ 赠送礼品。向会议策划人和中间商赠送特别礼品，也是加强会议中心与客户之间感情交流和联系的有效途径。它能够使礼品接受者了解会议中心，甚至留下深刻的印象。但赠品并非越贵重越好，作为业务赠品，可以是带有会议中心标志的小物品，如公文包、充气枕头、台历、T 恤衫等。

（6）拓展销售渠道

① 目的地整体营销。与所在地的旅游市场营销组织合作，例如会议和观光局、会议办事处、区域或地区旅游委员会，以及国家旅游组织等，以期将自身的宣传促销纳入到目的地的整体营销体系中。

② 行业协会。国际会议和观光协会（IACVB）、国际大会和会议协会（ICCA）等著名国际性专业协会的成员中有很大一部分都是会议中心。对于一个会议中心来说，加入会议行业协会无疑意味着自身品牌形象的极大提升，与此同时，会议中心也可以借助协会的影响力和庞大的资源网络来更好地宣传自己。

③ 会议地点联合体。例如，Conference Center of Excellence（CCE），是英国规模最大的专业会议和培训类会议地点的联合体，成员共达 30 多家，其主要宗旨包括合理配置市场营销资源，共同开发市场；共同从事公关活动；调查开发欧洲大陆市场的机会；共享信息和

经验。

④ 市场营销联合体。国际会议市场充满了激烈的竞争，对于会议中心而言，努力吸引海外商务活动并与他们的所在地密切合作，或作为某个国际连锁或联合体的组成部分对外推销自己，是非常重要的。正因为如此，许多会议中心都是市场营销联合体的成员。

这类市场营销联合体主要有希尔顿、马利特奥、国内的锦江集团等酒店集团，以及Best Western Hotels等组织。营销联合体能够为会议中心提供切实的商业利益，例如批量购买时的折扣，共建网络、标准和开展培训等；更重要的是，加入联合体有助于会议中心在客户心目中树立信任感。

⑤ 专业网站。像场地索引这样的网站允许人们联机进入他们的场馆（包括会议中心）检索对话框，访问者只要输入相应的关键词就可以在几秒钟内得到关于某个会议中心的详细情况，包括服务项目、照片等。此外，还可以对部分会议设施进行“虚拟”旅游，并提交特殊的咨询要求甚至询价。

(7) 公关宣传

所谓公共关系就是指企业利用各种传播媒体，利用各种方式向社会公众传播本企业和产品的信息，同各方面的公众沟通思想情感，建立良好的社会形象和营销环境的活动。由于公共关系主要采用新闻宣传形式，因而被称为“不付费的广告”。作为推广手段，会议公关的对象包括客户，即会议组织单位、专业会议的协作和管理机构、政府主管部门、新闻界以及会议相关配套服务单位，如旅游企业、会议设备供应企业等。

会议中心公关宣传的主要形式是新闻宣传，即通过新闻报道方式对外宣传会议的场所和会议企业提供的服务。

会议中心公关的新闻宣传能够发挥名人效应和重大事件效应。名人出席会议，如歌星、球星、影星、文化名流出席发布会、酒会、研讨会会引起社会轰动。承办这些会议的会议中心将通过这些轰动性事件得到广泛宣传。事实上这种形式的宣传效果远远高于广告。因此，会议中心应该千方百计吸引各种类型会议前来举办，并及时与新闻界沟通，请其积极报道。当然，做好新闻宣传工作的前提是与新闻界朋友建立良好的关系。

重大事件将成为会议场所的重要资源，如上海锦江饭店小礼堂，中美联合公报曾在这里签署，上海国际会议中心曾举办APAC会议和“财富论坛”。通过新闻报道这些会议场所不胫而走名扬中外。

会议中心的公关活动与企业的规模、活动范围、市场性质等密切相关，因而不可能有一个统一的模式。但概括起来，大致有以下几种。

① 赞助和支持社会公益活动。会议中心有义务在正常的范围内支持各项公益活动，如文艺演出、运动会、节日庆祝、基金捐款等。由于这些活动往往为人瞩目，各种新闻媒介会进行广泛的报道，因此，企业能从中得到特殊利益。但在实际操作时，会议中心应注意活动与企业形象的一致性，同时还要考虑自身的财力。

② 制造和传达新闻。一般而言，公众总是相信有独立来源的客观报道。因此，会议中心应争取一切机会和新闻媒体建立联系，及时将具有报道价值的信息提供给有关新闻媒介，以加深潜在客户的印象，并鼓励推销人员及其他员工的工作热情。

③ 听取或处理公众意见。会议中心不仅要靠营销信息系统来收集、分析和处理各种信息，还必须充分利用公关活动来收集与本企业形象有关的信息。通过各种公关活动，会议中心可以了解公众特别是客户对硬件设施、价格水平、人员素质、服务质量等方面的反映，并

广泛征求建议。这样既能满足公众要求，又能改进设施和服务，从而切实改善企业与公众之间的关系。

④ 与有关机构建立友好的联系。与潜在客户、社会团体、政府机构、银行、新闻媒体及供应商等建立密切联系，主动向他们介绍会议中心的经营情况，听取他们的建议，争取他们的支持。因为，会议中心 80%的营业收入是由 20%的老客户创造的。

⑤ 建立企业内部良好的员工关系。市场营销的重要原则是让顾客满意，而会议中心的各项工作最终都是由员工来完成的，没有满意的员工，就不可能有满意的顾客。因此，搞好内部员工的关系，增强企业的凝聚力，是会议中心经营成败的关键，也是会议中心内部公共关系的重要职能。

【案例 10-6】 会议之城——完善的综合性会议观演建筑

“白云国际会议中心既不是单一的会展中心，也不是单一的大剧院。”白云国际会议中心项目建设办公室副主任林竹强调，“它是以会议为主的大型综合性会议观演建筑”。

中心建筑面积约 31.6 万平方米，内设大大小小 62 个会议厅，被分配在 3 个主体中。兼具综合演出功能的 2500 座位的大会堂在北边 D 栋会议中心，被命名为“世纪大会堂”，它是白云国际会议中心最大的会议厅。白云国际会议中心所迎合的是更为现代化的会议理念。在这里，有 1200 座、500 座国际会议厅，250 座主席团专用会议厅，还有为政务会议分组讨论所提供的 25 个中型会议厅、30 个小型会议厅、1 个新闻发布厅……“无论是什么级别、什么档次的会议，总有一间会议室是合适的”。2500 座的大会堂和主席团专用会议厅的电子表决系统是人民大会堂的产品，并由人民大会堂管理局的专业技术团队全程负责设备调试，为今后两会“保驾护航”。

同时，它设有展览、商业用房、酒店等配套服务设施。两座星级酒店可提供 1120 间客房，相当于一座全新的中国大酒店。而面积为 4.5 万平方米的西广场，不用搭台，天生就是一个露天大剧场……一年四季，这里将成为广州市民休闲、聚会及娱乐的“欢乐广场”。“大型综艺演出、音乐会、影视的功能也同样具备”。

林竹表示，白云会议中心以会议功能为主，与广州东部的琶洲国际会展中心相呼应，融合会议、演出、专业化展览、商务配套服务等多种功能，配套东方国际旅行社等强势资源，构成会议会展产业链。

资料来源：http://www.gzbicc.com/

本章小结

会议中心是指专门提供会议用设备和辅助功能的设施。尽管各个会议中心在范围和目标市场上不尽相同，但仍然可以大致分为完全会议中心、度假式会议中心、附属式会议中心和无住宿式会议中心四种基本类型。会议中心的产品具有有形产品和无形服务的结合、不可储存性、不可专利性、品牌忠诚度低、对信息的依赖性强的特点。会议中心的影响因素是：会议设施的硬件、地理位置、声誉和服务质量。

会议中心的定价策略受自身的影响更大，主要影响因素包括：差异化程度、产品声誉、标准化程度、产品的季节性、场地规模、竞争格局。定价策略是会议中心为了在目标市场上实现自己的定价目标而使用的策略。在实际经营中，会议中心应根据某一种或几种定价方法，为产品确定一个基本价格幅度，并对可能的价格变化做出预计，从而构建一个合理、灵活的价格体系。会议中心的折扣与让价策略主要包括数量折扣、季节差价和“打包”定价。

人员推销是会议中心推广重要的手段之一。它是指会议中心派专人向潜在的会议服务需要者推销自己的服务。人员推销对于会议而言，重点是培育长期客户，而不应该着眼于即时的促销，这一点是非常重要的。通过人员推销，会议中心应该和客户建立起良好的协作关系。会议中心需要制作一些会议服务宣传资料，常见的有宣传单、小册子、VCD，将这些资料直接寄给那些潜在的会议组织者，这也是会议中心日常所要做的推广工作。广告也是会议中心推广的有效途径，即会议中心通过大众媒体，宣传自己的服务产品。举办一些推介会议服务的展览，有时和展览业推广一起，这是会议中心宣传、推广自己的好机会。会议中心营业推广主要针对最终消费者即客户和中间商，由于二者之间的需求有一定的差异性，前者关心自身的消费利益，而后者关心自身的经济利益。会议中心公关宣传的主要形式是新闻宣传，即通过新闻报道方式对外宣传会议的场所和会议企业提供的服务。

复习与思考

1. 会议中心的产品有何特点？
2. 会议中心的影响因素有哪些？
3. 会议中心的定价策略包括哪些？
4. 影响会议中心的定价策略因素是什么？
5. 简述会议中心的折扣与让价策略。
6. 会议中心的营销方法有哪些？
7. 会议中心如何进行人员推销？
8. 会议中心宣传资料主要内容包括哪些？
9. 会议中心做广告应该注意哪些方面？
10. 会议中心参加相关展览的目的是什么？
11. 简述会议中心营业推广的方法。
12. 会议中心如何拓展销售渠道？
13. 会议中心公关宣传的主要形式是什么？

案例分析：香港会议展览中心

香港会展中心是亚洲第二大的会议及展览场馆，规模仅次于日本。会展中心同时拥有两幢世界级酒店，一幢办公大楼，一幢服务式住宅。

香港会议展览中心由香港贸易发展局拥有，是亚洲首个专为展览会议用途而兴建的大型设施，并由香港会议展览中心管理有限公司负责管理。大会堂前厅的玻璃幕墙高达30米，拥有180°宽广的海港景观，香港会展中心新翼与原有的会展中心之间，由一条长110米的天桥走廊连接。

会展中心宏伟的铝质天花，造型构思来自振翅高飞的海鸟。透过世界最大的玻璃窗幕，维多利亚港的美丽景色尽入眼帘。此外，中心亦提供大量租用空间、完善的服务与先进的设备。香港在国际上享负盛名；而会展中心又正好处于这个动感之都，尽享地利优势。

1. 背景

香港会议展览中心（管理）有限公司（简称会展管理公司）是一间私营专业的管理营运

公司，专责为香港会议展览中心（简称会展中心）提供管理、行政、市场推广、预订会场、租务策划、项目统筹等服务，同时亦负责人力资源的调配、维修工程，保安以至餐饮服务等事宜，包括安排宴会及管理会展内的各间餐厅。

会展中心位于景致迷人、闻名中外的维多利亚港上。会展中心之业权由香港政府及香港贸易发展局共同拥有。政府委托香港贸易发展局负责会展中心的发展、设计及管理事宜。香港贸易发展局与会展管理公司签订了会展中心的管理及营运协议。

会展管理公司乃新创建集团有限公司的全资附属机构。拥有850名员工的会展管理公司，透过提供一级的服务，以及采用先进与创新的操作技术，致力使会展中心成为亚洲最佳展览及会议场馆，并环球盛事而驰名国际。

会展中心于1988年11月开幕。自此以后，香港的贸易展览事业蒸蒸日上，奠定了香港成为亚洲区贸易活动中心的地位，并自会展中心开幕以来，使用率不断上升；扩建工程亦已于1997年6月完成，主要场地总面积较前增加逾一倍。扩建后的会展中心令香港作为亚洲贸易活动中心的地位进一步推向21世纪。

扩建工程共耗资48亿港元（6.20亿美元，1997币值），其中填海工程于1994年6月展开。1988年会展中心开幕时的建筑成本为16亿港元（2.07亿美元，1986年币值），这数字并包括地价在内。

2. 设施

因应会展中心现有及新客户对展览场地的要求，会展中心的第二次扩建工程于2006年7月开始施工。此项耗资14亿港元的扩建工程将于2009年竣工，届时将为会展中心增加19400平方米的展览场地，使展览场地增至83000平方米，而中心的可租用总面积将逾92000平方米。见表10-1、表10-2。

表10-1　会展中心的扩建对比表

项　目	现　时		第二次扩建后	
	平方米	平方英尺	平方米	平方英尺
总面积	221968	2389244	255269	2747694
可租用总面积	70398	757758	92061	990937

表10-2　会展中心的设施表

展览厅6个	53292平方米	573630平方英尺
会议厅2个	5699平方米	61344平方英尺
前厅3个	4291平方米	46188平方英尺
演讲厅2个(可容纳1000人)	800平方米	8611平方英尺
会议室52个	6004平方米	64627平方英尺
货物起卸区	12000平方米	129167平方英尺
餐厅4间	可容纳共930人	
地下停车场2个	可容纳超过1000架车辆	

注：扩建工程在2009年竣工后，会展中心将会加开三间新餐厅。

会展中心的一大特色是拥有一个3880平方米（41764平方英尺）的大会堂，可用作举行各类会议、大型宴会、展览及其他特别活动。大会堂中设有一个面积408平方米（4392平方英尺）的固定舞台，设计优美的天花最高点与地面的距离达28米（92英尺）。位于大会堂入口处之大会堂前厅面积占2094平方米（22540平方英尺），置身于此，维多利亚港、港岛中区及山顶的醉人景色一览无遗。

1997年开幕的会展中心扩建部分另一特色为面积40000平方米（430556平方英尺）的铝天花，造型构思来自振翅高飞的海鸟。而早于1988年启用的原有会展中心，其一大特色是屋顶平台两个游泳池、一个花园、一道缓跑径、网球场、高尔夫球练习场及健身室，这些设施均为毗邻酒店及酒店式住宅大厦而设的。

会展中心毗邻会展广场，当中设有香港万丽海景酒店及君悦酒店，分别提供860间及549间客房。广场内亦建有一幢楼高39层的办公室大楼、可提供592个单位的46层高酒店式住宅大楼、购物商场及地下停车场。

会展中心扩建部分的中段建筑物下已预留一阔75米（246英尺）之水道，作为将来兴建快速公路及地下铁路之用。地下铁路将设一专站直达会展中心。

会展中心扩建部分于1997年启用，建筑师为王欧阳、Skidmore、Owings & Merrill Inc，而承建商为协兴/浚海联营公司。会展中心早期部分及会展广场的建筑师为伍振民建筑师事务所，承建商为协兴公司。

3. 活动概览

会展中心自1988年正式启用以来至2008年6月30日，已有共36110项活动于会展中心举行，即平均每日5项活动，出席总人次近5500万。从世界各地超过150个国家及地区出席会展中心各项活动的访客、参展商、与会人士及买家逐年攀升。其中2007年全年出席总人次逾460万。

于2007～2008财政年度（2007年7月1日至2008年6月30日），会展中心共举办了1345项活动，当中包括：109个展览，当中97个属主要展览，各占用场地超过1819平方米。在97个主要展览中，有85个属经常性展览，10个则为全新展览；39个大型会议；84项文娱活动，当中包34场电影放映及26个演唱、389个宴会；724项其他活动，包括商务活动、奖励计划、会议、记者招待会、研讨会等。其中618项活动，每一项均可为会展中心带来逾75000港元的收入。

截至2007年6月，举办的大型会议如下。

① 21st Congress of International Association of Paediatric Dentistry 2007（2007年6月13至17日）。共有1000名专业人士出席。

② 20th Biennial LAWASIA Conference（LAWASIA 2007）（2007年6月4至8日）。共有1800名律师、专业人士及法律顾问出席。

③ Evolution Yoga Conference（2007年6月1至4日）。吸引逾2000名人士出席。

④ 第五届卫生与精神健康社会工作国际会议（2006年12月10至14日）。共有1400名代表出席。

⑤ The 11th Congress of International Society for Peritoneal Dialysis（2006年8月25至29日）。共有1600名代表出席。

⑥ 第31届国际证监会组织周年大会（2006年6月5至8日）。齐集600名代表出席。

⑦ 4th World Congress of Neurorehabilitation in Hong Kong（2006年2月12至16日）。共有1500名代表参加。

⑧ 世界贸易组织第六次部长级会议（2005年12月13至18日）。汇集15000名代表。

⑨ 第88届国际狮子会年会（2005年6月27日至7月1日）。共召集超过20000名来自

超过100个国家及地区的狮子会会员。

⑩ 第十七届国际法庭科学大会（2005年8月21至26日）。齐集了1306名来自55个国家的法医。

⑪ American Society of Travel Agents（ASTA）第74届世界旅游大会（2004年9月28日至10月3日）。共有1200名美国旅游代表及800名来自其他国家及地区的旅游代表出席。

⑫ 第5届世界华人保险从业员大会（WCLIC）（2004年8月20至22日）。汇集世界各地3000名业界代表出席。

⑬ Baptist World Alliance Youth Conference（2004年8月4至8日）。共有4000名来自世界各地的年青浸信会会员出席。

⑭ The Million Dollar Round Table Experience（MDRT）（2004年2月7-9日）。汇集超过6000名从事保险业及财务管理的专业人士出席。

⑮ 第十六届世界会计师大会（2002年11月18至21日）。汇集来自世界各地5200名业界代表出席。

⑯ 2002年国际航空货运会议（2002年9月17至20日）。乃全球航空货运业首届一指的盛事，共有4500名来自世界各地的业界代表出席。

⑰ 由香港举办的第十四届太平洋经济合作议会全体大会（2001年11月26至30日）。汇集太平洋经济合作议会二十五个经济体系成员中来自学术界、商界及政府的代表出席。

⑱ 第12届世界生产力大会（2001年11月5至8日）。透过互联经济体系创造财富，共有1500名来自世界各地的参加者包括工商领袖出席。

⑲ 东亚经济高峰会（2001年10月29至31日）。共有1200位商界及政府领袖出席。

⑳ 1997年世界银行/国际货币基金组织理事会年会（1997年9月23至25日）。有多达12000位贵宾出席，包括700名世银/基金代表、600名各国财长及内阁议员、3000名各国政府官员及4000名银行家。

资料来源：http://www.hkcec.com

讨论题

1. 目前香港会议展览中心的发展存在哪些优势和劣势，面临哪些风险和机遇？
2. 我们如何借鉴香港会议展览中心的营销经验？

参考文献

[1] 王方华. 市场营销学. 上海：上海人民出版社，2007.
[2] 马勇. 会展典型案例精析. 重庆：重庆大学出版社，2007.
[3] 王春雷. 会展市场营销. 北京：中国旅游出版社，2007.
[4] 龚维刚，陈建国. 会展实务. 上海：华东师范大学出版社，2007.
[5] 杨顺勇，曹扬. 会展手册. 北京：化学工业出版社，2007.
[6] 郑建瑜. 会展场馆经营与管理. 上海：上海人民出版社，2006.
[7] 胡平. 会展营销. 上海：复旦大学出版社，2005.
[8] 华谦生. 会展策划与营销. 广州：广东经济出版社，2004.
[9] 刘松萍，梁文. 会展市场营销. 北京：中国商务出版社，2004.
[10] 王春雷. 国外会议业的整体推广. 中国展会，2003，(11).
[11] 吴克祥，周昕. 酒店会议经营. 沈阳：辽宁科学技术出版社，2001.

11 节事营销

学习目标

学完本章，你应该能够：

1. 了解节事营销的特点及影响因素；
2. 熟悉节事营销的品牌竞争战略；
3. 熟悉节事营销的主要手段。

基本概念

节事　节事营销特点　节事营销品牌竞争

11.1 节事营销的特点及影响因素

节事营销的两层含义指什么？

11.1.1 节事与节事营销

(1) 节事

据不完全统计，如今我国各地每年举办大大小小的节事活动有6000多个，有较大影响的节事300多个。随着我国各种各样的节事活动频频举行，节事逐渐成为国内一大研究热点。许多学者在研究节事活动及相关问题时，常使用“节事”、“节事活动”、“节日活动”、“节庆活动”、“旅游节庆”等类似概念。现将西方节事研究专家对节事的一些基本概念简述如下。

① 事件（event）。事件是短时发生的、一系列活动项目总和；同时事件也是其发生时间内环境设施、管理和人员的独特组合[1]。

② 特殊事件（special event）。特殊事件有两个方面的含义：一方面，与事件的赞助者或主办者的例行事务不同，特殊事件是发生在赞助主体或举办主体日常进行的项目或活动之外的事件，具有一次性或非经常性的特点；另一方面，与消费者或顾客的日常俗事不同，特殊事件是发生在人们日常生活体验或日常选择范围之外的事件，它为事件的顾客提供了休闲、社交或文化体验的机会（盖兹，1997）。“特殊事件经过事先策划，往往能够激发起人们强烈的庆贺期待”（高布拉特，1990）。

③ 节事（FSE）。在有关研究中，常常把节日和特殊事件合在一起作为一个整体来进行探讨，在英文中简称FSE（festival & special event），中文译为“节日和特殊事件”，简称

---

[1] Getz D. Event Management and Event Tourism [M]. New York: Cognizant Communication Corpotation, 1997。

“节事”。

④ 标志性事件（hallmark event）。这是一种重复举办的事件。对于举办地来说，标志性事件具有传统、吸引力、形象或名声等方面的重要性。标志性事件使得举办事件的场所、社区和目的地赢得市场竞争优势。随着时间的消逝，标志性事件将与目的地融为一体（盖兹，1997）。例如，提到龙虾节，人们就会想到盱眙，提到风筝节，人们就会想到潍坊。

⑤ 重大事件（mega-event）。从规模和重要性来看，重大事件是指能够使事件举办社区和目的地产生较高的旅游和媒体覆盖率、赢得良好名声或产生经济影响的事件（盖兹，1997）。在实际运作中，重大事件一般称为“大型活动”。

（2）节事营销

节事营销有两层含义：一是节事是一种很好的营销载体，二是节事本身需要推广营销。

节事本身就是一种十分有效的营销方式。具有很强的营销城市、营销国家的功能。节事也可以用于营销特色产业或产品、营销企业。像大连服装节，是以服装产业为依托向世界介绍大连；而2008北京奥运会、2010上海世博会则可以看作是中国这个国家面向世界的整体营销。

同时，节事又是文化创意产业的一种服务产品，它本身也需要选择合适的营销手段，争取获得最大的经济效益和社会效益。

1）节事活动本身是一种高效营销手段　节事作为不同地域和不同城市之间的一个有效沟通平台，具有其他营销媒介不可比拟的优越性，人们通过参加节事活动进行文化交流和经贸往来，提升举办城市的品牌形象。

节事是城市营销的重要媒介之一。节事在宣传城市、促进地域经济发展方面有着不可替代的作用。其功能主要有以下几点：①提升城市形象，城市举办节事活动，可以全方位地展示自身形象，提高公众关注度；②宣扬地域文化，人们通过举办节事活动宣扬本地特有的文化、风俗，向世界展示自己；③推介优势产业，这是许多物产类节事举办的主要目的；④直接带动旅游业发展，节事的举办带来大量旅游者，直接提高旅游业收入；⑤促进经济进步，通过配套开展的一系列经贸活动，开展经济和技术交流，带动经济发展。

可以说，节事活动具备了其他营销沟通工具的共同属性。作为广告工具，节事利用特定媒体（节事）将消息发送给有针对性的观众；作为促销工具，节事具有多方面功能并提供给观众独特新奇的体验；作为直销的一种形式，节事可了解来自观众的即时反应；作为公共关系，节事活动通常可以提升举办地城市形象，增强社会凝聚力，增强城市居民的认同感、归属感、自豪感和幸福感。

2）节事产品本身需要营销　节事是一种特殊的文化产品和服务产品，为了取得最佳经济效益和社会效益，其本身也需要进行宣传推介，以便大众知晓并参与。

不论哪一类节事，其成功都在很大程度上取决于营销。节事营销要贯穿节前、节中和节后全过程。一个好的节事项目策划，一定要精心设计其营销方案。要设计出理想的节事营销方案，首先要了解节事营销的特点。

11.1.2　节事营销的特点

（1）节事主题、口号的重要性

节事主题和广告宣传口号是节事营销的核心要素，也是节事活动创品牌的基础。北京奥运会的主题口号“同一个世界，同一个梦想”（one world，one dream）很精炼，凝聚了人类追求美好未来的共同愿望，体现了“人文奥运”的核心，体现了和谐的理念和价值取向。

（2）活动参与者的广泛性

节事活动一般都具有庆典性质，老百姓的参与程度越高，活动就越成功。在进行节事营销策划时，要特别注意从消费者需求出发，依靠群众智慧，采用百姓喜闻乐见的形式。

（3）营销手法的创意性

节事营销往往需要有独特的创意，或寻找到一种新奇的载体。如北京奥运会开幕式的卷轴画设计和横空出世的29个焰火大脚印都属神来之笔，令人击节赞叹！

（4）营销手段的组合性

节事营销要充分发挥一切可利用资源，多头出击，善打“组合拳”。

11.1.3 节事营销的影响因素

营销的“5W”是所有产品营销的基础。节事产品也不例外。对其内涵的理解则有自己独特的内容。首先，“为什么”（why）——为什么这些人应该花费时间和金钱来参加你的活动？你一定要说明你的节事的独到之处，能给他带来多大的收益；“谁”（who）——我们在对谁进行节事营销；什么时候（when）——时间的正确选择就是一切；在哪里（where）——节事的地点可以成为推动销售的一个基本要素；做什么（what）——每个节事都是独特的，都要为客人带来新鲜感和刺激感。见表11-1。

表11-1 节事营销的“5W”

1. 为什么(why)	·强调收益 ·描述节事的主要原因 ·使用人员推销手段 ·需求诉求
2. 谁(who)	·受众范围(全国的、区域内的、洲际的、地方性的) ·受众的原则和兴趣 ·受众对节事性质的认知 ·经验等级(从生手到专家)
3. 什么时候(when)	·市场营销计划/方式 ·一天中的时间选择 ·一周中的时间选择 ·一年中的时间选择(季节)
4. 在哪里(where)	·会场的独特性 ·方便性 ·旅行的可到达性 ·地方支持的可获得性
5. 做什么(what)	·解释节事的目的 ·明确和创造期望 ·项目特点的优先和识别 ·回顾关于“谁”(who)的准则

注：资料来源于［美］小伦纳德·霍伊尔，陈怡宁译. 会展与节事营销. 电子工业出版社. 2003。

【案例 11-1】 2008 奥运会开幕式——北京献给世界的一份盛宴

2008 年 8 月 8 日，是一个让中国人激情澎湃、无比自豪的日子，是一个让世界赞美中国、记住中国的日子。这一天，北京向世界献上了精心准备的一份豪华盛宴，一份激情、浪漫、梦幻的精神大餐，让几十亿观众看得如痴如醉。

开幕式结束后，开幕式总导演张艺谋作客中央电视台，谈了自己对北京奥运会开幕式的几点感想。

（1）全世界最大的艺术作品

谈到开幕式中的“中国长卷”，张艺谋说，这是整个开幕式的一个亮点，假如要给这幅画一个名字的话，“我将它叫做《我们共同的家园》，因为它是和世界的运动员共同完成的。”

中国长卷是导演组、整个团队的得意之笔，张艺谋说：“这是全世界最大的艺术作品，在前28届奥运会没有出现过，而且是‘同一个世界、同一个梦想’最简单、最直观的体现。”

“因为画比较直观，大家都比较喜欢中国画……这种长轴画或者是长卷画是中国最独特的外在形式……可以作为我们一个主要表现手段，一副画卷，一幅长卷画的打开，并且作为贯穿，一直贯穿到点火这样一个世界的火炬传递的场景，它就有了最独特的中国色彩，有了最独特的中国文化符号，但是它只是一个载体，这个载体给了你讲故事的平台，最重要和最有个性的、独一无二的平台，别的国家不可重复，他也不是很了解这个。这个东西我觉得很美。当你用科技的手段，用现代的技术手段去做晶莹剔透的这些画的时候，你会觉得是很美的。”

“不仅仅是展示古代的艺术，在我们的创作理念中，这幅长卷是远远没有完的，我们愿意把它上升到世界的角度。所以这就是最后的点火，那个时候长卷仍然在李宁面前打开，李宁在追逐着这幅长卷，后面是全世界的运动员在传递，我们还是想告诉世界这样一个信息，这幅长卷是人类共同拥有的，我们还会在一起，这幅画远远没有画完，还会画进未来。”

（2）最人性化的一个入场设计

开幕式上，中国运动员入场时，高大的旗手姚明牵着瘦弱的小林浩微笑入场，这个场景感动了无数的观众。

关于这个创意，张艺谋说，“5·12”汶川大地震发生以后，我们开幕式团队的所有人员对灾区都非常关心，当时大家都觉得应该把抗震救灾的信息和民族精神的这样一个亮点用在开幕式上。于是就选择让中国代表团旗手拉着一个小孩子走进来。“林浩是四川省推荐的，当时推荐了好几位小英雄，我们选了他，因为他很小、很可爱、很勇敢，特别是他这个小个儿和姚明那个大个儿在一起，仿佛一个巨人和我们的未来在一起，特别有意思。”张艺谋说。

张艺谋说，“林浩跟姚明站在一起这个设计非常人性化。我觉得会给我们的开幕式增加非常好的一笔，他们是我们民族凝聚力和民族生命力延续性的最直观体现，观众们为此叫好，很多外国朋友也非常喜欢这一笔。”

（3）最感动的和最担心的

开幕式中有很多亮点、很多故事，张艺谋认为，有几个“最”令人难忘。

“比如说最感动的，当是那个叫作林妙可的小女孩的歌声。”《歌唱祖国》是人们熟悉的旋律，而在开幕式中壮丽、庄严的歌声被处理成浪漫深情，一个很简单的设计，“让我们都很感动”。

“最担心的，当然是点火了。”点火排练跟所有的影像合成在一起做只有两次，不像其他的排练可能做了200次，它只做了两次，昨天晚上是第三次，“真的是天佑中华，一切都很顺利。李宁拿着火炬上升的时候，因为气压和风，有那么几秒钟好像觉得要灭了，当时我们的心都快要跳出来了。”

(4) 最美丽的中国故事

张艺谋：“我不认为一个外国人看一个50多分钟的文艺表演就会立即了解多少文化信息……文化的东西是一个潜移默化的，只要他今天晚上中国人能够制造美，中国人很棒，中国人表现了梦幻和浪漫、激情，中国人表现了他们对于奥林匹克精神的赞颂，就可以了。”

(5) 最直接、最简单的表达

张艺谋：“几千个儿童的笑脸，全世界儿童的笑脸，我觉得这是最直接、最简单的，而且是谁都会看得懂的你所传达的信息。而且孩子代表未来。不如说我们从头到尾所做的一个全世界最大的行为艺术，现在一点不夸张，只有奥运会可以使204个国家的运动员在一起完成一个作品。这跟我们上半部分的文艺表演配合在一起，形成一幅图画，这个图画又是那么简单易懂。我们不说那个画是什么风格，这个行为本身我觉得是非常直接的，谁都可以看得懂的。那个画又是如此的简单、明了，就是山川、大地和一个太阳和孩子画的笑脸，这些都直观地传递了同一个世界，同一个梦想的理性口号的色彩。”

资料来源：根据中央电视台有关报道编写

11.2 节事营销的品牌竞争战略

如何培育节事品牌?

11.2.1 什么是节事品牌

(1) 品牌

品牌是顾客用来区分产品和服务的名称、标志等，通过品牌，顾客可以获得附加利益。广义上，品牌包括4个层次的内涵。

① 品牌是一种商标。这一内涵强调它的商标注册情况、使用权、所有权、转让权等权属情况。

② 品牌是一种象征。人们关注的是这个牌子所代表的商品，这个商品的质量，以及品牌本身所代表的商品的市场定位、文化内涵、消费者对品牌的认知程度等。

③ 品牌是一种口碑、一种品味、一种格调。这里强调的是品牌的档次、名声、名誉和给你的好感等。

④ 品牌是一种消费者对产品的体验。品牌不是产品，产品只是其中的一个方面；品牌的定位也不是通过广告来宣传产品本身，而是要发掘出具体产品的理念。

（2）节事品牌

节事品牌是节事主办者向所有参与者所展示的，用来帮助参与者识别某一节事产品的名称、标志和商标。它主要反映消费者对节事活动的感知和体验。它不仅包括物质的体验，更包括精神的体验，它向活动参与者提供一种生活方式。一个节事品牌最持久的含义是它的价值、文化和个性。慕尼黑啤酒节和青岛啤酒节都是啤酒节，但是对于消费者的感知是截然不同的。

品牌是现代节事活动的生命力所在。只有具有品牌价值的节事活动，才能在节事举办地成为新的地方特质文化沉淀下来。只有作为地方特质文化沉淀下来的节事活动，才能生生不息、历久弥新❶。

11.2.2 节事品牌竞争战略

根据迈克尔·波特的观点，一个行业中的竞争远不只在竞争对手之间进行，而是存在五种基本的竞争力量，它们是现有竞争者、潜在的行业新进入者、替代品的威胁、购买商议价的能力、供应商议价的能力，如图11-1。

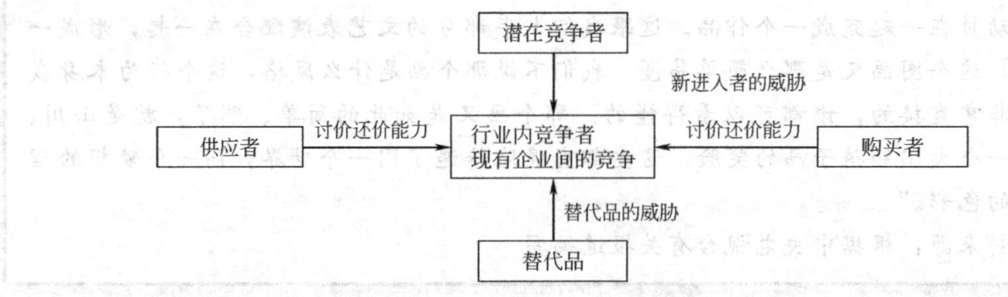

图11-1 行业中的竞争力量

在一个行业中，这五种基本竞争力量的状况及其综合强度最终决定着行业内部竞争的激烈程度和该行业获得利润的潜力。但是，五种力量的作用是不同的，常常是最强的某个力量或某几个力量处于支配地位，起决定作用。通过相关策略，企业可以很好地防御这五种竞争力量，或对其施加影响，使它们有利于自己。因此，企业在制定经营战略时，应当仔细分析各种竞争力量的来源，弄清企业生存的优势和劣势，寻求企业在本行业中的有利地位。

作为特殊文化产品的节事活动，要打响品牌，应注意以下几个方面。

① 明确品牌定位，着重挖掘节事的文化内涵。举办节事活动要在特色上下功夫。所谓特色，也就是这个节事的文化魅力。象山开渔节从开办的第一年起，就十分注重挖掘当地渔文化。

② 强调个性化，做到“人无我有，人有我优”。坚持节事产品的独特性非常重要。个性化的节事活动是走向品牌化的基础。要对节事进行精心的“包装”设计，突出个性。

③ 重视宣传推介，大步走出国门。国际性是现代节事发展的特点之一。节事宣传要从

❶ 王重农. 2007年6月22日在盱眙龙虾节上的演讲。

地方走向全国，由国内走向世界。扩大影响，使举办地城市通过举办节事而扬名世界。

④ 不断创新节事主题和活动形式。只有不断创新，才能使节事活动变中出新，永葆活力。

【案例 11-2】 慕尼黑啤酒节

慕尼黑盛产啤酒，人们惯称慕尼黑为啤酒之都。十月节是慕尼黑的一个传统民间节日。因为在这个节日期间主要的饮料是啤酒，而且消耗量惊人，所以中国人喜欢称之为慕尼黑啤酒节。

1810 年 10 月 12 日，巴伐利亚的王储卢德维希亲王与萨克森-希尔登豪森王国的特蕾泽·夏洛特·戴丽丝公主举行盛大的婚礼。王储的父亲约瑟夫决定为他儿子的婚礼举行为期两天的庆祝活动。为了表示国王对其臣民的恩典，在这两天的活动中，在慕尼黑有 4 个地方向全体平民免费供应饭菜和饮料。王国的骑兵卫队还在慕尼黑西南的一个大草坪上举行赛马活动和射击比赛，以示助兴。为了纪念这个节日，参赛的官兵请求国王用新娘戴丽丝的名字来命名这个草坪，“戴丽丝”草坪因此而得名。

由于那次庆典给人们留下了深刻的印象，所以人们建议 1811 年再搞一次全民性的活动。以后就每年举办一次。这就是十月节的起源。

慕尼黑的十月节，至今已有 198 年历史。其间因第一次世界大战停办 5 年；第二次世界大战停办 7 年。自 1946 年以来节日规模越办越大，从而真正成了一个盛大的民间节日。到 2008 年，慕尼黑啤酒节已整整举办了 174 届。

这个节日虽然叫十月节，但并不完全在十月举行。它是从九月的倒数第二个周六开始到十月的第一个周日结束，历时 16 天。为了招徕本国顾客和接待来慕尼黑旅游的外国客人，慕尼黑的八大啤酒厂节前就在广场上搭起巨大的啤酒大篷。每个帐篷里放有长条木桌和板凳。大篷的一端还有一个临时舞台，由民间乐队演奏欢乐的民间乐曲。帐篷一般可容纳三四千人。最大的有 7000 个座位。广场上到处是卖吃食和各类纪念品的摊贩及各种游乐场所。大会组织者每年都要安排一些新鲜的节目或游乐项目，例如聘请外国的艺术团体演出，还有耍蛇、驯兽等节目。另外，也举办许多有意义的展览会，如现代电器展览、优良小麦展览等。总之，游人不仅可以在这里吃喝玩乐，而且也可以获得不少新的知识。

啤酒节的许多活动至今仍颇具古风。节日的第一天上午，来自巴伐利亚、德国其他州以及奥地利、瑞士、法国的游行队伍聚集在一起。人们身穿艳丽多彩的民族服装及传统古装，在慕尼黑市长及酒厂老板乘坐的富丽堂皇、花团锦簇的马车引导下，浩浩荡荡、威武雄壮地涌向戴丽丝草场。中午 12 时，随着礼炮 12 响，顿时鼓乐齐奏、彩旗飞扬、人声鼎沸。市长在作简短的致辞后，用一柄木槌把黄铜龙头敲进一个大啤酒桶内，然后拧开龙头，把啤酒放出来，盛在特制的大啤酒杯中。市长饮下这第一杯，啤酒节便在沸腾的欢呼声中揭开了序幕。这时，身穿传统服装的啤酒女郎用单耳大酒杯将新鲜啤酒不断地送到迫不及待的饮客面前。许多身穿鹿皮短裤、背心等民族服装的巴伐利亚人手举啤酒杯穿行在大街上，他们逢人便高喊“干杯”，气氛十分热闹。

啤酒节期间除畅饮啤酒之外，人们还举行一系列丰富多彩的娱乐活动，如赛马、射击、杂耍、各种游艺活动及戏剧演出、民族音乐会等。人们在为节日增添喜庆欢乐气氛的同时，也充分表现出巴伐利亚人热情、豪放、充满活力的性格。

近年来，随着德国经济的高速发展，慕尼黑啤酒节的规模也越办越大。慕尼黑市政府对啤酒节十分重视。这个节日的影响已远远超出慕尼黑和德国，而成为世界最著名的节日之一。

节日期间在慕尼黑喝啤酒会有特别的感受：①这里的啤酒质地很好，味道纯正，而酒精含量比其他地方的啤酒要低，仅为4.5%；②这儿喝啤酒一般不用小杯子，而是用一升的陶罐或玻璃杯；③在有些有名的啤酒馆里，人们爱买小木桶装啤酒（容量一般为10升），酒桶放在桌上，随倒随喝；④各帐篷里大多由身穿巴伐利亚民族服装的女服务员给顾客送酒，她们身材苗条，却力大无比，最强的双手可拿10只装满啤酒的大酒杯。

逛十月节不用买门票，但是，每个游乐节目都要买入场券，而啤酒价格也逐年上涨，但游客每年仍在增加。在十月节期间，食物的销售量惊人。短短的16天里，来慕尼黑的700万游客要消费掉500万升啤酒、80万只鸡、650万根德国肉肠。

资料主要来源：EDITORIAL FISA ESCUDO DE ORO. 慕尼黑旅游指南. Fotoverlag HUBER. 2007

11.3 节事营销的主要形式

怎样进行节事营销?

11.3.1 节事营销的常见形式

我国各地举办的节事活动很多，但真正做出特色和具有较高水平的并不多。节事属于典型的“眼球经济”产业。一个节事项目要获得成功，除了在活动项目策划和安排上要独具匠心外，在节事营销方面也非常强调要有开创性。

节事活动的最大特点就是具有很强的轰动性。如果没有有效的营销手段，节事内容设计再好，也会落入无人捧场的境地，活动也就难以取得成功。节事营销常见的形式有新闻推介、广告推介、人员推介、事件推介、宣传品推介、海报推介、城市巡回宣传推介等。

(1) 新闻推介

记者被尊为“无冕之王”。节事组织者必须高度重视与各类新闻媒体合作，充分整合媒体资源。合作不仅仅是宣传，还包括联合举办各类活动，扩大影响，促进招商。

博鳌论坛秘书长龙永图说：一次会议是不是成功，关键不是看来了多少人，而是要看媒体对这次会议的报道有多充分。此话一语道出了新闻报道在举办节事活动中的重要性。

根据节事的性质，组织者可以有选择地与举办地媒体、重要电视台、知名财经媒体、网络媒体、海外媒体等进行紧密合作。

1）新闻发布会　新闻发布会是以记者为主要受众的信息发布活动。大型节事活动事先召开新闻发布会为自己作宣传是一种很常见的形式。有的节事活动还通过在举办城市多次召开，或在不同城市轮流召开新闻发布会来加大推介攻势，以期引起更多目标观众的注意。

借用新闻导语“5W”理论，召开新闻发布会前首先要确定“who”（由谁来发布节事信息，哪些重要人物出席；邀请哪些媒体记者等）、“where”（在哪个城市开，在哪个会议场所开）、“when”（什么日期、什么时间开）、“what”（会上的新闻焦点是什么，要准备哪些新闻素材，通过新闻发布会希望得到什么结果）、“why”（为什么要这样开、为什么要在此时此地开）等问题。

以上几项因素中，“who”和“what”是关键性的。是否能请到关键人物出场，是否对节事推介内容进行了最充分的准备，决定着新闻发布会能否取得成功。

2）为媒体准备节事新闻素材　节事主办方在召开新闻发布会前，应当准备好一系列节事信息，并撰写部分新闻稿以供媒体选用。其中特别是节事内容和亮点、新闻通稿的写作应花大力气来精心准备。

节事主办方还要考虑到不同新闻媒体发稿的着眼点不同，要尽可能地针对媒体特点撰写一些着眼点不同的新闻稿件，并准备好配套的相关图片。

节事主办方准备好的新闻稿媒体是否都能照发当然不能确定，但是，在开新闻发布会前主办方准备好新闻稿是必需的。这是因为如下原因。

① 信息准确。相比记者而言，主办方对节事活动的理念和程序把握更准确，更清楚细节。由节事主办方写作的新闻稿有利于统一宣传口径，维护节事项目形象。即使记者重新写稿报道，也可最大程度上避免由于媒体误导，而使读者产生理解上的偏差。

② 命中率高。现在的记者采访任务繁重，尤其是电视和报纸记者，一天跑5、6个点是常事。而发稿时间是固定的，迟了就赶不上。对于时效性很强的节事新闻而言，多争取一家发稿就多了一大批受众。准备好新闻稿，可减轻记者写稿负担，提高发稿率。

③ 方便利用。文字材料比口头语言表意更精确，更便于备案和整合加工。另外，将一系列的节事宣传资料一并放入新闻资料袋，也便于记者写稿时参考。

最后要注意的是，一般情况下，节事主办方并不能要求所有媒体都刊登同一篇文章，但是要尽可能要求参会媒体记者在发稿前将拟发稿件内容发回主办方过目。以确保不对外发布错误或不妥信息，从而给节事项目和举办城市带来伤害。

3）节事进程跟踪报道　节事活动举办前，节事主办方往往通过新闻发布会、记者见面会等形式，或将精心组织的活动宣传新闻稿投至专业报刊杂志，对节事进行宣传，目的是希望引起更多目标客户的关注。

在节事举办期间，媒体集中予以报道节事动态，继续扩大节事影响，其主要目的是吸引人们参与。另外，主办方以内部报刊的形式在现场发布有关节事的最新消息，也属于节中报道。这种内部报道成本低廉，但对增进参会各方的了解、发布节事进展情况都有很好的促进作用，而且有关信息还可予以保存，应该好好加以利用。

节事成功举办后，媒体进一步报道节事成果，扩大节事活动影响，以利下届节事的举办。

【案例 11-3】 香港城市营销战略的重头戏——节事营销

2001年以来，中国香港在中国内地及亚、欧、美、澳世界多个国家和地区展开强势的品牌宣传活动。同时，旅游、投资促进活动及文化交流活动也蓬勃开展，汇成一股清新、别致的城市形象营销大潮。尤其难能可贵的是，几乎所有的推广活动都着力传递香港品牌所表现的核心价值，即文明进步、自由开放、安定平稳、机遇处处和追求卓越。而且不论在推广贸易、投资或旅游等方面，香港也都能秉持这些价值和信念，并努力使之达成认知的协调。

几年来，香港的形象营销活动此伏彼起，非常活跃。海上、空中和陆地的交通工具可以成为“亚洲国际都会”的展示载体，市民庆典、体育赛事、国际活动可以充当“亚洲国际都会”的宣传媒介，“香港飞龙”飘逸、洒脱和进取的形象及其所承载的香港价值与香港精神，迅速传遍了祖国内地和世界各地。近年来香港比较典型的形象营销活动有：“亚洲国际都会”香港品牌征文及摄影比赛（2005.1）、亚洲国际都会国泰航空香港杯预赛（2004.11）、香港品牌亮相多伦多风筝节（2004.9）、“亚洲国际都会”客机参加英国国际航空展（2004.1）、“香港飞龙”狮城展新姿（2004.3）、香港品牌形象霓虹标志亮灯仪式（2002.7）、铜锣湾时代广场“香港品牌形象展览”（2001.6）、香港“乐在此，爱在此”内地及全球推广活动（2003～2004）、投资推广署赞助“香港精神”号帆船参加横渡大西洋大赛以吸引外资（2001）等。

2004年，“香港：亚洲国际都会”宣传短片在美国哥伦布电影与影带展上荣获享誉国际的“克里斯奖”（Chris Award）殊荣，这是对香港形象营销努力的肯定和证明。

创造或利用节事开展城市营销，是香港城市营销的重头戏。近年来，香港着力打造“盛事之都”的形象，借以促进旅游和经济活力。比如，民俗传统有长洲抢包山、飘色巡游、大埔许愿树下投掷祈福宝牒等，都极富地方特色，为游客所喜爱；节庆有一年一度的新春花车巡游、维港贺岁烟花汇演等，也已经闻名遐迩；体育赛事方面，有大球场的七人榄球比赛、香港网球公开赛、全城去马以及香港国际马拉松比赛等，声名远播，形成了区域乃至国际性的影响力；一年一度的春夏时装节、电影节、漫画节等，在业内广受重视。此外，各种高规格的国际会议经常选择在香港举行，为香港增色不少，新开发的节事项目如缤纷冬日节、幻彩咏香江等，也都颇受欢迎和好评。节事营销为香港形象平添了诸多的生气和活力，同时也促进了香港旅游及经济发展。

当然，与纽约、伦敦等城市相比，香港要成为名副其实的“盛事之都”还需做进一步的努力。一方面应更好地包装、推广和完善已有的活动；另一方面也应不断发挥创意，结合香港优势，创出更多有吸引力的盛事。

资料来源：节选自刘彦平．“战略规划，专业管理——香港城市营销案例分析”，http://ccdv.people.com.cn/

（2）广告推介

广告推介是节事推介的重要手段。广告推介成功的关键在于创意。

依传播媒介的不同，广告可以分为电视广告、广播广告、报纸广告、杂志广告、网络广告、招贴广告、POP广告、交通广告、直邮广告等。随着新媒介的不断增加，依媒介划分的广告种类也会不断增多。

每一类媒体都有一定的优点和局限性，认识不同媒体的特性，是合理选择广告媒体的前提。

① 报纸。从职业和教育程度来看，阅读报纸的阶层是媒体中最广的。而且报纸配送地域明确，以定期订阅者为主要对象，报纸是最有计划性的稳定的媒体。

报纸广告的优点主要体现在弹性大、灵活、及时，对当地市场的覆盖率高，易被接受和被信任。而其缺点则主要在于传递率低、保存性差、传真度差、广告版面太小易被忽视。

② 杂志。作为广告媒体，杂志的长处在于它是被读者特意选购的。杂志内容和读者之间的关系，比起其他媒体处在更自然的关系上。

从广告的持续性来看，杂志有完好的保存性，有被读者相当长时间阅读的机会，而且有超过杂志发行册数几倍的传阅率。

杂志广告的优点在于针对性强，选择性好，可信度高，并有一定的权威性，反复阅读率高，传读率高，保存期长。其缺点是广告购买前置时间长，有些发行量是无效的。

③ 广播。广播的特性首推时效性。因此当年广播的出现使报纸受到了很大的冲击。此后广播一直以时效性为第一武器。

广播是适合个人喜好的媒体。由于电视的出现，广播把娱乐的首席地位让给了电视。但是，作为个性化的媒体，仍然占有重要的地位。对于个性化的媒体，当然有采取个性化的诉求方法的必要，给予听众以其他媒体不能得到的亲近感是尤为重要的。所以，广播广告应该强调对特殊阶层的诉求。

广播可以向全国，也可以向特定的地域做广告。发布全国性的广告，可以利用全国性的广播网。地方性广告则可利用地方性的广播电台。

广播广告的优点在于信息传播迅速、及时，传播范围广泛，选择性较强，成本低。其缺点是只有声音传播，信息展露转瞬即逝，表现手法不如电视吸引人。

④ 电视。电视是所有媒体中最家庭化的娱乐媒体，也是现代广告的主角。电视广告通过画面和声音吸引观众，使观众很直观地感受广告产品，引起消费兴趣。

电视媒体的主要优点是诉诸人的听觉和视觉，富有感染力，能引起高度注意，触及面广，送达率高。而主要缺点在于成本高，干扰多，信息转瞬即逝，选择性、针对性较差。

⑤ 网络广告。网络广告是广告业中新兴的一种广告媒体形式。展会产品可通过两种主要方式做广告：一是通过展会专业网站；二是向相关网站购买一个广告空间。

随着时代的发展，网络广告的优势越来越明显，因为网络广告可以根据细微的个人差别将顾客进行分类，分别传递不同的广告信息。更重要的是，网络广告是互动的。网络广告可以利用最先进的虚拟现实界面设计来使受众有身临其境的感觉。比如在虚拟展会上可以一家一家地去寻找参展商。而且，网络广告的受众大多受过良好教育，平均收入较高。

网络广告的局限性在于目前广告的涉及范围还不够广泛。价格也还不够便宜。

网络广告与传统广告的比较见表11-2。

表11-2 网络广告与传统广告的比较

类别/项目	传播范围	传播速度	用户接收方式	价格	注意度	更新速度	互动性	时效性	普及程度
网络	全世界	中	被动＋主动	低	高	即时	高	实时	中
平面媒体	区域性	慢	被动	中	高	慢	低	滞后	高
广播	区域性	快	被动	高	中	慢	中	实时	高
电视	区域性	快	被动	高	中	慢	中	实时	高

注：资料根据齐鲁教育网有关材料整理。

⑥ 其他媒体。除了报纸、杂志、广播、电视、网络五大媒体之外，还有一些其他的广告媒体，如户外广告、直接邮寄广告、POP广告、赠品广告、宣传品广告等。

户外媒介是最古老的广告媒介，如店铺招牌和旗帜，便是户外媒介的一种。目前，主要的户外媒介有路牌、霓虹灯、交通工具、大屏幕电子显示屏、户外灯箱等。

户外广告的优点是反复诉求效果好，对地区和消费者选择性强，传真度高，费用较低，具有一定的强迫诉求性质。缺点是传播区域小，创造力受到限制。且广告信息的容量有限，只适宜做形象广告。

直接邮寄广告是节事推介常用的形式之一。其优点是针对性、选择性强，注意率、传读率、反复阅读率高，灵活性强，人情味较重。其缺点在于成本较高、传播面积小、容易造成滥寄的现象。

直邮广告在欧美被普遍采用，因其可以比任何广告形式更精确地定位客户群。直邮广告可以提供有效的反馈信息，为您的进度计划以及价格定位提供合理的参考以此增强市场的适应性和竞争力。

直邮广告的特殊性在于灵活性强。你想说的、想做的都能立即被呈现，以此在激烈的市场竞争中提高企业的知名度，提升客户的忠诚度。

直邮广告很方便做成问卷形式，在信件上询问客户不同的问题，当客户寄回信件的回执时，便轻松地得到了客户所需要的商品和服务的所有信息。当然问卷可以以促销的方法寄出，诸如优惠券、有奖竞猜等，吸引客户回执。这些客户回执能帮助企业在下一次的节事推广中准确地锁定目标群。

直邮广告还可以帮助提高客户的忠诚度。通过参会纪录，您可以了解到哪些客户的消费能力较强。掌握了这些客户的基本资料之后，可以通过直邮广告的形式把节事的新活动快速准确地传递到这些客户手中，不断增进商务往来。根据经验，建立一个新客户要比维护一个老客户多付五倍的精力和支出。

销售点广告（简称POP广告）是一种设置于销售现场的广告形式，如张贴、悬挂、放置在节事现场的海报、旗帜、橱窗、灯箱、模型、挂板及各种制作品。

POP广告利于营造现场气氛，使消费者很轻松就可以了解到最主要的节事信息。同时制作精良、别致的POP广告很容易引起注意，并引起观众对节事活动的好感。

赠品广告是向参观者、经销商赠送的一些印有节事产品信息的礼品。赠品大多是有实用价值或欣赏价值的物品，可以较长时间地保留和使用，因而其生命周期也长。吸引力强的广告赠品能聚人气，有很强的促销作用。

节事主办方很少以单一形式来进行展会广告推介，通常都是“打组合拳”——通过合适的组合方式来进行。节事的广告推介并无定式，一切要依据节事本身的特点和目标来决定取舍。

（3）人员推介

人员推介直接有效，并极具人情味。人员推介大多为“一对一”的服务，即由节事工作人员通过电话、传真、信函（电子邮件或经邮局和快件公司寄送）、上门拜访等方式将有关信息送到目标客户手中。特别值得一提的是，一种新型的人员推介，与上门拜访有异曲同工之妙的特殊方式——利用在同类节事现场宣传自己的节事，已被越来越多的节事组织者所采用。因为在此种特定场合遇到的有价值的目标客户比例很大，故而可以大大节省辨别筛选目标客户的时间精力和费用，取得事半功倍之效。换言之，选派人员在同类节事现场推荐自己的展会，恰如“借东风”，能最大限度地借用别人的客户资源。

（4）事件推介——“造势”活动

事件推介往往能收到令人喜出望外的效果。进行事件推介，关键是要有一个好的策划，安排合适的活动内容，吸引大众注意。如历届奥运会的火炬传递就是一个很成熟的“造势”活动。火炬传递到哪里，就把奥运精神传播到哪里，非常吸引眼球。

（5）宣传品推介

印刷品和光盘是一种能承载大量节事信息的特定宣传媒介。节事宣传品印刷精美，图文并茂，汇集了有关节事的基本信息。通过向目标受众广泛派发，能起到很好的广告宣传作用。

（6）海报推介

海报具有很强的视觉冲击力，是节事项目示人的“面孔”。一个专业性的节事活动，都会精心设计富有特色的宣传海报。连续举办多届的节事更是十分重视历届节事海报艺术风格的一致性。因此，好的节事海报作品不仅有助于人们了解展会，还是具有很高欣赏价值的艺术品。

（7）城市巡回推介

即派员到各地去作宣传推介。一些国际性节事活动，主办方会特意组团去一些重要国家作推广。

11.3.2 节事营销方式的创意

节事是创意产品，节事营销也非常讲究创意。一个好的创意就是能设计出让观众兴奋的事件。如1999年在张家界举行的世界特技飞行大奖赛，之所以能够牵动数十亿人的目光，就是因为它有一个人类首次驾机穿越自然山洞的兴奋点。如果没有“穿越天门”这个创意，可以肯定，这次“世飞赛”也将会和以前历届“世飞赛”一样默默无闻。这个兴奋点，成就了一个世界旅游促销史上的经典之作。

又如浙江象山中国开渔节，因禁渔而诞生、成长，这个节事活动以倡导保护海洋生态为主线，是一个原创性的渔文化大型节事。我国的禁渔倡议最初由象山渔民提出，经国家有关部门批准，如今已成惯例，影响越来越大。每年的开渔节期间，来自世界各地的海洋生态保护者、渔业工作者、演出团队、游客都会把象山作为一个保护海洋的平台。象山开渔节也以它特有的魅力和影响力，喜获“中国十大最具潜力节庆”、“中国十大自然生态类节庆”、人民网“2008年最受关注地方节庆”第一名等殊荣。

【案例11-4】 2006年德国足球世界杯贵宾服务

iSe-Hospitality是国际足联2006年足球世界杯组委会商业性贵宾服务项目的独家签约伙伴。它是全球唯一一家官方授权销售一揽子贵宾服务的公司，服务内容包括2006年德国世界杯期间所有比赛的现场贵宾服务、送餐、停车和球票销售。

（1）无限魅力尽在2006年足球世界杯

世界上最令人期盼的体育赛事——国际足联德国世界杯足球赛，于2006年6月9日至7月9日之间在德国举行。

德国世界杯的“探险”已经开始：约200个国家正在争夺这场比赛的参赛资格，也许对于很多足球队员和球迷来讲，这样非同寻常的经历一生只有一次。

最终，来自全世界的32支球队于2006年汇聚德国，在12个主办城市举行的64场比赛中一决高下。有幸到现场观看比赛的球迷达到320万人，全世界的电视观众累计将超过400亿人次。人们分享着一个共同的梦想：庆祝世界杯冠军的诞生。

这场新千年里首次在欧洲举行的世界杯足球赛，门票的需求量远远超过预测。

不过，如果您现在就参与到2006年世界杯足球赛的贵宾服务项目中，完全可以确保您和您的客人在德国世界杯足球赛期间美梦成真！

这是唯一的官方贵宾服务项目，因此也是确保享受包括所有比赛门票在内的贵宾服务的唯一途径。该项目将场馆里某些最好的座位与优先停车、贵宾通道、美味珍馐、体贴入微的服务、特别纪念礼品和娱乐节目进行了完美的结合。

贵宾多人包厢特别计划（sky box）是其中设计最为独特的部分。这一方案主要针对公司客户推出，以便他们为自己邀请的客户提供布置个性化、氛围舒适的独立空间。

尊皇贵宾服务计划（elite）是“单人包厢”一揽子服务的最高等级。每个场馆内角度最佳的看台中，仅有有限的一部分座位能够达到要求。在大多数场馆中，所有尊皇贵宾服务都在馆内提供。

精英及豪华贵宾服务计划（prestige & premier）也是“单人包厢”一揽子服务的一部分，包含较好的看台座位、一流的服务和场馆内或馆外的贵宾设施，当然不超出场馆边界。

所有上述贵宾服务计划都是为“特殊”的足球迷而设计的：是为那些追求豪华舒适、独特氛围的客人而设计的，以便他们能与好友和客人一起真正享受世界杯足球赛的乐趣。

（2）一流的体验

2006年国际足联世界杯足球赛独特的贵宾服务项目的内容包括：

场馆内的贵宾包厢和最佳看台座位；

所有贵宾服务区要么位于场馆内，要么位于紧邻场馆的贵客服务村；

在紧邻场馆的停车区优先停车（1个车证加4项贵宾套餐服务）；

可任意选择场馆入口；

美食体验，辅以精选的葡萄酒和其他饮料；

世界级水平的优秀东道主服务团队；

精美的纪念品；

代表当今最高水平的娱乐项目。

（3）独具创意的氛围及装饰

2006年国际足联世界杯贵宾服务项目充分体现了以人为本的宗旨，专门为追求完美的您而设计。所有贵宾服务人员将为您和您的客人提供特别的服务，从而使您的世界杯体验早在正式开赛之前即已开始。

您首先将车停到预订的优先停车区域，通过选定的入口进入体育馆。从那里您将进入体育馆内指定的贵宾服务区或馆外场地内的贵宾服务村。我们的员工将全程为您提供现场帮助。

您到达贵宾服务区以后，我们的员工将用精选的清爽饮料和开胃酒来欢迎您。

由我们的专家特别设计的美食方案将给您留下深刻的记忆。精选的开胃头盘，国际性的、地区性的和地方性的特色菜肴，配以精美葡萄酒和饮料，定会使您一饱口福。更为重要的是，当比赛开始时，您将拥有场馆看台上最好的座位之一，尽情领略比赛的精彩纷呈。比赛之后继续您的美食体验吧：餐后甜点将与精美饮料一起奉上，以帮助您“消化”刚刚欣赏过的比赛。

总而言之，贵宾服务计划将使您和您的客人的世界杯体验成为难忘的回忆。

(4) 更多信息

贵宾包厢和尊皇贵宾服务计划包含一个体育馆里举行的所有比赛。

精英及豪华贵宾服务计划：四个全包项目或四个套餐项目起售。

一份最终确认的日程表和开赛时间表将与贵宾服务套餐一起提供给您，大约在2006年世界杯足球赛开幕之前30天（有可能变更）。

座位安排和停车位可能会因比赛场次的不同而不同。详情请向您的销售代表咨询。

具体的付款计划将在您购买时提供。

欲了解销售及贵宾服务项目的更多详情，请参见附在本手册后面的iSe贵宾服务价目表和销售条款。

(5) 温馨提示

我们在此想提醒您，由于贵宾服务一揽子计划数量有限，为了公平起见，我们将按照收到申请的先后顺序来办理手续。详细的报价及示意图，请垂询索取或者登录网站查询：

iSe-Hospitality AG，CH-6300 Zug

电话：＋41-41-72 6× ×××

资料来源：丁萍萍. 会展营销与服务. 高等教育出版社. 2006

本章小结

节事的英文缩写为FSE（festival & special event），中文译为“节日和特殊事件”。

节事营销有两层含义：一是节事是一种很好的营销载体，二是节事本身需要推广营销。

节事本身就是一种十分有效的营销方式。具有很强的营销城市、营销国家的功能。节事也可以用于营销特色产业或产品、营销企业。像大连服装节，是以服装产业为依托向世界介绍大连；而2008北京奥运会、2010上海世博会则可以看作是对中国的整体营销。

同时，节事又是文化创意产业的一种服务产品，它本身也需要选择合适的营销手段，争取获得最大的经济效益和社会效益。

节事营销的特点是要注意到节事主题、口号的重要性；节事活动参与者的广泛性；营销手法的创意性；营销手段的组合性。

节事品牌是节事主办者向所有参与者所展示的，用来帮助参与者识别某一节事产品的名称、标志和商标。它主要反映消费者对节事活动的感知和体验。

节事活动的最大特点就是具有很强的轰动性。如果没有有效的营销手段，节事内容设计再好，也会落入无人捧场的境地，活动也就难以取得成功。节事营销常见的形式有新闻推介、广告推介、人员推介、事件推介、宣传品推介、海报推介、城市巡回宣传推介等。

复习与思考

1. 什么是节事？什么是节事营销？
2. 为什么节事营销要树立品牌观念？
3. 节事营销的主要方式有哪些？它们各有什么特点？
4. 为什么说节事项目属于文化创意产业的产品？

案例分析：盱眙龙虾大步流星踏上国际路

① 国际化——对于2008中国·盱眙国际龙虾节，中共盱眙县委书记蔡敦成做了一次完美的、跨越式的传承和创新。当国内很多政府主导的节庆活动还停留在“引进来”的层面上时，蔡敦成已经把眼光投向了国际市场——凭借盱眙龙虾的号召力，盱眙县把龙虾节办到了瑞典、新西兰和澳大利亚，实现了“四国互动”。

的确，连续七届中国龙虾节，龙虾给江苏盱眙县带来了太多太多：财富、名气、人气、资金、项目等。特别是近两届中国龙虾节，由盱眙、南京、上海、浙江四地联办，迅速拓展到北京、深圳六地联办，成为全国节庆典范，跃升为全国十大节庆品牌，盱眙因此被誉称为“中国龙虾之都”。

是继续把这个著名的节庆活动不辞劳苦地做全国巡演？还是干脆办到国外去冒风险来一次意义非凡的突破？盱眙人选择了后者。蔡敦成坦言：世界上没有放之四海皆准的发展道路，也没有一成不变的发展模式，盱眙人以适应国内外形势的新变化、适应改善民生的新期待，以龙虾战略的不变来应对外部世界的发展变化，以办节方法的万变求得加速发展的根本不变。

于是，本届龙虾节实现了中国、澳大利亚、新西兰、瑞典四国联动，实现第一次真正意义上的走向国外。蔡敦成期待着盱眙也由此阔步走向世界、融入国际。

对此，蔡敦成胸有成竹。在2007年“中国龙虾节节庆经济与节庆文化”高层论坛上，中共中央政治局委员、国务院副总理回良玉专门发来贺电，原全国政协副主席张怀西和8位国家部委领导、47位司局级领导同时出席论坛——龙虾节的磁场效应和美誉程度得到极大彰显。同时，龙虾节得到主流媒体热烈追捧，海内外强势主流媒体高密度、大容量、立体式宣传一个县的节庆活动在全国堪称无双。

对于盱眙的国际化之路，蔡敦成宣称三个“绝不”：绝不走自然增长的“套路”，绝不走跟随增长的“窄路”，绝不走惯性增长的“老路”……蔡敦成告诉记者，今年恰逢改革开放30年，市场经济面临更宽广的空间、更艰巨的任务、更全新的要求，盱眙人将秉承“敢于学习先进、敢于挑战极限、敢于创新实践、敢于宽容失误”的理念，趟出一条以“特”取胜且富有鲜明时代特征和盱眙特色之路。

② 蔡敦成清楚地记得他前几年在南京、上海街头亲手烧龙虾的场景，那是怎样的一种创业激情啊。说来也奇怪，8年前，大家还不大吃龙虾，盱眙人拿出了十三香龙虾小试“龙虾节”，当时还不敢冠以“中国”。而现在，盱眙龙虾则当仁不让地成了夏季最为火爆的餐饮主角，来报名领取特许加盟店招牌的老板经常挤满了盱眙龙虾协会的办公室，不少演艺界的大腕也纷纷捷足先登，办起了龙虾馆。

盱眙的龙虾经济究竟有多火？盛夏季节，到苏浙沪一走尽可了然。尽管天气炎热，但火红的、既烫且辣的龙虾，早已呈“红色风暴”之势。在南京城内的数万家大小饭店中，几乎是无虾不成席，最贵的一桌极品龙虾据说已经超过一万元；在上海，因为消费者的强烈干预，政府允诺在拆迁中绕过已经形成的“盱眙龙虾”一条街；在北京簋街，老百姓依然风靡于“麻小”，只不过改成了“盱眙麻小”；在深圳，香港食客慕名而来专程赶赴龙虾大餐；在浙江，当地的媒体拿起了金庸先生的笔法做起了连篇累牍的“龙虾演义”……

龙虾节，改变了盱眙。这首先表现在盱眙经济的提升。几年来，通过盱眙、北京、深圳、南京、上海和浙江六地联动，每年举办一次中国龙虾节，实施“引进来”和“送出去”战略，让盱眙的产业项目和发展要素得到极大聚集。仅2007年，全年新引进投资亿元以上项目53个项目、10亿元以上项目6个。特别是长期“短腿”的外资项目连续实现翻番，2008年1～5月，实际利用外资突破2000万美元，同比增长9倍。每年龙虾节期间，来盱眙观光旅游达100多万人次，再造了为期一个月的旅游“黄金期”，一大批优质农产品跟随龙虾节走进“长三角”、“珠三角”。

龙虾节，让盱眙的发展潜能和创业热情得到极大激发。龙虾节经久不衰，品牌效应日益彰显，在小康社会建设中的作用也不断增强。在全面小康社会四大类18项25个指标中，城镇登记失业率、森林覆盖率等11个指标已达小康标准，人均地区生产总值、农民人均纯收入、城镇居民人均可支配收入等14个指标均超序时进度。龙虾节开阔了盱眙人的眼界和视野，点燃了盱眙人的致富欲望和创业激情，推进了群众创业致富，全县捧上“龙虾饭碗”的已达10多万人，还至少造就了本土200名以上的百万富翁、10多名千万富翁，造就出了杨四阳、叶安国、许建中等一批“龙虾大腕”级的老板。

③ 蔡敦成曾用“五缺两多”归纳起盱眙的“长”与“短”、“贫”与“富”。“五缺”是：缺项目、缺资金、缺技术、缺管理经验、缺人才，“两多”则是：农副产品多、劳动力多。“五缺两多”是盱眙“从本地实际出发”的纵坐标。时空距离6个小时内均可到达的宁、沪、浙的最大特点是什么？就是有项目、有资金、有人才、有管理经验、有技术，缺少农副产品、缺少劳动力的“五有两缺”，这是盱眙所处的“市场区位”的横坐标。盱眙就是要找准这一纵一横坐标的最佳结合点，引进江沪浙“五有”，送去盱眙的“两多”。

也正是在这种纵横坐标下，盱眙把“龙虾节”看得格外重。

这几天，盱眙县委常委、副县长安立波说自己“站着都能睡着”。一轮又一轮的龙虾节任务过堂会、交办会，一份又一份的“招商引资新突破战报”，一次又一次的对外接待任务，几年来安立波习惯了。几年来，上千个活动要召开这样的过堂会、交办会上万次，每一次都要想出对策拿出方案，安立波说：“风风火火轰轰烈烈的龙虾节，就是这样一笔一画精雕细琢出来的。”

也正是龙虾节，让盱眙的干部作风和精神风貌得到极大砥砺。八年八届龙虾节实现了从当初的政府主导到市场主导的质变，龙虾节成功之路伴随着探索者的艰辛，孕育着创业者的辛劳，浸透着广大干群奋斗的汗水。每年龙虾节期间，县四套班子都带头做“盱眙龙虾”的形象代言人，沿街“炒龙虾、卖山水”。全体机关干部带着“龙虾名片”，发扬厚着脸皮、硬着头皮、磨破嘴皮、跑破脚皮的招商引资“四皮”精神，作宣传、搞推介、招项目。龙虾经营户们也不甘落后，纷纷走出家门到南京、上海、杭州等大都市吃“龙虾饭、发龙虾财”。领导苦抓、干部苦干、群众苦创已成为盱眙当今的主流。

④ 近年来，最流行的一句话是“我有一个梦想。”七届中国龙虾节的光辉实践，使盱眙人办节圆了“中国梦”，第八届中国·盱眙国际龙虾节则是盱眙人办节“世界梦”的开

始……蔡敦成对盱眙的未来充满渴望。

“今年，中国·盱眙国际龙虾节已正式步入国际化之路，让世界更多的人享受盱眙龙虾是盱眙人的伟大梦想。”蔡敦成说。

随着龙虾节的风起云涌，盱眙龙虾供不应求的矛盾日益显现。近两年来，盱眙通过国际合作、招商嫁接，在龙虾人工养殖上取得历史性突破。2007年，以中澳合作满江红龙虾产业园为代表的龙虾养殖基地成功落户盱眙，并启动上市程序。今年，龙虾规模养殖150亩以上的养殖户达200多户10.5万亩，全年龙虾产量达5万吨，总产值逾15亿元。目前，各类资本、技术竞相涌入，龙虾养殖如火如荼，产量也逐年攀升，盱眙正成为全球最大的龙虾养殖基地。

去年龙虾节在瑞典哥德堡挂牌成立第一家盱眙龙虾海外连锁店，今年，龙虾节走出国门，走进国外办节现场，发展更多的海外龙虾会员店。在不久的将来，随着盱眙龙虾会员店在海外的扩张，更多的盱眙龙虾烧制大师也将漂洋过海，更多经营盱眙龙虾会员店的外国人将从中获益。

今年，盱眙被权威部门成功命名为“中国龙虾之都”，盱眙龙虾也被命名为“中华名菜”。盱眙的谋划是更强劲地推动“盱眙龙虾”外向突破扩张，延伸龙虾产业链，龙虾产业可望在五年内冲破50亿元大关。

……

盱眙人已经借助盱眙龙虾走出了县门、走上了市场、走向了国际，在轰轰烈烈办大节中实现了大发展、大迈进、大跨越。如今，盱眙，正背负着龙虾辉煌的小康思考，正实践着“红色风暴”中的快速发展，博采众长，创造特色，续写着一个龙虾节的神话。

资料来源：http://www.agri.gov.cn/

讨论题

1. 盱眙龙虾节的成功说明了什么？分析其最成功的营销策略。
2. 你对政府办节这个问题有什么看法？
3. 你认为盱眙龙虾节存在哪些风险，应如何防范这些风险？

参考文献

[1] 丁萍萍. 会展营销与服务. 北京：高等教育出版社，2006.
[2] [美]小伦纳德·霍伊尔. 会展与节事营销. 陈怡宁译. 北京：电子工业出版社，2003.
[3] 黄翔，连建功，王乃举. 旅游节庆与品牌建设. 天津：南开大学出版社，2007.
[4] 丁萍萍. 会展实务. 北京：高等教育出版社，2004.
[5] [英]罗宾森（Robinson A.）等. 会议与活动策划专家. 沈志强等译. 北京：中国水利水电出版社，2004.
[6] 傅广海等. 会展与节事旅游管理概论. 北京：北京大学出版社，2007.

12 会展营销发展与创新

学习目标

学完本章，你应该能够：

1. 理解会展品牌营销、会展关系营销、会展网络营销、会展服务营销、会展绿色营销的含义；

2. 掌握会展品牌营销、会展关系营销、会展网络营销、会展服务营销、会展绿色营销的实施方法。

基本概念

会展品牌营销　会展关系营销　会展网络营销　会展服务营销　会展绿色营销

12.1　会展品牌营销

怎样进行会展品牌营销？

12.1.1　什么是会展品牌营销

会展品牌营销就是运用现代品牌营销理论，通过打造区别于其他会展服务的完全被消费者接受和认可的品牌，来吸引相关的企业和专业观众参展，以实现会展企业利润最大化的一种会展营销。

会展企业的产品就是为参展商品提供的服务活动。如果这种服务活动得到了参展商和专业观众的认可，并且其名称、标志和商标等标记性的符号在参展商和专业观众心目中形成了固定而美好的印象，这种服务活动就能成为一种品牌会展。例如，广交会、上海世博会、博鳌亚洲论坛等就是有名的品牌会展。会展品牌营销就是以这样的品牌会展为依托进行的一种营销活动。

12.1.2　怎样进行会展品牌营销

（1）深刻体会品牌会展的价值

品牌会展是具有鲜明个性的会展。这种个性表现为在属性、文化、规格、规模、角色等方面具有与其他会展完全不同的特征。会展企业一旦形成了自己的品牌会展，就可凭借其个性在会展市场中产生强有力的竞争力，能给会展企业自身、参展商和社会带来巨大的品牌价值。

就会展企业自身而言，会展品牌是会展企业的一种无形资产，是会计和财务上可以进行评估的资产。它代表了会展企业的经济实力、竞争能力和获利能力，是企业核心竞争力的外在表现。这种品牌的经济价值主要体现在两个方面：一是有利于提高市场占有率；二是有利于获得超额回报。

就参展商而言，他们的商品通过参展这种品牌会展，能形成新的价值。这种价值可从三方面来理解：一是品牌会展能简化参展或参会决策，降低选择会展的时间成本和心理成本；二是良好的品牌有助于降低参展或参会的风险成本；三是品牌会展能扩大参展商品的消费群体。

就社会而言，其价值主要反映在传承、创造、传播文化和对人们生活方式、消费方式的引导和改变上，这种价值是潜移默化的，是在长期的积累过程中逐步形成和表现出来的。具体来说，这种社会价值体现在两个方面：一是成功的品牌会展是文化传播的载体。一个成功的品牌会展，不仅自身蕴含着深刻的文化内涵，而且通过吸引来自世界各地的具有不同文化、思想、观念的参展商和经销商，促进会展举办地的人们与之进行交流，加快文化传播，引导人们的思维和生活方式的改变。二是品牌会展是城市形象的一种象征。一个城市要成功组织会展活动，并培育出有影响力的会展品牌，必须具备良好的基础条件，即拥有一流的会议、会展设施，发达的交通、通信设施以及特色的风景旅游区等基础设施与资源。会展品牌本身就反映了一个城市的发展水平，代表了一个城市的形象。如昆明的园艺博览会、广州的中国进出口交易会、大连的服装节等几乎成了这些城市的化身。它不仅能提高这些举办城市的吸纳和辐射能力，而且能迅速提高其国内、国际知名度和影响力。

（2）弄清品牌会展的构成要素

理解了品牌会展的价值，只是为打造品牌会展，实施品牌营销提供了动力。要真正打造品牌会展，还需要弄清品牌会展的构成要素。

会展品牌一般包括会展规模、专业化的服务水准和服务质量、知名度和美誉度、权威企业和部门的支持、行业权威性和代表性、国际化程度及媒体伙伴关系。

① 会展规模。会展规模主要用会展场馆的规模、参展商和参展观众或参会代表的数量等指标来衡量。会展规模越大，其宣传效果和影响力也就越大，会展品牌越容易形成。

② 专业化的服务水准和服务质量。会展专业化服务水准是衡量会展品质高低的重要标志。专业化的会展服务是指以会展客户的需求为核心，提供一系列优质、高效、人性化的服务，它包括会展企业或展览公司的整个运作过程，从市场调研、主题立项、贸易洽谈、营销手段、观众组织、会议安排、售后服务、物流管理，到会展企业所有对外文件、信函、宣传资料规范化程度，都应具备相当的专业水准和优质的专业化服务，并与国际接轨。

③ 会展知名度和美誉度。是从会展目标客户心理感知度来考察会展品牌的要素。知名度是指潜在的客户对一个会展品牌的知晓与了解的程度，以及这个品牌对社会影响的广度和深度；而美誉度是指客户对一个会展品牌所持的满意和赞美程度。

④ 知名企业、部门和协会的支持度。是否获得行业内代表性企业的参与和政府部门、权威机构、行业协会的支持，也是衡量会展品牌影响力大小的重要标志。一个会展，若有行业内代表性企业及相关权威组织的参与、支持和合作，无形中就为参展企业与会展客户之间架起了中介担保的桥梁，增强了会展的可信度，提升了会展的声誉，扩大了会展的影响力。

⑤ 会展的行业权威性和代表性。会展的行业权威性和代表性主要指会展要能够覆盖本行业主要企业和产品，代表本行业形象和水平，引领行业发展方向，并得到了国际权威机构如国际博览会联盟（UFI）的认可，它体现了会展的权威性、专业性和前瞻性。会展品牌越具权威性和代表性，越能得到更多客户的青睐。

⑥ 国际化程度。会展的国际化程度主要以海外客户所占的比例为评价指标。通常，一

个品牌会展吸引世界各国客户参展或参会的比例越高，会展的国际化程度就越高，会展所形成的品牌效应也就越大。按照惯例，一个以“国际”字样冠名的会展，海外客户所占比例应在30%以上。

⑦ 媒体是沟通买卖双方、搭建交流的一个重要平台，任何一个会展的推广、营销、宣传均离不开专业媒体和大众媒体的推介。从报刊、广播、电视到网络，会展活动往往需要他们的参与、支持和合作，以提高会展的渗透力、互动性和影响力。会展主办者与媒体保持良好的伙伴关系，是会展品牌运作成功的重要因素。

(3) 打造出真正的会展品牌

把握品牌会展的构成要素只是打造会展品牌的第一步。接下来更重要的工作是建设真正的会展品牌。这是一项十分复杂而又耗时的工作，需要会展企业全体员工的努力，更需要管理人员和营销人员的智慧。要打造真正的会展品牌，虽无定法，但要遵循一些基本原则。

① 要素构建原则。既然品牌会展必须具备一些基本的要素或条件，建设品牌会展的第一步自然就是要素的构成，这是基础性的工作。当然在这些要素的构建中，需要区分这些要素的主次和先后顺序。一般，专业化的服务水准和服务质量建设应放在第一位，这是构成其他要素的基础，没有一支专业化的服务队伍和高效优质的会展服务质量作保障，其他要素的构建就无从谈起；获得权威企业和部门的支持、争取成为某一行业的权威和代表也是必不可少的工作，这就需要建设一支强有力的公关团队；有了这样一些要素后，就可以在扩大会展规模的基础上，通过媒体的广泛宣传，提高知名度和美誉度，特别是提高国际化程度。

② 品牌定位原则。会展品牌定位是在会展定位的基础上，针对目标市场的特点，确立一个独特的会展品牌形象的过程。它不同于会展定位，更多地是从传播的角度去考虑目标客户对会展及其品牌产生怎样的认知。会展定位是从会展本身出发，确定会展产品差异化。这种差异化主要通过产品本身，如功能、场馆、展位等有形因素来实现。会展品牌定位不仅仅为了实现产品差异化，更是为了实现品牌差异化。其内容包括规模差异化、服务差异化、价格差异化、产品差异化、客户差异化、营销手段差异化以及会展文化差异化。例如，会展主题的定位就是实现会展文化差异化的一项基础性工作，它是会展品牌定位的重要内容。

③ 效益性原则。会展的投入产出比，就是会展的效益性。会展企业在打造会展品牌时，既不能盲目投入，也不能急功近利，要处理好投入与产出的关系、近期利益与远期利益的关系，搞好会展品牌的推广和建设。培育一个会展品牌并不容易，不能企望通过举办一两届会展就成为知名品牌。世界上一些著名促销改革往往要经过10年、20年，乃至上百年的时间，因此，品牌会展不能仅追求短期利益，而应放眼未来，大胆投入，精心呵护，细水长流，耐心培育。

(4) 掌握推销会展品牌的各种技巧

打造出的品牌会展还需要通过各种手段推销出去，并使之得到强化和永久保持，这就需要掌握现代各种营销技巧。这些营销技巧主要有以下几种。

1) 高超的公关技巧 公关促销不同于广告促销，它不是直接推介会展品牌，而是通过塑造会展品牌形象，促进公众的了解和沟通，以间接方式促进会展品牌营销。这需要会展企业运用高超的公关技巧，通过双方的沟通，在社会公众（包括参展商、经销商、观众、政府、行业协会、金融单位、媒体等）中树立会展品牌的良好形象，从而取得公众的支持和信任，实现会展品牌的营销目标。高超的公关技巧需要实施以下几方面的策略。①新闻宣传。会展企业可以向新闻媒体投稿宣传会展品牌，或召开记者招待会、新闻发布会，或邀请记者写新闻通讯、人物专访、特稿等。新闻媒体具有权威性，对社会公众有很大的影响力，新闻本身具有客观性和真实性特点，使观众在心理上易于接受。利用新闻媒体进行宣传比做广告更具说服力。②发布公共关系广告。与纯商业性广告不同，公共关系广告主要是宣传会展企业或展会的整体形象，如介绍会展品牌发展的广告、节假日庆祝广告、对同行的祝贺广告、向公众致意或道歉的广告、鸣谢广告等。③举办各种与会展品牌有关的专题活动。如举办大型的展览会开幕式、会展企业周年纪念活动、知识竞赛、有奖答题等专题活动，通过这些活动可进一步扩大会展品牌的影响，加强同公众的联系，树立良好的品牌形象。④参加各种社会活动。会展企业通过对文体、福利事业或市政建设等一些社会公益活动进行赞助，扩大品牌会展的影响力，提高品牌的认知度和美誉度，赢得社会公众的信任和支持。⑤及时应对和处理公关危机事件。在品牌会展运营中，常会出现公关危机事件，如参展商或观众的投诉、对会展品牌不利信息的传播、安全事故等。这会对会展品牌的形象或声誉产生负面影响，甚至是致命的。面对公关危机事件，公关人员应立即行动，积极配合有关部门查清原因，果断处理，使负面影响减少到最低程度。

2）独特的包装技术　品牌会展的包装与物质性产品的包装不同，它体现在硬件设施的包装和软件设施的包装上。硬件设施的包装实际上就是会展场馆和展位的设计与布局。设计和布局要求做到方便、快捷和以人为本，能让人耳目一新，一见钟情。软件的包装体现在服务观念、会展场馆管理制度、主题文化等方面。它要求做到“顾客第一”、“制度规范而灵活”、“富含文化品位”、“人文精神浓厚”。

3）高效的营销广告系统　广告是宣传会展品牌的重要方式，也是吸引参展企业和专业观众的主要手段之一。会展品牌一旦确立，其知名度和认可程度的进一步扩大需要广告做大量的强化性宣传，这就需要会展企业建立全方位的广告营销系统，通过各种媒体向企业和观众展示这一品牌。这种广告体系应覆盖电视台、电台、网络、专业刊物、内部刊物、广告夹页、广告牌等媒体。当然，由于广告是比较昂贵的宣传工具，对广告安排要坚持效率原则，根据需要、意图和实力来合理选择广告媒体，尽量做到成本最小、效应最大。

4）拓展外包业务　外包服务是指将企业内部的某些周期性的、反复的活动或者职能通过合约的方式转移给外部服务提供商的过程。在整个转移企业内部活动过程中，生产要素和决策权也会随之转移。现代科学技术的发展使社会分工日益细化，各种业务对技术和员工的素质要求不断提高，过去那种从原材料供应到产品销售业务全部包括的大而全的公司模式的弊端不断暴露，一个企业越来越不能在所有的业务范围内都做好，因而外包越来越被人们所重视，很多企业只保留核心业务，而把非核心业务外包给专业公司。

会展品牌营销中，同样可将某些周期性的、反复的活动或者职能通过合约的方式转移给外部服务提供商。事实上，只要会展形成了品牌，这些提供商也愿意提供品牌会展中的一些业务，以扩大他们自身的影响力，而且这会进一步促成这些提供商之间的竞争，提高外部业务的服务质量，从而形成良性互动，推动品牌会展知名度和声誉度的提高。如展位的设计、广告制作、物流管理等业务都可通过外包的形式提升其服务质量，提高品牌会展的专业化水准。

5）建立战略联盟　战略联盟是指两个或多个企业之间为了实现一定的战略目的，在一定时期内进行的一种合作安排。由于企业之间存在着资源的相互依赖性和经济活动的多元化性，这些资源和价值活动在联盟中能够得到新的组合和延伸，使企业降低交易成本，获取更多的潜在利润；企业在联盟中可以相互学习，形成新的知识和技能等。战略联盟通过协同作用，可以整合联盟中分散的企业资源，提高运作速度，发挥资源分散状态下所不能产生的效益。企业通过合作还可以分散风险，增强各自抗风险能力。在与竞争对手结成联盟时，可以把竞争对手限定到它的地盘上，避免双方展开两败俱伤的竞争。

对品牌会展来说，战略联盟的意义更加重大。传统会展企业的业务往往只局限于某一个地区或地域，即使形成品牌，其影响力也有限。如果通过与外地区和外地域的会展企业建立战略同盟，共同承办反映某一主题文化的会展业务，原来区域性的会展品牌的影响力就会迅速膨胀，地区级的会展品牌就有可能形成国家级的会展品牌；国家级的会展品牌就有可能形成国际性的会展品牌。

12.1.3 会展品牌营销的创新

现代会展出现了一种新的发展趋势：主题会展。它是根据特定消费者群体的生活方式、消费方式及其发展趋势对某一会展的核心思想进行定位，然后提出鲜明地反映消费者意愿的会展主题，并按照相关性原则，打破行业界限，围绕主题组合展品、开展活动、开拓市场、延伸经营的一种会展新理念。主题会展是符合当今时代精神的会展新理念，也是会展营销进一步实现创新的基础性理念。

既然主题会展是现代会展的新理念，那么会展品牌营销创新也要紧紧围绕这一理念展开。实际上，围绕主题会展理念进行会展品牌营销的创新就是在文化、生活方式、价值观念上的创新，品牌会展通过设计一种全新的、符合时代潮流的文化、生活方式或价值观念方面的主题来引导人们向往一种时尚的生活方式和价值观念，从而进一步认可这种会展品牌，实现会展品牌营销的创新。

【案例 12-1】“简单生活运动”

近年来，美国兴起了一场声势浩大的所谓“简单生活运动”，这个运动的倡导者珍尼特·吕尔斯女士被誉为“21世纪新生活的导师”。“现代人被太多的物欲驱使着——豪华的房子、尽可能多的金钱、漂亮的女人、体面的男人、出人头地的子女……随波逐流的追逐使人们精疲力竭，太多的追求使人失去了心灵的自由”，对此，她针锋相对地提出了“简单生活”理念。她说：“简单生活并不意味着清苦与贫困，它是人们深思熟虑后选择的生活，是一种表现真实自我的生活，是一种丰富、健康、平凡、和谐、悠闲的生活，是一种让自然沐浴身心，在静与动之间寻求平衡的生活，是一种无私、无畏、超凡脱俗的崇高生活。”

珍尼特·吕尔斯为倡导“简单生活理念”，创办了一份《简单生活》杂志，并且四处演讲。她创办的杂志在美国产生了巨大影响，她的“简单生活”思想也广泛地被人们所接受，许多地方奉行这种生活方式的人还组成了俱乐部。她不仅仅传播“简单生活”思想，还组织交流简单生活的具体经验。她的《简单生活指南》一书中对如何在时间、金钱、心灵、工作、家庭、过节、烹饪、住宅、旅行等方方面面实行简单生活作了事无巨细的描述。结果，这一主题在西方成功地传播创造了一个特殊的消费者群体。

资料来源：http://www.5ixue.com

12.2 会展关系营销

怎样进行会展关系营销？

12.2.1 什么是会展关系营销

（1）会展关系营销的含义

会展关系营销是在会展营销活动中，通过与参展商、专业观众、政府机构和行业协会等社会组织建立良性互动关系和长久关系，达到拓展市场、维持顾客长久关系、保持顾客高度忠诚，最终达到公司与顾客长期盈利的“双赢”结果，以实现会展企业的可持续发展。

（2）会展关系营销的目标

① 锁住参展商。与传统营销相比，关系营销更加重视保持客户。会展企业营销的目的不仅仅是要争取更多的客户，更重要的是要保持现有的客户，因为争取一个客户比保持一个客户要困难得多，所需要的费用也大得多。

会展交易双方之间的关系是由结构纽带和社会纽带这两种纽带联系起来的。由结构纽带联系起来的买卖者，在前期关系结束后，由于各种原因，如结束关系的过程太复杂或转换成本过高，买者无法结束与卖者的关系，形成一种专用资产。比如，一个长期由某会展企业提供相关软件、代培服务人员的企业，很难不从该会展企业那里购买相关服务，因为长时间的“路径依赖”使得调整供应商非常困难，而且转换成本昂贵。

社会纽带则是指由个人间关系建立起来的买卖双方之间的联系。这是很常见的关系。

从卖者角度看，结构纽带比社会纽带更有效。关系营销通过建立、加强这两种纽带，尤其是结构纽带，构筑起有效的出走障碍把顾客锁住。所以把关系营销全面导入会展营销，其发展空间广阔。

② 长久保持专业观众。专业观众是会展服务中最重要的关系客户之一。他们倾向于了解参展商及其产品的详细信息，或关注论坛、交流会等活动情况。对于展会，最重要的是观众的质量，而不是数量。专业观众的质量和实际观展效果是衡量一个展览会成功与否的重要标志。参展商和其目标观众有了密切接触的机会后才更有可能进行商务交流，参展商参加展会的目的因此达到。如果参展商面对的是数量更多的普通观众，他们就需要花费更多的时间和精力从中分辨出真正的客户。

③ 赢得政府和行业协会等社会组织的长久支持。政府的支持是会展成功的重要保障，会展企业需要充分重视与政府的关系营销。一个有能力的政府其关注度往往与市场定位是相统一的。研究会展定位，可以研究政府关注什么，市场需要什么。只要抓住了政府关注和市场需求的关键点，往往容易得到政府的支持。政府的重视往往给参展商传递一种展会的价值信息：这个展会代表着国家要发展的行业，是受到国家或地区支持的。

行业协会是展览公司营销活动的又一有力支持者，也是重要的关系营销对象。行业协会主要有两类：一类是国际性或区域性的展览专业协会，如国际展览联盟（UFI）、上海市会展行业协会等。展览公司应该积极与这类组织主动联系，利用组织的影响力来提高企业的知名度，提高展览项目的权威性。另一类则是指某一展览项目中具体涉及的某个行业的协会，如中国汽车工业协会、中国包装协会等，通常是作为展览的主办方与展览公司开展合作的。作为展览公司，需要取得协会组织的信任和支持，充分利用协会的组织体系和关系网络来拓展营销渠道。许多展览会都是长期的、固定的项目，因此与协会保持长期的合作关系就显得非常必要。

12.2.2 怎样进行会展关系营销

(1) 优质的会展服务是关键

会展企业进行关系营销最重要的是要以自己的实力为基础，也就是能为参展商提供最优质的服务，这种优质服务是赢得参展商信任的关键。说得通俗一点就是：有底气，好说话。这种优质的服务应表现在：一流的会展基础设施、一流的展位设计和风格、方便快捷的物流通道、时尚而富有魅力的会展主题、周密的会前会后安排、为顾客着想的营销价值理念和人性化的管理理念等。

(2) 建立互动关系的良性传送机制：承诺、诚信与信任

承诺与诚信在会展关系营销中具有十分重要的价值。承诺就好比传输机上的纽带，将会展企业和参展商嵌套在一条道上；诚信就好比这台传输机上的动力装置，使会展企业和参展商通过承诺纽带持久保持互动关系，形成良性的运转机制。会展企业只有做到了承诺和诚信，才能赢得参展商和专业观众的信任，双方的互动关系才能得以长久保持。关系营销在致力于发展长期的顾客关系时十分强调承诺、诚信与信任的实现。承诺、诚信与信任应作为关系营销研究的重点。

(3) 建立信息完整的营销数据库

信息的获取和处理是关系营销中必备的工作。企业通过收集和积累客户的大量信息，经过处理可预测客户购买某种产品或服务的可能性，能大大提高关系营销的效率和准确性。

随着科学技术的发展，尤其是计算机在会展活动中的应用，使得获取有关数据或资料的成本越低，因而建立完整的营销信息数据库系统成为会展企业在关系营销中必用的手段。

一个完整的营销数据库应符合两个基本要求：一是资料齐全，既包括现有客户的基本资料和交易资料，也包括将来予以拓展的目标客户的资料；二是对原始资料的筛选、测试、整理，在保持信息准确无误的前提下，实现数据库的智能化，从而保证它能够依照会展的某项活动的目的迅速、详细且准确地提供客户群资料。

(4) 持久而经常性的人文交往和关怀

情感联络对会展关系营销也是十分重要的一环。心理学已经证明，情感是影响人的偏好和决策的重要因素，人与人之间的密切交往除了利益因素外，很大程度上还有一个情感的维持。会展关系营销中除了用互利互惠来维持长期的交易关系外，还可运用情感联络的方式使这种互利互惠关系更加巩固。

情感联络的最好方式就是与参展商保持持久而经常性的人文交往，并实施相应的人文关怀。比如参加参展商倡导举办的各种活动，根据实际情况在道义、财力、人力上给予参展商实际的支持；在节假日、重大庆祝活动、参展商领导的生日时间及时给予礼节性的或实质性的问候与祝贺等。

当然，这种人文交往和关怀要讲究策略和技巧。恰当的交往和关怀，会事半功倍；而不当的交往和关怀，会适得其反，甚至触犯法律。这种交往与关怀，需要根据实际情况，针对不同客户采用不同的方法。基本原则有：雪中送炭；锦上添花；己所不欲，勿施于人；扬子

之善；尊重他人。

(5) 建立有效的会员制

由于会展服务替代性强、客户分散等特性，会展结束后，会展公司和客户容易就此联系，而会员制恰好提供了一个会展企业与客户继续保持联系的机会，为下一次活动建立了客户基础。

会员制营销的重点是返还利益问题。一般来说，业务往来次数越多，价格越低。但是，想要吸引更多的会员，仅靠和别的公司相差不大的折扣是远远不够的，需要不断地在应对策略上推陈出新。如果企业规模相对较大，便可利用自身优势进行立体营销，会员返还利益可以不仅限于展览，还包括会议、宣传、市场调研、技术交流，甚至是媒体监控等。

12.2.3 现代会展关系营销中的新理念：CRM

CRM（customer relationship management）即客户关系管理，是现代关系营销中的新理念，它一般是指通过采用信息技术，赋予企业更完善的信息交流能力，实现对客户资源的有效利用，从而提升客户满意度、获得客户忠诚。它利用核心数据分析技术使客户忠诚，直至发展为终生客户。当今，CRM 已经成为世界潮流，许多国际知名企业如 Dell 电脑、UPS、宝洁等，都以巨资引入 CRM 工程来整合客户资源，重建营销系统流程。

会展关系营销也不例外，也需要引入 CRM 这一现代营销的新理念。当会展项目规模不大、参展商有限时，会展企业容易了解每一客户的特点，然后全力满足客户的个性化需要。但随着客户的不断增加，只依靠简单的记忆或初级客户资料系统，企业就无法让每个业务员有效分享客户信息，不能准确把握每一客户的需求，从而对客户展开个性化营销的能力会减弱。会展企业要做大做强，引入现代营销中的 CRM 新理念十分必要。

在激烈的会展市场竞争中，引入 CRM，有利于会展企业把有限的时间、资金和人力集中到关键业务上来，从而提高会展企业的效益。实施 CRM，有助于会展企业通过多种渠道挖掘和识别市场机会，保持与参展商和经销商的良好关系，降低企业运作成本，为会展企业创造长期持续的利润来源。

CRM 系统将客户档案作为对客户、对市场的管理工具，其内容可以从客户基本资料、信用情况扩展到客户销售情况、费用和利润管理情况、观众意见反馈等，并使各种信息及时更新，最大限度地整合客户资源。

【案例 12-2】 如何以政府为依托做好会展关系营销

在中国，对于展览公司来说，经常需要与外经贸系统、贸易促进会、旅游局等政府机构打交道，它们是企业重要的信息来源和支持力量。政府可以帮助企业获得国际专业客户的信息，将大客户组织起来，还可以提供一些比较权威的市场分析资料等。

因此，平时，要密切关注政府机构及人员设置的动态信息，注意加强与相关要员的沟通，保持紧密的长期合作关系；在展览项目前期可与政府交流关于活动的一些信息，听取有效建议；在展览会中，方式通常有：特邀有关领导出席开幕式及发表演讲，向有关机构的人员发送展览会入场券，特邀政府部门组团出席等。

资料来源：http://www.baokan888.com/

12.3 会展网络营销

怎样进行会展网络营销?

12.3.1 什么是会展网络营销

(1) 会展网络营销的含义

会展网络营销是以互联网为媒介，以现代信息技术为手段进行的一种新型会展营销活动。网上展览已成为会展业的一道新风景线，被称为永不落幕的展览会。虽然，网上展览目前还只是实物展览的补充和配角，但随着信息技术和电子商务的进一步发展，网上展览肯定会后来居上，成为现代会展业的主体。

(2) 会展网络营销的特点

① 营销时空的无限性。会展网络营销的媒介是互联网，其时空范围是其他媒介无法达到的。网络的互联性和开放性，使会展网络营销活动可以超越时空局限，在任何时间、任何区域去开拓会展市场，这是其他任何营销方式所不能比拟的。

② 会展信息的互动性。参展商可通过网络及时反映自己的参展信息，预定展位；会展企业也可通过网络及时对参展商的要求做出反映，满足参展商的需求。这种互动性不仅提高了参展商的参与性和积极性，也使会展企业的营销决策能够做到有的放矢，从根本上提高参展商的满意度和会展企业对市场的应变能力。

③ 方便快捷性。会展网络营销能够实现目标客户足不出户参加会展的愿望。网络提供一天 24 小时、一年 365 天的持续营业，不受节假日、营业时间的限制，可摆脱因员工疲倦或缺乏训练而引起客户反感所带来的麻烦。参展商可随时查询有关信息，方便快捷。

④ 营销个性化。会展网络营销能摆脱其他营销手段的局限，完全实现一对一的个性化服务。会展企业可通过相应的软件为每一个参展商设立独立的信息处理系统，从而可针对目标客户的个性需要推销自己的产品和服务。

⑤ 低成本性。与传统会展营销方式相比，网络会展营销的成本会大幅度降低。网上会展是虚拟的，没有实货，参展商无须承担库存压力，能节约仓储费用；电脑储存大量信息，便于客户查询，可传送的信息量大、精确度高，也减少了印刷与邮递成本；网上会展无需场租费，能节约水电与人工成本；网络营销可避免中间商参与，流通成本大为降低。

12.3.2 怎样进行会展网络营销

(1) 设计好会展网站

1) 会展网站设计的基本要求 网站的设计是进行会展网络营销的前提和基础。设计思路可多种多样，灵活多变，富有吸引力和时代特色。其基本要求如下。

① 会展页面赏心悦目。网站页面第一时间进入参展商的眼帘，要给客户留下第一美好印象，会展网页必须让人赏心悦目，一见钟情。这就要求网页个性鲜明、图文并茂、声像俱全、色彩协调、项目流畅、逻辑清晰、一目了然。

② 会展信息完整、内容健全。一个出色的会展网站，其信息必须做到内容丰富，信息健全而完整，无论是参展商、专业观众、政府机构、行业协会，还是普通观众，只要打开网页就能找到自己想要的东西。

③ 操作人性、反应快捷、专业感强。会展网站的设计必须满足不同计算机水平客户的操作需要，既要做到人性化、大众化，又要体现会展专业化要求。网站建设应本着操作简单易行、反应快捷、节省运行时间和空间、突显会展专业特色的原则。比如设计有明确的导航标志、尽量避免不必要的图片和动画、提供相应的下载和打印工具等。

④ 网页及时更新、主题鲜明时尚。要保持持续频繁的点击率，必须根据实情对网页结构、办展信息、行业动态等内容及时更新，对客户的电子邮件和网上留言要快速回应；网上会展主题要醒目、鲜明，能紧跟时代新步伐，引领生活新潮流。

2）建立完整的会展网络数据库　会展网上营销的又一重要基础是建立强大的会展网络数据库系统，这是由会展信息数据库、展位空间数据库、CRM 等子数据库系统构成。

（2）实施正确的会展网络营销策略

要有效进行会展网络营销，需要实施正确的营销策略。这些会展网络营销策略主要有以下几种。

① 网站推广策略。作为企业在网上市场进行营销活动的基地，网络站点能否吸引大量客户是会展企业开展网络营销成败的关键和基础。因此，会展网站和数据库建成后，最重要的工作就是推广会展网站。推广工作应讲求相应的技巧和策略，如优化搜索引擎、提炼价值信息、建立链接、提供网上功能免费服务、电子邮件推广等。

② 会展价格营销策略。在信息高度开放的网络时代，会展网络市场竞争十分激烈，价格对于参展商乃至中间商都是非常敏感的问题，价格需求弹性大，在价格上稍有失误，就有可能失去客户。因此，会展企业必须及时了解市场行情，收集同行业的各种价格信息，科学合理地实施价格营销策略。

③ 会展广告营销策略。广告是市场营销最基本的手段，会展网络营销也不例外。会展企业要充分利用广播、电视、网络等现代主流媒体实施广告营销，尤其是要利用权威广播电视台、门户网站等社会主流媒体进行广告营销。

④ 网上会展服务营销策略。网上会展服务策略就是利用网络技术为会展商提供全方位服务的营销策略。例如，提供免费信息查询和下载、会展查询与咨询、会展预定、现场报道、展台摄像、网络路演、网络展示、展台布置、预订票务、在线交易等服务。

⑤ 网络会展促销策略。为吸引参展商、专业观众或参会者进入网络会展，会展企业可在网上运用各种促销手段。如折扣、有奖参展、免费预订展位等手段。

【案例 12-3】　展览专业网站

目前中国已经出现一些展览专业网站如中国展览总网、中国国际展览网、中国会议网、中国出口商品网、在线广交会、易成商务网站、阿里巴巴网站、美商网等，仅中国出口商品网就已经吸纳了 19 万家出口企业和 100 多万种商品，为广大无缘进入广交会的中小企业提供了出口交易的机会。

资料来源：http://www.expo-china.com

12.4 会展服务营销

怎样进行会展服务营销?

12.4.1 什么是会展服务营销

会展服务营销是通过为参展商、专业观众提供专业性、人文性的各种适时服务，来推销会展业务，扩大会展企业市场范围的一种营销策略。会展企业产品的本质特征就是服务，没有一流的服务就不会有一流的会展。从立项、招展、办展到会展结束，会展企业都应贯穿良好的服务意识，才能赢得企业信誉，实现会展企业的持久和规模发展。

12.4.2 会展服务的特点

（1）供给前的无形性

这是会展服务明显的特征。无形与有形是服务和物质产品的主要区别。参展商和经销商在参展和观展前，无法确定他得到的服务质量，只能根据他人的知识和经验，来判断这种服务的质量。会展企业需要通过在广告中进行有形展示和一系列的承诺来增强参展商和经销商的期望，触发他们的参展和观展欲。

（2）不可储存性

服务是易逝性产品，不能保存。服务一旦结束就不再存在。消费者购买了劣质服务一般也无货可退。面对这种易逝性，会展企业可以通过守信的承诺和印象法来吸引参展商和经销商。印象法是通过优质、差异化的服务，配合各种强烈的感光手段给客户留下深刻的印象来长久保持客户。

（3）差异性

服务产品的差异性主要表现在两个方面。服务人员的素质和技能，乃至积极性和心情都影响到服务质量，因而不同的服务人员提供同样的服务会存在质量上的差异。另一方面，不同的参展商和专业观众对同样的服务，由于经验和个性等因素，对服务质量的要求也不同。要较好地满足顾客的需求，必须加强对服务人员的培训，让员工更有意识和能力去为顾客提供服务，从内部真正提高服务质量；同时，要采取多样的方法调动顾客的积极性，引导他们接受和认可这种服务。

（4）生产与消费的同时性

在大多数的情况下，会展服务生产与消费是同时进行的。员工是在直接面对参展商和专业观众的情况下提供各种会展服务，双方存在着互动关系。会展服务营销的核心是如何将会展服务的提供过程与服务的消费过程有机地结合起来，参展商和专业观众才能感知良好的服务质量，也才愿意与会展企业建立长期关系。

12.4.3 怎样进行会展服务营销

（1）准确、全面把握服务内容

① 会前服务。会前服务是做好展会准备工作的重要环节，其服务内容的全面与否直接关系到会展的质量。其服务内容主要包括展前的信息发布、帮助参展商做好展台的布

置和会展企业的广告宣传、设置好展场的各类咨询点、做好交通运输和预订业务方面的服务等。

② 会中服务。会中服务是关键环节，其服务质量和内容的准确全面性本身就是会展企业产品的标志，必须认真研究和分析，力求全面周到，万无一失。其服务内容主要有资金物资流动服务、中介沟通服务、通信联络服务、文件材料服务、现场气氛营造、观众组织、餐饮服务、活动安排、维持秩序与安全服务等。

③ 会后服务。会后服务容易被疏忽。如果会展企业能通过会后服务把展会后的事情处理好，会替参展商和专业观众省下很多时间和精力，更能提高客户的满意度，提升企业形象。国外会展业发展成熟的城市，会后服务有专人负责，质量较高，中国则需要加强。

④ 专业服务。专业服务是体现会展企业核心竞争力的一个重要标志。从市场调研、主题方向、寻求合作、广告宣传、招展手段、观众组织、活动安排、现场气氛营造、展会服务、甚至包括会展企业对外文件、信函的格式化、标准化，都须具备较高的专业水来和严谨的处事态度。

(2) 以顾客满意为宗旨

会展服务营销最基本的要求就是通过全面、细致、周到的服务使参展商和专业观众满意。顾客满意度是衡量会展质量高低的重要指标。会展企业应以顾客满意为宗旨，对员工的服务质量提出严格的标准和规范，把顾客满意度作为衡量员工绩效的重要依据。

(3) 实施会展服务组合策略

会展营销是一种很特殊的营销行为，它除了具备有形产品营销的特征以外，还具有无形服务营销的特性。这种服务就是会展企业以会展为媒介，从多个方面为参展商和专业观众提供各种会展服务，即实施会展服务组合策略。一般而言，会展服务组合策略通常包括三个要素：有形展示、人和过程控制。

① 有形展示。会展营销更多地是在营销一种无形服务。“有形展示”是指企业想方设法将这种无形服务用看得见的有形事物表现出来，使客户看得见、摸得着。能够给参展商及专业观众以“有形展示”的实物主要包括实体环境及其所需的装备实物及实体性线索三部分。实体环境是指会场展台的装潢、陈列等；装备实物是指会展场馆中的会议室、餐厅、银行、商务中心、电梯、电话、供水供气设备等硬件基础；实体性线索是会展服务的标识部分，如会展品牌。

② 人的因素。会展市场的竞争，归根到底是人才的竞争。会展业本身是一个很重视“口碑”传播的行业，一位参展商或专业观众对一个会展的认知，会影响到与他有关的一大批客户，所以会展营销中重视“人”的作用就是重视对客户关系的有效管理。

③ 过程控制。会展业在参展商与客户接触过程中，需要涉及众多不同的服务公司，包括展台搭建公司、保险公司、货运代理、外语翻译、旅行社和酒店预订等。会展企业将上述多种服务集于一身，是业内最重要的服务提供者。众多的服务需要在展前、展中和展后各个阶段得到全方位的体现。这就要求会展企业对整个活动流程进行有效控制，明确各种规章制度，做到规范化管理，优化各个服务环节，关注会展服务的递送过程，如参展参观手续的办理、顾客咨询等，尽量减少参展商和专业观众的不便，提高会展服务的满意度。

【案例 12-4】　有形展示从员工培训入手

世界上有 6 个迪斯尼乐园，被业界誉为“永不谢幕的展示会”。日本东京迪斯尼是世界上开得最成功、生意最好的。最高纪录一年可达 1700 万人参观。其成功的秘诀之一就是服务营销的成功。这可从东京迪斯尼公司对扫地员工的培训中可见一斑。

由于在迪斯尼游玩，游客碰到最多的是扫地清洁工，所以公司对清洁工非常重视，更多的训练和教育集中在他们身上。

东京迪斯尼扫地的有些员工，是暑假工作的学生，虽然他们只扫两个月时间，但培训扫地要花三天时间。其培训的主要内容如下。

学扫地。第一天上午培训如何扫地。扫地有三种扫把：一种是用来扒枯叶的；一种是用来刮纸屑的；一种是用来掸灰尘的。怎样扫树叶，才不会让树叶飞起来？怎样刮纸屑，才能刮好？怎样掸灰，才不会让灰尘飘起来？这些看似简单的动作却都要经过严格培训。而且扫地还另有规定：开门时、关门时、中午吃饭时、距离客人 15 米以内等情况下都不能扫。

学照相。第一天下午学照相。十几台世界最先进的数码相机摆在一起，各种不同的品牌都要学，因为客人会叫员工帮忙照相，可能会带世界上最新的照相机，来度蜜月、旅行。如果员工不会照相，不会用这样最新的东西，就不能照顾好顾客。

学抱小孩、学包尿布。第二天上午学抱小孩、学包尿布。孩子的妈妈可能会叫员工帮忙抱小孩，但如果员工不会抱小孩，动作不规范，不但不能给顾客帮忙，反而增添顾客的麻烦。抱小孩的正确动作是：右手扶住臀部，左手托住背，左手食指顶住颈椎，以防闪了小孩的腰，或弄伤颈椎。同时还要学会替小孩包尿布。给小孩包尿布时要注意方向和姿势，手应摆在底下，尿布折成十字形，最后在尿布上面别上别针。

学辨识方向。第二下午学辨识方向。有人要上洗手间，“右前方，约 50 米，第三号景点东，那个红色的房子”；有人要喝可乐，“左前方，约 150 米，第七号景点东，那个灰色的房子”；……顾客会问各种各样的问题，所以每一名员工要把整个迪斯尼地图都熟记在脑子里，对每个方向和位置都要非常明确。

另外，还有学怎样与小孩讲话、怎样送货等。

会展企业的服务是无形的，迪斯尼变“无形”的服务为“有形的展示”，达到了炉火纯青、细致入微的境地。为什么迪斯尼有那么多忠诚的回头客，从这一点我们就不难理解。

资料来源：周爱国．会展营销．电子工业出版社．2007

12.5　会展绿色营销

怎样实施会展绿色营销？

12.5.1　什么是会展绿色营销

绿色营销是社会责任导向在市场营销观中的一种反映。所谓会展绿色营销是指会展企业在整个营销过程中充分体现环保意识和社会意识，向参展企业和消费者提供科学的、无污染的、有利于节约资源和保持生态平衡的会展项目和服务。其核心是提倡绿色消费理念，促销绿色产品，培育绿色文化。

工业时代经济虽然高速发展，但常常以浪费资源、破坏环境为代价，给人类继续生存造成了严重威胁。人们每天听到和看到越来越多的环境问题：全球性变暖，酸雨，臭氧层的消失，空气和水的污染，有毒的废弃物，固体废料的堆积等。新的环境问题使得消费者重新思考他们要买什么，从谁那里购买。消费者态度的变化引发新的营销策略：绿色营销，即由企业开发、营销适合保护环境的产品。

联合国也为此提出了可持续发展战略。开发无污染或低污染的绿色产品、发展绿色GDP经济成为21世纪经济发展的新趋势。知识经济的兴起就是这样一种趋势的最典型反映。这种经济发展的新趋势既给会展企业提出了新挑战，也带来了新的发展机遇。这种挑战和机遇必然要求会展企业抛弃传统的工业经济发展理念，做好绿色产品市场的引导和开发工作，并展开绿色营销，追求经济效益、社会效益和环境效益的统一。绿色营销作为实现会展业可持续发展的有效途径，必然成为现代会展企业进行营销活动和市场开拓的新选择。

12.5.2 会展绿色营销的内容

（1）推广绿色产品，开拓绿色产业

绿色产品是指符合可回收、无污染或低污染、节省资源要求的产品。这种产品不仅质量合格，而且其生产过程、使用和处理、处置过程符合特定的环保要求，与同类产品相比，具有低毒少害、节约资源等优势。会展绿色营销的最主要内容就是通过推广这种绿色产品，不断开拓出新的绿色产业，实现经济效益和社会效益的统一。

（2）培育绿色文化，引导绿色消费

绿色文化是融合了生态价值观、环境价值观和可持续发展价值观的一种新型文化。会展绿色营销的目的之一在于通过具体的会展主题和项目营造这样一种绿色文化理念，引导人们进行绿色消费，为会展企业开辟一条全新的发展道路，为整个社会实现可持续发展做出实质性贡献。

（3）采用绿色标志，打造绿色会展

绿色标志，是由国家指定的机构或民间组织依据环境标志产品标准及有关规定，对产品的环境性能及生产过程进行确认的一种标志，它以标志图形的形式告知消费者哪些产品符合环保要求，对生态环境更为有利。绿色标志是权威机构对绿色产品的一种权威认证，是消费者识别绿色产品的最主要方式。因而绿色标志是会展企业立足国内市场，打破非关税壁垒，进入国际市场，赢得顾客，获得新发展的金钥匙。会展企业可以通过采用绿色标志，设计绿色会展主题，开拓绿色产品市场，打造出新型绿色品牌会展，不断推动企业向前发展。

12.5.3 怎样实施会展绿色营销

① 及时把握经济发展新趋势，慧眼识珠，实时识别市场上的绿色新产品或新产业。如旅游产业、文化产业、新生活运动产品的开发和展览等。

② 在会展项目的开发与主题设计上，以绿色环保的行业和产品为主导，不断创新展览绿色产品的新主题，积极向社会宣传绿色环保意识。

③ 做好会展本身的绿色环保工作。会展本身是一种无污染的绿色朝阳产业，但会展活动本身也可能造成环境污染，因而会展企业自始至终需要强化绿色环保意识，注意在会展活

动中保护环境、不断宣传绿色理念、开拓绿色产品、倡导绿色消费方式和生活方式。比如，在会展场馆建设上，要避免或减少对环境的破坏，同时可通过绿色植被、人工瀑布等人文景观营造绿色环境，潜移默化地强化人们的生态意识；在会展的交通、餐饮等配置服务项目上，推广绿色交通工具和绿色有机食品，强化环保观念。

【案例 12-5】 麦当劳的绿色营销

绿色公关是树立企业及其产品绿色形象的重要传播途径。它能帮助企业更直接、更广泛地将绿色资讯传到广告无法达到的细分市场，给企业带来竞争优势。如 20 世纪 80 年代，麦当劳因每天都在制造垃圾——废弃的包装物，逐渐成为环保人士攻击的对象。

在环保危机的威胁下，20 世纪 90 年代初麦当劳推出了“种植一棵树”的绿色攻关宣传活动，并着手抓好三方面的工作：一是减少包装；二是减少使用有损坏环境的材料；三是使用较易处置、能物化成肥料的材料。这样使环境污染减少了 60%。在社会公众面前成功地塑造了“绿色麦当劳”的新形象，为麦当劳在激烈的市场竞争中赢得消费者的厚爱创造了良好的社会氛围和经营环境。

资料来源：http://www.gdpx.com.cn

本章小结

会展品牌营销就是运用现代品牌营销理论，通过打造区别于其他会展服务的完全被消费者接受和认可的品牌，来吸引相关的企业和专业观众参展，以实现会展企业利润最大化的一种会展营销。

会展关系营销是在会展营销活动中，通过与参展商、专业观众、政府机构和行业协会等社会组织建立良性互动关系和长久关系，达到拓展市场、维持顾客长久关系、保持顾客高度忠诚，最终达到公司与顾客长期盈利的“双赢”结果，以实现会展企业的可持续发展。

会展网络营销是以互联网为媒介，以现代信息技术为手段进行的一种新型会展营销活动。网上展览已成为会展业的一道新风景线，被称为永不落幕的展览会。虽然，网上展览目前还只是实物展览的补充和配角，但随着信息技术和电子商务的进一步发展，网上展览肯定会后来居上，成为现代会展业的主体。

会展服务营销是通过为参展商、专业观众提供专业性、人文性的各种适时服务，来推销会展业务，扩大会展企业市场范围的一种营销策略。会展企业产品的本质特征就是服务，没有一流的服务就不会有一流的会展。从立项、招展、办展到会展结束，会展企业都应贯穿良好的服务意识，才能赢得企业信誉，实现会展企业的持久和规模发展。

会展绿色营销是指会展企业在整个营销过程中充分体现环保意识和社会意识，向参展企业和消费者提供科学的、无污染的、有利于节约资源和保持生态平衡的会展项目和服务。其核心是提倡绿色消费理念，促销绿色产品，培育绿色文化。

复习与思考

1. 什么是会展品牌营销？怎样理解它的价值？
2. 会展关系营销的目标是什么？

3. 什么是会展网络营销？进行会展网络营销可采取哪些策略？

4. 会展服务营销主要有哪些特征？怎样进行会展服务营销？

5. 什么是会展绿色营销？会展绿色营销的内容包括哪些？

案例分析：第34届米兰制冷展

2004年3月2～6日，第34届米兰制冷展（34th Mostra Convegno Expocomfort，简称MCE 2004，以下简称米兰展）又一次在米兰成功地举办。

米兰展给人的第一印象是大。展览平面图上给出的入口就达9个之多。里面各种大小展馆竟多达26个。除5号和6号馆外，本届展会占满了米兰展览中心的所有展厅。主办方提供的数字显示，第34届米兰展的实际展览面积达13.9091万平方米，有来自全世界各地41个国家和地区的2823个展商参展，其中来自意大利之外的展商数量为1151个，占展商总数的40.77%。参观人数达14.7万人。

为便于参观者的活动，主办方在展览中心内外开通了三个线路的通勤车（红、绿、蓝），其中，红色线路主要贯通展览中心内各展馆间，设有十几个站点，由通勤车送参观者直达要去的地方；绿、蓝色线路则环绕在展览中心周围，由通勤车将人们送达地铁站等换乘地点。

习惯上称为米兰制冷展的MCE，事实上所涉及的行业不仅仅是制冷设备，还包括了卫浴、泵、阀、水管五金件、供热、热水器等诸多行业。主办方巧妙地用不同的颜色来标注不同行业的展览，总计涉及有7个大类的产品，令人一目了然。本届展会上，制冷空调及设备主要在14、15、16号馆（每个馆两层），这三个馆无论面积还是空间都比较大，估计约占展览总面积的四分之一。

表面看起来展会涉及的行业相当杂，但细分析来看，所有行业均与建筑暖通相关，因而参观者往往会观看大多数的展馆。与许多国外展览相同的是，除主要给展商一定数量的免费通票外，展览的日票及通票均是收费的。门票收费虽然在一定程度上限制了观众的数量，但也客观上确保了观众的质量。

难得的是，这样一个涉及到暖通相关的多个行业的展览，却显现出一流专业展览的特色。仅在制冷空调展区，便可找到这一行业几乎所有龙头品牌，如美国的约克、GE、West-House、丹佛斯、谷轮（Copeland），日本的大金、松下、夏普、三洋、三菱重工、东芝、富士通，韩国的LG、三星等，还有许多欧洲空调品牌。而且，绝大多数的公司都做了巨大的特装展位，突出展示自己的产品，令这些大品牌的展区格外显眼。展出的产品中，既包括了大型集中式中央空调设备，也包括大量家用空调新品。有专业人士称，该展会是全球最专业的制冷展之一，展出的产品反映了当今空调技术发展的最新趋势。

面对目前越来越严格的环保及节能要求，本届展会上的展商普遍在突出介绍其节能新产品及采用R410A及R407C新冷媒的产品。日本品牌企业在一如既往地推广其变频产品。大金公司展示了一款超级变频空调产品（superinverter），采用直流磁阻压缩机技术，并用R410A制冷剂，COP值达3.80，节能最高达70%；大金另一款超薄空调，厚度仅15厘米。LG在醒目的地方向人们宣传着他们连续4年保持全球空调市场销售第一的业绩，同时突出地介绍着他们的变频技术及双子星空调所达成的节能成果。

在这个涉及多个行业的展览中，有一个主题是共同的，那就是：节能与环保。在展览开幕的第一天，一个被称为“明天的能源”（next energy）的主题研讨活动也开始举行，同时还举办了相关内容的新能源产品展示活动。研讨会涉及了《京都议定书》以及有关新能源市场的话题。意大利有关政府官员参加了会议，并谈到了意大利如何建立一个提高能源效率、增加能源再利用的制造体系的问题。此外，主办方还采取了一些诸如给高效率产品加贴特定标识、标注“节能参观线路”等方式，宣传节能产品。

米兰是意大利著名的会展之都，作为米兰国际展览中心有着非常专业的展览经验，展览配套的宣传、餐饮、商务等服务也做得相当好。据了解，虽然展商的品牌来自全世界，但大多数都是各品牌公司在意大利的分公司或代理商参展，因而准备的基本上都是意大利语资料，无论企业产品资料，还是展台上的展板，几乎清一色用意大利语，即便是展会新闻中心提供的资料也基本上是意大利文的。参观者中也约有7万多人来自意大利，其中大多数人无法用英语交流。不少中国企业认为，如果有意大利语翻译，效果肯定会更好。而在展览现场找翻译却是件不容易的事。

资料来源：第34届米兰制冷展印象．电器制造商．2004（4）

讨论题

1. 这次会展的主要特点是什么？它运用了哪些最新的会展营销策略？
2. 这次会展实行收费的准入方式，你认为这样做合适吗？为什么？
3. 你认为这次会展是否有局限，请说明理由。如果让你来设计，你会怎么做？

参考文献

[1] 周爱国．会展营销．北京：电子工业出版社，2007.
[2] 胡平．会展营销．上海：复旦大学出版社，2005.
[3] [美] 巴利·西斯坎德，会展营销全攻略．郑睿译．上海：上海交通大学出版社，2005.
[4] 刘松萍，李晓莉．会展营销与策划．北京：首都经济贸易大学出版社，2006.
[5] [美] 小伦纳德·霍伊尔．会展与节事营销．陈怡宁译．北京：电子工业出版社．2003.
[6] 孙伟，王彩娟．服务视角下的会展企业营销．市场研究，2006，(6).
[7] 曾广录．拓展外部价值链系统，提升企业价值．长沙大学学报，2006，(4).